Eichhorn · Ökologie und Marktwirtschaft

Peter Eichhorn (Hrsg.)

Ökologie und Marktwirtschaft

Probleme, Ursachen und Lösungen

GABLER

Prof. Dr. Peter Eichhorn ist Inhaber des Lehrstuhls für Allgemeine Betriebswirtschaftslehre, öffentliche Verwaltung und öffentliche Unternehmen, insbesondere Krankenhauswesen an der Universität Mannheim.

Die Deutsche Bibliothek – CIP-Einheitsaufnahme

Ökologie und Marktwirtschaft : Probleme, Ursachen und Lösungen / Peter Eichhorn (Hrsg.) - Wiesbaden : Gabler, 1996
ISBN 3-409-12907-3
NE: Eichhorn, Peter [Hrsg.]

Der Gabler Verlag ist ein Unternehmen der Bertelsmann Fachinformation.

Lektorat: Thorsten Hadeler

Druck und Buchbinder: Lengericher Handelsdruckerei, Lengerich / Westf.
Printed in Germany

ISBN 3-409-12907-3

Vorwort

Sozialer Fortschritt und wirtschaftlicher Wohlstand rühren oft von Tätigkeiten her, bei denen der Mensch zu wenig an die natürlichen Lebensgrundlagen denkt und seine Umwelt belastet. Bislang konnte die Natur aufgrund ihrer Regenerationsfähigkeit diesen Belastungen standhalten. In den vergangenen 20 Jahren sind allerdings eine steigende Zahl von Naturkatastrophen, ein Fortschreiten des Waldsterbens sowie die Verknappung natürlicher Ressourcen zu beobachten. Daher setzt sich mehr und mehr die Erkenntnis durch, daß die Leistungsfähigkeit des Ökosystems begrenzt ist. Soziales und wirtschaftliches Handeln muß deshalb in Zukunft so organisiert werden, daß die natürlichen Lebensgrundlagen auf der Erde erhalten bleiben.

Das menschliche Handeln in Form von Produktion und Konsumtion wird in den meisten Ländern über den Marktmechanismus geregelt. Angesichts der wachsenden Umweltproblematik kann eine rein ökonomische Steuerung von Angebot und Nachfrage aber nicht genügen. Es stellt sich die Frage nach der Weiterentwicklung der marktorientierten Wirtschaftsordnung. Nach der sozialen gilt es, auch die ökologische Dimension in das Konzept der Marktwirtschaft zu integrieren. Umweltqualität als Element der individuellen und gesellschaftlichen Wohlfahrt sollte mehr ins Zentrum ökonomischer Mechanismen treten.

Die Komplexität der ökologischen Herausforderung für die Marktwirtschaft erfordert eine gründliche Ursachenforschung, um ganzheitliche Lösungen zu entwickeln. Nur durch die Zusammenarbeit verschiedener Disziplinen in Theorie und Praxis kann eine ökologische Gestaltung der Marktwirtschaft zufriedenstellend gelingen. Unser Interesse muß sich richten auf die Veränderungen des Ökosystems und deren Auswirkungen auf die Gesundheit, im einzelnen zum Beispiel auf ein ökologisch sinnvolles Logistikkonzept, die Vermarktung und Gestaltung umweltfreundlicher Produkte und die Erforschung des menschlichen Verhaltens.

Mit diesen und anderen Aspekten ökologischen Wirtschaftens beschäftigen sich die folgenden Beiträge. Im Rahmen der zweiten fakultätsübergreifenden Ringvorlesung an der Universität Mannheim im Wintersemester 1994/95 präsentierten die Referenten neue Erkenntnisse aus den Fachgebieten Betriebswirtschaftslehre, Erziehungswissenschaft, Geographie, Rechtswissenschaft, Sozialwissenschaft und Volkswirtschaftslehre.

Dank der Studenteninitiative Wirtschaft und Umwelt e.V. (WUM) konnte dieser Dialog zwischen Studierenden und Professoren stattfinden. WUM wurde im Herbst 1989 an der Universität Mannheim gegründet, um Ökonomie und Ökologie in Einklang zu bringen. Gefördert wird der wissenschaftliche Austausch zwischen Studierenden, Umweltexperten, Unternehmern und Bürgern. Unter dem Stichwort „Integration der Ökologie in Wissenschaft und Forschung“ sollen neue Wege aufgezeigt werden, wie wirtschaftliche

Ziele und umweltbewußtes Handeln vereinbart werden können. Aufgrund der positiven Resonanz der ersten Ringvorlesung freut es mich besonders, auch die Herausgabe dieses zweiten Buches zu übernehmen. Meinen Kollegen und deren Mitarbeitern in den verschiedenen Fakultäten danke ich für ihre Mitwirkung, ebenso den Mitgliedern von WUM, namentlich Melanie Lührmann, Birgit Schramm und Alexander Wünsche.

PETER EICHHORN

Inhaltsverzeichnis

Vorwort ... 5

Autorenverzeichnis ... 9

Dieter Anhuf, Peter Frankenberg, Martin Kappas, Elisabeth Proswitz und Alexander Siegmund
Nachhaltige Nutzung von Ökosystemen in verschiedenen Klimazonen ... 11

Johannes Berger
Umweltnormen und Umweltschutz ... 35

Erwin Dichtl und Ralf Schellhase
Das Mobilitätsverhalten von Studierenden und Bediensteten der Universität Mannheim im Lichte der Umweltproblematik ... 49

Peter Eichhorn
Umweltschutz als Unternehmensziel ... 67

Olav Hohmeyer
Mögliche Klimaänderungen und CO_2-Vermeidungsstrategie in Europa ... 77

Gösta B. Ihde und Eckart Dutz
Kreislaufwirtschaft - Eine logistische Herausforderung ... 121

Eibe Riedel
Grundlagen und Hauptprobleme des internationalen Umweltrechts ... 145

Eberhard Wille und Walter Ried
Die Umwelt als eine Determinante des Gesundheitszustandes ... 165

Jürgen Zabeck
Berufserziehung im Spannungsfeld zwischen Ökonomie und Ökologie ... 189

Autorenverzeichnis

Dieter Anhuf	Privatdozent, Dr. rer. nat. Lehrstuhlvertreter
Johannes Berger	Dr. phil., Ordinarius Universitätsprofessor für Soziologie
Erwin Dichtl	Dipl.-Kfm., Dr. oec. publ., Dr. h.c., Ordinarius Universitätsprofessor für Betriebswirtschaftslehre
Eckart Dutz	Dipl.-Kfm. Wiss. Mitarbeiter
Peter Eichhorn	Dipl.-Kfm., Dr. rer. pol., Ordinarius Universitätsprofessor für Betriebswirtschaftslehre
Peter Frankenberg	Dr. rer. nat., Ordinarius Universitätsprofessor für Physische Geographie und Länderkunde
Olav Hohmeyer	Dr. rer. pol. Leiter des Forschungsbereiches Umwelt- und Ressourcenökonmik, Logistik, Zentrum für Europäische Wirtschaftsforschung, Mannheim
Gösta B. Ihde	Dipl.-Kfm., Dr. rer. pol., Ordinarius Universitätsprofessor für Betriebswirtschaftslehre
Martin Kappas	Dr. phil. Hochschulassistent
Elisabeth Proswitz	Dipl.-Geogr. Wiss. Mitarbeiterin
Walther Ried	Dipl.-Volksw., Dr. rer. pol. Wiss. Mitarbeiter
Eibe Riedel	Dr. jur., Ordinarius Universitätsprofessor für Strafrecht, Strafprozeßrecht, Rechtstheorie und Rechtssoziologie
Ralf Schellhase	Dipl.-Kfm. Wiss. Mitarbeiter

Alexander Siegmund	Dipl.-Hdl. Wiss. Mitarbeiter
Eberhard Wille	Dipl.-Volksw., Dr. rer. pol., Ordinarius Universitätsprofessor für Volkswirtschaftslehre
Jürgen Zabeck	Dipl.-Kfm., Dipl.-Hdl., Dr. rer. pol., Ordinarius Universitätsprofessor für Erziehungswissenschaft

Nachhaltige Nutzung von Ökosystemen in verschiedenen Klimazonen

Von PD Dr. Dieter Anhuf, Prof. Dr. Peter Frankenberg,
Dr. Martin Kappas, Dipl.-Geogr. Elisabeth Proswitz
und Dipl.-Hdl. Alexander Siegmund

Inhaltsübersicht

1. Der Begriff der Nachhaltigkeit

2. Nachhaltigkeit im Sinne von Ökosystemen

3. Probleme nachhaltiger Nutzung von Ökosystemen in verschiedenen Klimazonen

   3.1 Die tropischen Regenwälder

   3.2 Die Sahelzone

   3.3 Der Alpenraum

      3.3.1 Vom Jäger und Sammler zur Walserwirtschaft

      3.3.2 Veränderungen seit der Industrialisierung und heutige Probleme des Alpenraumes

      3.3.3 Anforderungen an eine zukünftige nachhaltige Nutzung

4. Resumee

Literaturverzeichnis

1. Der Begriff der Nachhaltigkeit

„Nachhaltige Entwicklung ist die Entwicklung, die die Bedürfnisse der Gegenwart befriedigt, ohne zu riskieren, daß künftige Generationen ihre eigenen Bedürfnisse nicht mehr befriedigen können" (BRUNDTLANDBERICHT, 1987). Die englische Originalversion spricht von „sustainable development". Die deutsche Übersetzung entspricht der Bezeichnung eines Bewirtschaftungsprinzips aus der Forstwirtschaft. Die Forstwirtschaft geriet in Europa bereits im Mittelalter unter den Zwang, ein System zu entwickeln, mit dem die knapp gewordenen Holzressourcen wieder vermehrt und in Zukunft schonender bewirtschaftet werden sollten. Dieser Ansatz der Nachhaltigkeit zeigt grundlegende Ideen auf. Nachhaltigkeit ist eine Handlungsstrategie, die Ökonomie, Ökologie und soziale Ziele in Einklang miteinander zu bringen versucht, um den Menschen auf lange Sicht ein Überleben zu ermöglichen. Nachhaltigkeit bedeutet aber nicht einen nahezu ewig anhaltenden gleichbleibenden Zustand eines Systems. Natürliche Systeme befinden sich in einem Fließgleichgewicht, das neuen Entwicklungen offen gegenübersteht. Das relative Gleichgewicht eines Systems kann sich unter Einfluß interner oder externer Faktoren auf eine andere Ebene verlagern.

2. Nachhaltigkeit im Sinne von Ökosystemen

Am Beispiel eines einfachen Ökosystemschemas soll erläutert werden, wo die Schnittstellen liegen, an denen der Mensch durch seine Nutzung eingreift. Wir haben es zunächst mit zwei Hauptkompartimenten zu tun. Einmal die *Atmosphäre*, die einen wesentlichen Teil an Input in das Ökosystem liefert, wie z.B. Wärmeenergie und Wasser. Das zweite Kompartiment bildet der *Boden*, auf dem die lebenden Pflanzen stehen und der über die Nährstoffe und den Wasserhaushalt in das System steuernd eingreift. Man könnte sagen, daß die Vorräte aus dem atmosphärischen Ast dem Ökosystem nahezu unbegrenzt zur Verfügung stehen. Anders sieht es bei den Böden aus. Hier ergeben sich zwei Problemkreise: der Boden kann eventuell als Substrat durch Erosion vollständig verlorengehen und damit komplett als Standort für die Lebewelt verschwinden. Zum zweiten können die Nährstoffvorräte im Boden aufgebraucht werden, und zwar schneller als Verwitterung oder Destruenten die Nährstoffe neu aufbereiten. Ein dritter Problemkreis ist heutzutage eine Überdüngung in manchen Bereichen und damit eine Vergiftung des Standortes Boden entweder für die Pflanzen oder für den Grundwasserhaushalt. Das Hauptproblem bei Ökosystemen in Hinblick auf die Nachhaltigkeit liegt in dem Problemkreis Boden, in den der Mensch störend eingreift. Auf diesen Komplex des Bodens soll exemplarisch im weiteren eingegangen werden.

Das Ziel einer nachhaltigen Nutzung von Ökosystemen muß es einerseits sein, eine relative Stabilität des Systems zu erhalten und zweitens das, was man als einen gleichmäßigen Ertrag bezeichnen könnte, ohne das System zu stören. Die Gedanken der Nachhaltigkeit fußen jedoch auf der Annahme, daß Ökosysteme von Natur aus stabil seien. Dies ist jedoch unzutreffend. Ökosysteme sind *transitiv*, d.h. sie unterliegen zum

Teil extremen Schwankungen. Deshalb sind nahezu sämtliche Ökosysteme auch ohne Zutun des Menschen in einem instabilen Zustand. Da sich die natürliche Umwelt in einer permanenten Veränderung befindet, kann auch ein Ökosystem nicht als stabiles System betrachtet werden, sondern eher als ein sukzessives, das sich den veränderten Bedingungen anzupassen hat. Solche Störungen können z.B. durch Stürme hervorgerufen werden, die eventuell ganze Wälder vernichten. Eine weitere nachhaltige Störung von Ökosystemen haben wir in jüngster Zeit bei dem verheerenden Erdbeben in Kobe in Japan erlebt. Es gibt andererseits aber auch permanente schleichende Veränderungen, die sowohl natürlichen als auch anthropogenen Ursprungs sein können, so zum Beispiel die globale Temperaturentwicklung auf der Nordhalbkugel seit der Mitte des letzten Jahrhunderts. Auf der anderen Seite zeigt uns die natürliche Klimaentwicklung seit dem Ende der letzten Eiszeit vor etwa 10.000 Jahren, wie schnell sich die Vegetation Mitteleuropas aus einer Tundrenvegetation in eine Waldvegetation entwickeln konnte. Dieser gesamte Prozeß dauerte zum Teil weniger als 1.000 Jahre. Wenn der seit dem letzten Jahrhundert zu beobachtende Temperaturtrend von 0,7 Kelvin weiter anhält, so können wir damit rechnen, daß sich die Wälder von Schwarzwald und Vogesen in wenigen hundert Jahren in sogenannte mediterrane Wälder verwandeln werden.

Die Diskussion um die Nachhaltigkeit betont jedoch, daß wir unsere Umwelt dergestalt nutzen dürfen und können, daß sie uns langfristig als Produktionsfaktor unter rezenten Vorstellungen erhalten bleibt. Dieses ist von der Naturentwicklung her eigentlich ein Widerspruch in sich selbst. Ein Ausweg bietet nur die Definition der Nachhaltigkeit über kürzere bis mittelfristige Zeiträume, die 1 - 2 Menschengenerationen umfassen, wenn wir davon ausgehen können, daß in diesen Zeiträumen die Randbedingungen der Ökosysteme weitgehend stabil bleiben. Ein zweiter Widerspruch ist die Behauptung, daß wir bei einer Wirtschaftsweise die nicht nachhaltig ist, die Natur letzten Endes zerstören. Aber Natur ist nicht zerstörbar. Selbst wenn wir durch Abholzen an die Stelle eines Regenwaldes eine Savannenlandschaft setzen, so handelt es sich dabei zwar um ein völlig anderes, aber dennoch um ein funktionierendes Ökosystem.

Das wesentliche Problem bei der Diskussion der Nachhaltigkeit ist die Beziehung des Menschen zu seiner natürlichen Umwelt. Damit umschreibt die Diskussion der Nachhaltigkeit einen Zustand der Umwelt, der dem Menschen an einem bestimmten Ort und zu einer bestimmten Zeit auf der Erde eine Wirtschafts- oder Überlebensform garantiert. Das Ziel der Überlegungen zur Nachhaltigkeit von Ökosystemen ist damit die Berücksichtigung des Menschen um seiner selbst Willen. Dabei handelt es sich zunächst um kleine und relativ geschlossene Kreisläufe, die regional sehr unterschiedlich sein können. Neben den lokalen Auswirkungen von Eingriffen des Menschen in Ökosysteme gilt es darüber hinaus auch Fernwirkungen solcher Eingriffe zu bedenken. So zeigen die Auswertungen von Satellitendaten im westlichen Senegal, daß über den quasi naturnahen Trockenwäldern die *Albedo*, das Verhältnis von zugestrahlter und reflektierter Sonnenstrahlung, nur etwa 30% beträgt, wohingegen in den offenen landwirtschaftlichen Nutzflächen mit Erdnußanbau und Weidewirtschaft dieses Verhältnis doppelt so hoch ist. Das bedeutet, daß über den Kulturflächen 60% der einkommenden Energie wieder an die Atmosphäre abgegeben wird. Dies kann zu tiefgreifenden Veränderungen des

Strahlungs- und damit Wärmehaushaltes führen, deren Folgen eventuell weit über den entsprechenden Raum hinaus zu spüren sind. In letzter Konsequenz bedeutet dies, daß wir bei den Betrachtungen zur räumlich begrenzten Nachhaltigkeit auch das Gesamtsystem nicht aus dem Auge verlieren sollten. Die Diskussion um Nachhaltigkeit ist letzten Endes auch eine Diskussion um die mögliche *Erhaltung des Istzustandes* der rezenten Prozesse innerhalb unserer Atmosphäre und dem daraus resultierenden Wettergeschehen weltweit.

3. Probleme nachhaltiger Nutzung von Ökosystemen in verschiedenen Klimazonen

Nachfolgend soll an drei ausgesuchten Regionen der Erde eine nachhaltige sowie eine nicht nachhaltige Nutzung unterschiedlicher Ökosysteme exemplarisch erläutert werden. Es handelt sich dabei um einen Bereich des tropischen Regenwaldes in Westafrika, um eine Region der Sahelzone im westlichen Afrika und um die Alpenregion.

3.1 Die tropischen Regenwälder

Mit dem volkstümlichen Begriff der *tropischen Regenwälder* werden einerseits die immergrünen Feuchtwälder bezeichnet, in denen die jährliche Trockenzeit nicht länger als 1-2 Monate andauert, andererseits aber auch die periodisch laubwerfenden Feuchtwälder in Gebieten mit einer jährlichen Trockenzeit von nicht mehr als 3-4 Monaten. Diese beiden Waldtypen bedecken theoretisch 4 Millionen km^2 des afrikanischen Kontinents. Die Zerstörung der tropischen Feuchtwälder hat dramatisch zugenommen. In den letzten 10 Jahren sind allein 480.000 km^2 Feuchtwald in Afrika vernichtet worden, eine Fläche, die fast doppelt so groß ist wie das Gebiet der alten Bundesländer. Damit sind von der ursprünglichen theoretischen Verbreitung der Feuchtwälder, im Jahre 1990 gerade noch 65% vorhanden gewesen.

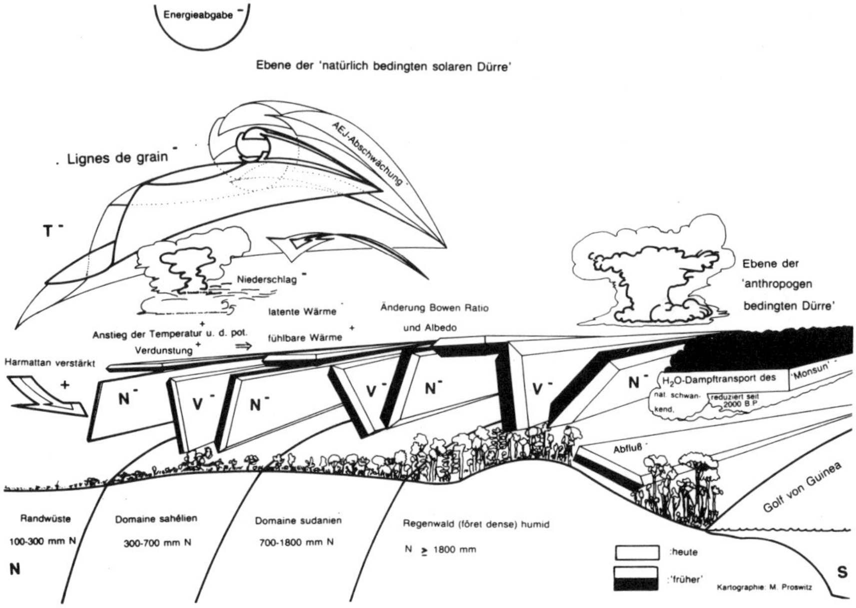

Abb. 1: Schema der Aridisierung durch Vegetationsveränderungen (Quelle: Frankenberg & Anhuf, 1989, S. 202).

Die Abbildung 1 zum Schema der *Aridisierung* durch Vegetationsveränderung dokumentiert die Folgen dieser weitreichenden Waldzerstörung für große Teile Westafrikas. Zahlreiche Zeitreihen der Niederschlagsentwicklung in Afrika belegen eine deutliche Abnahme der Niederschläge auf dem afrikanischen Kontinent nördlich des Äquators seit nunmehr über 30 Jahren. ANHUF (1994) konnte durch die Auswertung umfangreichen Datenmaterials zur Niederschlagsentwicklung nachweisen, daß der Mensch nicht nur das Landschaftsbild der Regenwaldzone nachhaltig verändert hat, sondern daß die Folgen dieser Entwicklung Auswirkungen auf das heutige Niederschlagsgeschehen hatten. Durch die Abholzung tropischer Wälder wurden natürliche Niederschlagsreduktionen in den Feucht- und Savannengebieten Westafrikas um zum Teil mehr als 25% potenziert. Die Abholzung der tropischen Regenwälder hat damit nicht nur einen regionalen sondern einen deutlich überregionalen Aspekt, in dem der Mensch durch sein Handeln die Auswirkungen in der ohnehin klimatisch sehr labilen Sahelzone deutlich verstärkt hat.

In den Ländern der Regenwaldzone spielt die Landwirtschaft eine überragende Rolle. Die Mehrheit der Bewohner ist auch heute noch in der Landwirtschaft beschäftigt, und die landwirtschaftlichen Produkte sind es auch, die für mehr als 2/3 der Waldländer Afrikas die wichtigsten Exportprodukte repräsentieren. Die traditionellen Anbaumethoden sind die Landwechselwirtschaft und der Wanderfeldbau. Dabei erfolgt die Erschließung der Ackerflächen durch *Brandrodung*. Die durch das Abbrennen erzeugte Asche dient als Dünger. Diese mineralischen Nährstoffe sind nach spätestens 3-5 Jahren aufgebraucht bzw. durch die heftigen Regengüsse ausgewaschen. Die Flächenerträge sinken so stark ab, daß die Felder der Brache überlassen werden müssen, neue Felder werden gebrannt und der Kreislauf beginnt erneut. Dieses System der Inkulturnahme der tropischen Waldländer steht solange in einem „ökologischen Gleichgewicht“, wie die Bevölkerungsdichte gering bleibt und die aufgegebenen Felder über lange Brachezeiten verfügen, in denen die ursprüngliche Vegetation sich wieder neu entwickeln kann. Durch die explosive Bevölkerungsentwicklung in diesen Ländern leben heute ca. 300 Millionen Menschen in der Regenwaldzone Afrikas von dieser sehr flächenintensiven Wirtschaftsform. Die Brachezeiten müssen verkürzt werden, so daß die Regenerationszeiten für eine nachhaltige Nutzung nicht mehr gegeben sind. Immer mehr Wald muß gerodet werden, um den Flächenansprüchen der heutigen Bevölkerung gerecht zu werden. Eine moderne Form der nicht nachhaltigen Exportation des Bodens ist die Anlage von Großplantagen. Der Regenwald verschwindet, und Früchte wie Ananas, Kakao oder Kautschuk bestimmen mehr und mehr den Landschaftscharakter. Diese Pflanzungen mit Flächen von 1.000-10.000 ha sind in den ersten Jahren, bis die Plantagenkulturen eine geschlossene Vegetationsdecke aufbauen können, schutzlos der *Erosion* ausgesetzt. Selbst bei minimaler Flächenneigung unter 2° belaufen sich die Erosionsbeträge auf 600-800 t pro Hektar und Jahr. Auf steileren Flächen können Bodenverluste von mehreren tausend Tonnen pro Hektar und Jahr gemessen werden. Darüber hinaus handelt es sich bei diesen Pflanzungen um Monokulturen, so daß die natürlichen Nährstoffreserven sehr schnell aufgebraucht sind. Sie werden durch die hohen Niederschläge schnell und nachhaltig ausgewaschen. Dadurch, daß diese Pflanzungen auf sehr lange Zeiträume angelegt sind, ist eine sehr einseitige Entnahme der Nährstoffe gegeben. Diese werden vor allem in den modernen Plantagen durch Düngergaben ergänzt. Untersuchungen aus der Elfenbeinküste haben jedoch gezeigt, daß nach Beendigung der Pflanzungstätigkeit auf diesen Flächen nur sehr schwerlich ein Sekundärwald aufkommt und damit der Boden für mehr als eine Generation aus der Nutzung herausfällt. Dadurch ist ein nachhaltiges System nach unseren heutigen Vorstellungen nicht gewährleistet.

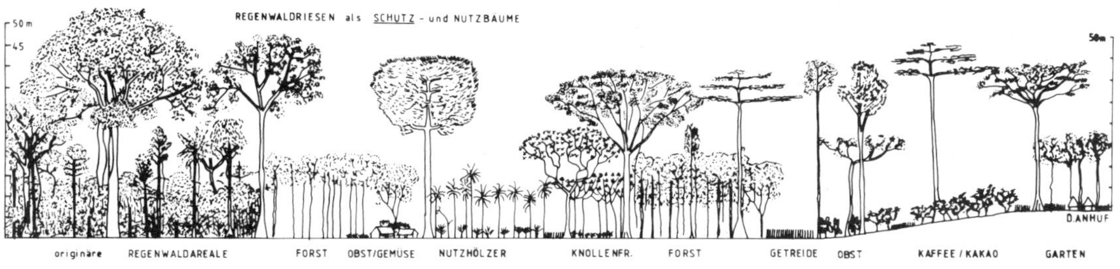

Abb. 2: Landnutzungskonzept in einem tropischen Feuchtwald (Quelle: Anhuf, 1992, S. 18).

Eine moderne Form der nachhaltigen Wirtschaft innerhalb der tropischen Regenwälder ist das System eines sogenannten *Waldgartens*, wie es die Abbildung 2 zeigt. Das natürliche Ökosystem eines tropischen Feuchtwaldes gibt dabei den möglichen Maßnahmenkatalog vor. Dieser beinhaltet auf der einen Seite eine gezielte Förderung und Vermehrung wirtschaftlich bevorzugter Baumarten in einem existierenden Waldareal, so daß der Naturwald in einen Nutzwald umgewandelt werden kann. Hierbei ist jedoch nicht an Monokulturen zu denken, die für den Naturhaushalt Wald ähnlich fatale Folgen hätten wie Monokulturen von Kulturpflanzen. Diese skizzierten angereicherten Wälder sind in Südostasien seit Jahrhunderten bekannt, hochentwickelt und in die dortige Bauern- und Dorfwirtschaft voll integriert. Sie bieten ein hohes Maß an Selbstregulierung durch ständige Aufbereitung und Verwendung von Nährstoffen sowie eine große Vielfalt an Produkten, behalten einen hohen Artenreichtum, schützen den Boden vor Auswaschungen und garantieren die Funktion als bioklimatische Regler mit hoher Verdunstungsleistung. Daneben trägt ein solcher Waldgarten der Nahrungsmittelversorgung in besonderer Weise Rechnung, da unter dem schützenden Laubdach der hohen Bäume Getreide, Knollenfrüchte, Obst und Gemüse sowie auch Exportkulturen wie Kaffee, Kakao und Bananen gedeihen und damit die wirtschaftliche Existenz der Bauern garantieren. Solche Maßnahmen sind in jedem Fall dazu geeignet, die Flächenproduktivität entscheidend zu erhöhen und damit den Druck auf bislang noch nicht genutzte Areale zu vermindern.

3.2 Die Sahelzone

Das zweite Beispiel stammt ebenfalls aus Westafrika. Der Bereich der *Sahelzone* umfaßt in engerem Sinne einen ca. 7.000 km breiten Streifen von der senegalesischen Westküste des Kontinents bis an die äthiopischen Ufer des Roten Meeres im Osten. An seiner nördlichen Grenze erhält diese Zone im Durchschnitt 200 mm Niederschlag pro Jahr, während im Süden etwa 600-700 mm Jahresniederschlag erzielt werden. Die Sahelzone leidet seit nunmehr nahezu 30 Jahren permanent unter zwei Streßfaktoren. Die *klimatischen Streßfaktoren* sind die scharfen jahreszeitlichen hygrischen Gegensätze, die große Variabilität der Niederschläge sowie negative Wasserbilanztrends. Seit 1968 bis einschließlich 1984/85 erlebte die Sahelzone eine bis dahin nie gekannte Dürrephase, die nur von einzelnen niederschlagsreicheren Jahren unterbrochen war. Die Wasserbilanz hat sich dabei in vielen Räumen derart verschlechtert, daß zahlreichen Regionen nur noch etwa 50% des langjährigen Wasserangebotes zur Verfügung standen. Die Niederschlagsmenge im nördlichen Sahel ist für den standortgebundenen seßhaften Ackerbau schon äußerst knapp bemessen. Hinzu kommt eine scharfe Trennung zwischen der trockenen Periode des Jahres und der Regenzeit. Der Regen fällt im Durchschnitt nur während 2-2½ Monaten pro Jahr. In normalen Jahren reichen diese Regenmengen für eine bescheidene Ertragsbildung aus. Aber sogenannte Normaljahre bilden eher die Ausnahme. Vielmehr ist die Sahelzone durch eine Niederschlagsvariabilität zwischen 20% im Süden und 40% im Norden gekennzeichnet. Werden beispielsweise an einer Station Niederschläge von durchschnittlich 400 mm pro Jahr gemessen, bei einer Variabilität von 40%, so bedeutet dies, daß in einem Jahr statistisch 560 mm und im nächsten Jahr nur 240 mm Niederschlag an dieser Station abregnen können. Als Ergebnis ist festzuhalten, daß das Klima in der Sahelzone insgesamt keineswegs als konstant zu bezeichnen ist. Vielmehr sind die Niederschlagsschwankungen dort der Regelfall und damit auch wiederholt auftretende klimatische Streßfaktoren für das Ökosystem Sahelzone.

Abb. 3: Sahelische Parksavanne mit Acacia Albida (Affenbrotbaum) und Hirseanbau in der Nähe der Stadt Gorom, Burkina Faso (Foto: Kappas).

Der zweite wesentliche Streßfaktor im Naturhaushalt Sahel ist die *Bevölkerungszunahme*. Die demographische Entwicklung nimmt in den letzten Jahren bedrohliche Ausmaße an. Die Bevölkerung des Sahel wächst im Jahr um etwa 3%. Dieses Wachstum entspricht einer Verdoppelung der Bevölkerung in etwa 20-25 Jahren. Durch den Bevölkerungsdruck wird der Lebensraum mit fruchtbaren Böden immer enger und der menschliche Druck auf die natürlichen Ressourcen immer größer.

Naturnah wird die Sahelzone in ihrem südlichen Bereich von lichten Trockenwäldern geprägt, die in Bereichen unter 500 mm Jahresniederschlag zunehmend dem Konkurrenzdruck offener Grasländer weichen müssen. Die lichten Trockenwälder sind heute nur noch an vereinzelten Reliktstandorten der Sahelzone anzutreffen. Vielmehr wurde der gesamte Naturraum nachhaltig durch die menschliche Besiedlung in einen intensiv genutzten Naturraum umgewandelt. Das Ergebnis dieser bereits vor vielen Jahrhunderten, wenn nicht gar vor Jahrtausenden stattgefundenen Veränderung war eine savannenartige Parklandschaft. Große Bereiche dieser Region können demnach auch als „cultures avec arbres“ (FRANKENBERG & ANHUF, 1989) bezeichnet werden. Das Baumstratum dieser landwirtschaftlichen Nutzflächen wird zumeist von *Acacia albida* (Weiße Akazie) oder auch *Adansonia digitata*, dem Affenbrotbaum, gebildet, der Anbau konzentriert sich auf Hirse für die Nahrungsmittelversorgung und Erdnüsse für den einheimischen Markt oder den Export. Abbildung 3 zeigt das Beispiel einer solchen Landschaftsform in der Nähe der Stadt Gorom in Burkina Faso. Die Baumbestände in diesen Parksavannen sind vom Menschen selektiert oder sogar gepflanzt worden. Es besteht generell eine enge Bindung zwischen den Baumarten der Savanne und der Wirtschaftsweise der in ihr lebenden Menschen, die ihrerseits mit den verschiedenen Ethnien stark variiert. Die vielfach als natürlich angesprochene offene parkartige Savannenlandschaft ist weitgehend eine Kulturlandschaft. Es sind dabei zwei Typen von *Parklandschaften* zu unterscheiden, solche, in denen aus den lichten Trockenwäldern bestimmte nutzbringende Bäume stehengelassen wurden und die regelrecht angepflanzten Parks. In jedem Fall begünstigt die Baumschicht durch Beschattung, also Verdunstungsminderung, und ihre Laubstreu als Düngung die Feldproduktion der eigentlichen Ackerschicht bzw. die Produktivität der unter ihr stockenden Grasschicht. Eine Wurzelkonkurrenz zwischen Bäumen, Ackerpflanzen und der Grasschicht tritt wegen der unterschiedlichen Wurzelstockwerke der drei Pflanzengruppen kaum auf. Der wichtigste Kulturbaum der Savanne ist der *Agansonia digitata* (Affenbrotbaum), auch *Baobab* genannt, der in seiner intensivsten Nutzungsform an Bewässerungsfeldbau gebunden ist. Sein im Alter hohler Stamm dient als Zisterne, die ansonsten als Bauwerk unbekannt ist. Vor allem *Alcacia albida* (Weiße Akazie) beschattet als wintergrüner Baum während der langanhaltenden Trockenzeit den Boden und dient damit dem stationären Vieh, vor allem Ziegen und Schafen, als Nahrungsgrundlage. Die Früchte dieses Baumes werden auch nur über den Darm der entsprechenden Tiere verbreitet. Die Verbreitung von *Acacia albida-Parks* weist stets auf seßhaften Dauerfeldbau mit Viehzucht bei hoher Bevölkerungsdichte hin. Nach neueren Ergebnissen der wissenschaftlichen Forschung kann davon ausgegangen werden, daß diese Parksavannenlandschaften im Sinne einer nachhaltigen Bewirtschaftungsform gedeutet werden können, denn diese Systeme haben über viele Jahrhunderte überdauert und zu keinen nachhaltig negativen Veränderungen der Bodenfruchtbarkeit geführt.

Eine Verdoppelung der Bevölkerung in der Sahelzone in den vergangenen 20 Jahren führte zu einem ständig wachsenden Nahrungsbedarf. Die Beibehaltung der zuvor beschriebenen nachhaltigen aber flächenextensiven Subsistenzwirtschaft ist mangels technologischer Verbesserung zu einem belastenden ökologischen Faktor geworden. Der wachsende Bedarf an Boden führte zu einer *Verkürzung der Brachezeiten* und damit zu einer Degenerierung der Ackerflächen mit der Folge sinkender Erträge. Neben der Verkürzung der Brachzeiten sind die ehemals die Parklandschaften charakterisierenden Bäume vielfach der Axt zum Opfer gefallen. Holz ist für mehr als 1/3 der Bevölkerung die wichtigste Energiequelle und gleichzeitig auch bedeutendstes Baumaterial. So auch in den Ländern der Sahelzone, wo andere Energiequellen wie z.B. Petroleum und Gas zumeist fehlen bzw. für den Großteil der Bevölkerung zu teuer sind. Im Zusammenhang mit dem starken Bevölkerungswachstum und der daraus resultierenden Ausweitung der landwirtschaftlichen Nutzflächen ist in der Umgebung größerer Siedlungen heute eine nahezu entwaldete Naturlandschaft in den letzten Jahrzehnten entstanden. Darüber hinaus ist die traditionelle Mischkultur verschiedener Anbauprodukte zu Gunsten von *Monokulturen* aufgegeben worden. Entweder werden große Schläge in der Sahelzone heute mit Hirse oder mit Erdnüssen aber auch mit Baumwolle im Süden bepflanzt. Die Entfernung der Baumschicht hat für den Bodenwasserhaushalt gravierende Folgen. Große Teile sind auch während der Regenzeit schonungslos der tropischen Sonne ausgesetzt und trocknen daher sehr viel schneller aus als früher. Das Fehlen von *Leguminosen* (Hülsenfrüchte) auf den Ackerflächen hat zu einer nachhaltig schlechteren Nährstoffversorgung geführt. *Leguminosen* als Zwischenfrucht sind als Stickstoffbinder insbesondere dafür geeignet, den Nährstoffgehalt der ohnehin nährstoffarmen sandigen Böden der Sahelzone erheblich zu verbessern. Dieser in den traditionellen Agrarsystemen funktionierende Selbstdüngungseffekt ist infolge der Bevölkerungszunahme heute nicht mehr gegeben. In vielen Sahelländern beobachten wir eine kontinuierliche Abnahme der Flächenerträge. Zu dieser anthropogen verursachten nachhaltigen Verschlechterung des Landwirtschaftsstandortes Sahel kamen die potenzierenden Auswirkungen der anhaltenden Dürre seit Ende der 60er Jahre.

Viele Bereiche des nördlichen Sahels waren bis Mitte der 80er Jahre aus der landwirtschaftlichen Produktion herausgefallen. Dieser Prozeß des Verlustes von Ackerboden wird als *Desertifikation* bezeichnet. Der Begriff beschreibt einen Prozeß, der sich in einer längerfristigen oder gänzlich irreversiblen Reduktion des ökologischen Potentials arider und semi-arider Gebiete auf der Erde als Folge unangepaßter Nutzung durch den Menschen äußert. Charakterisiert wird dieser Prozeß durch eine schleichende Ausbreitung wüstenähnlicher ökologischer Bedingungen, insbesondere in der afrikanischen Sahelzone.

Die Aufgabe der traditionellen Parksavannensysteme und ihre Umwandlung in zumeist Monokulturen für den export- oder nahrungsmittelorientierten Anbau haben die Sahelländer in eine ökonomische und ökologische Krise gestürzt - ein Beispiel für eine extreme Entwicklung eines nicht nachhaltigen Agrar- und Wirtschaftssystems.

Seit Mitte der 80er Jahre hat sich die Niederschlagssituation auch in der nördlichen Sahelzone wieder deutlich verbessert. Die vermehrten Niederschlagsmengen allein garantieren jedoch noch keine Rückkehr zu einer nachhaltigen Bewirtschaftung dieser Zone. Dazu sind zahlreiche Maßnahmen erforderlich, die in einzelnen Teilregionen bereits Anwendung gefunden haben, jedoch noch nicht den größten Teil der Sahelzone erfaßt haben. Im nördlichen Sahel müßten zur Unterbindung der fortschreitenden Desertifikation für die Viehherden maximale Größen festgelegt werden. Diese Festlegung kann nur auf der Basis des natürlichen Reproduktionsmaterials der Weiden geschehen. Es liegen Beispiele und Forschungsergebnisse aus diesem Sektor vor, die unter Zugrundelegung der natürlichen Biomassenproduktion eine Bestockungsdichte für Bereiche der Sahelzone ausgewiesen haben. Viele Brunnen innerhalb der nördlichen Sahelzone sind gänzlich oder zumindest zeitweise stillzulegen, um die Beweidung in der Umgebung sowie die Vergrößerung der Herden am Ort zu verhindern.

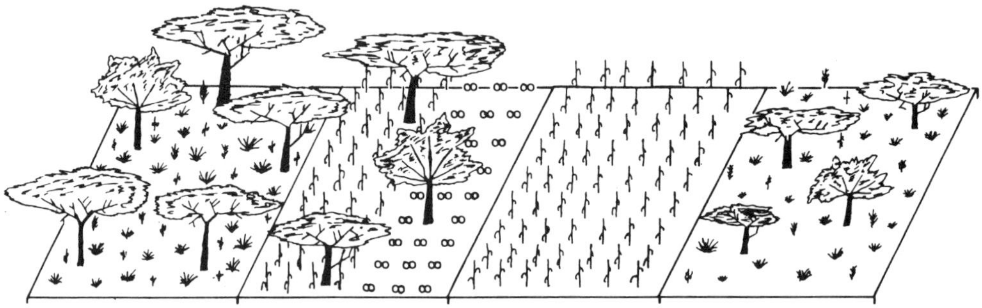

Abb. 4: Landnutzungskonzept der Sahelzone (Quelle: Anhuf, 1988, S. 211)

Was den Ackerbau betrifft, gilt es in erster Linie seine weitere Ausbreitung in die nördlicheren Sahelräume zu verhindern. Konzepte einer standortgerechten Landnutzung liegen vor, die sowohl den Ackerbau, die Viehzucht als auch die Holzproduktion berücksichtigen. Die Abbildung 4 zeigt eine schematisierte Darstellung dieses Konzeptes. Die nach dieser Strategie um die Felder herum und zwischen diesen anzupflanzenden Bäume und Büsche haben einerseits die Aufgabe, die Winderosion zu stoppen, andererseits liefern sie den Bauern ihr Brennholz. Durch die Verminderung der Windgeschwindigkeit wird sich die Wasserbilanz der Böden entsprechend verbessern, da sie weniger austrocknen. Neben der Brennholzgewinnung ist über eine Diversifizierung der anzupflanzenden Bäume auch eine positive Wirkung auf den Nährstoffhaushalt durch *Leguminosen* (=Stickstoffbinder) zu erwarten. Neben dieser Maßnahme gilt es jedoch auch kommenden Dürreperioden - niemand kann sie bislang zuverlässig voraussagen - zu begegnen. Den richtigen Weg hat hier der Niger vorgesetellt, in dem er eine Speicherbevorratung schuf. In guten Jahren wird überschüssiges Getreide aufgekauft oder in Lagerhäusern und Vorratsspeichern dezentral im Lande gelagert, was nebenbei die Preise stabilisiert. In Notzeiten kann das Getreide zu Nahrungszwecken oder als Saatgut wieder an die Bevölkerung ausgegeben werden. Die Sahelländer müssen mit den Dürren leben und ihre Bevölkerung so gut es geht davor schützen.

3.3 Der Alpenraum

Noch bis vor etwa zehn Jahren galten die *Alpen* als Inbegriff der heilen Welt. Heute dominiert mehr und mehr das Bild einer Katastrophenregion mit extremen Umweltproblemen. Der Mensch, so scheint es, ist im Begriff durch sein an den Gesetzen der Marktwirtschaft orientiertes Verhalten den ökologisch sensiblen Alpenraum zunehmend in Mitleidenschaft zu ziehen.

Die Alpen waren aber noch nie das Idyll einer Naturlandschaft, wie es den Vorstellungen vieler Menschen, insbesondere in den außeralpinen Metropolen Europas, entspricht. Vielmehr wurde der Alpenraum schon seit über 6.000 Jahren durch den Menschen fundamentalen Veränderungen und tiefgreifenden ökologischen Umgestaltungen unterworfen. Das Ausmaß und die Form der menschlichen Eingriffe haben sich jedoch im Laufe der Zeit gravierend verändert. Dabei wurde das Gebot einer nachhaltigen Nutzung dieser Natur- und Kulturlandschaft, das von den Alpenbewohnern über Jahrtausende hinweg befolgt wurde, mit der beginnenden Industrialisierung immer mehr mißachtet.

Um ein Leben und Wirtschaften des Menschen im Alpenraum langfristig zu sichern, mußte er die Nutzung dieser sensiblen Hochgebirgsregion von Anfang an so gestalten, daß die ökologische Stabilität der Kulturlandschaft bewahrt blieb. Diese Einsicht erwuchs nicht von selbst, sondern ergab sich aus den Gesetzen der Natur, denen der damalige Mensch mehr oder weniger schutzlos ausgesetzt war. Aus diesem Grund mußte er sich einer nachhaltigen, das heißt einer an der *Reproduktion der Produktion* orientierten Wirtschaftsweise orientieren.

Diese Art der Naturnutzung basierte im wesentlichen auf drei Grundprinzipien. Erstens wurde eine *natürliche Grenze der Naturnutzung* als gegeben anerkannt. So wurden die Flächen, die in Kulturland umgewandelt werden sollten nicht willkürlich bestimmt, sondern sehr sorgfältig ausgewählt. Nicht jeder Hang konnte gerodet werden, wenn sich dadurch beispielsweise ein erhöhtes Lawinenrisiko für die im Tal ansässige Bevölkerung ergab. Darüber hinaus mußte auch geprüft werden, welche Flächen sich für welche Nutzung am besten eigneten.

Zweitens galt es auf der Basis Jahrzehnte und Jahrhunderte alter Erfahrungen ein *ausgewogenes Maß der Naturnutzung* zu entwickeln und bei der Bewirtschaftung einzuhalten. Form und Intensität des menschlichen Wirtschaftens sollten demnach sowohl eine Über- als auch eine Unternutzung der jeweiligen Flächen verhindern. Beides konnte zu einer Labilisierung des sensiblen ökologischen Gleichgewichtes mit entsprechenden Konsequenzen für den Menschen führen.

Drittens mußte ein großes Maß an *reproduktiver Arbeit* aufgewandt werden. Dadurch wurde sowohl versucht die menschlichen Eingriffe in die Natur auszugleichen als auch den sprunghaften Naturprozessen, denen man ausgesetzt war, entgegenzuwirken.

An einigen Beispielen soll die praktische Umsetzung dieser Regeln näher erläutert werden. Wiesen und Weiden kam in den Alpen seit dem Aufkommen der Almwirtschaft schon immer eine wichtige Bedeutung zu. Bei den Weiden spielt dabei der Besatz mit einer optimalen Anzahl von Tieren eine große Rolle. Eine zu große Viehzahl kann zu Schäden an der Vegetationsdecke führen, wie diese etwa durch Trittschäden durch Rinder und Kühe verursacht werden können. Die vieldiskutierten Viehgangeln tragen dabei jedoch in der Regel zu einer Bodenbefestigung und damit zum Erosionsschutz bei, solange die Grasnarbe nicht durch zu starken Tritt beschädigt wird. Aber auch der Unterbesatz einer Weide kann zu ökologischen Problemen führen. Bei einem zu großen Weideangebot findet eine Selektion der Futterpflanzen statt, was zu einem Rückgang der Artenvielfalt und zu einer Degradation der Weidequalität führt. Entsprechendes gilt auch für die Dauer sowie Anfang und Ende des Weideganges, der zu vergleichbaren Über- oder Unternutzungserscheinungen führen kann.

Ähnliches wie für die Weiden gilt auch für die Wiesen. Sie stellen ein Produkt der vom Menschen geschaffenen Kulturlandschaft dar, das in der Natur in dieser Form nicht vorkommt. Weil die Wiesen, insbesondere nach dem Schnitt, nur eine vielfach geringere Menge an Niederschlagswasser aufnehmen können als etwa ein Wald, kommt der Drainage des Oberflächenwassers eine wichtige Bedeutung zu. Nur durch einen dezentralen Ablauf des Wassers lassen sich Erosion und Hangrutschungen vermeiden. Dem Schnittzeitpunkt kommt darüber hinaus eine wichtige Bedeutung zu. Bei einer zu frühen Mahd sind die Samen der Wiesenvegetation noch nicht reif, so daß sich nur Pflanzen mit einer vegetativen Vermehrung einen langfristigen Fortbestand sichern können.

Die Gefahr der Bodenerosion auf Ackerflächen ist im Alpenraum vor allem an den Hängen durch die hohe Reliefenergie besonders groß. Dies betrifft in besonderem Maß die Zeit zwischen der Ernte und dem Aufkeimen der neuen Saat, in der der Boden ohne die schützende Wirkung einer Vegetationsdecke durch Niederschlagswasser fast ungehindert abgespült werden kann. Durch die Anlage von Terrassen kann das Geländegefälle verringert und dadurch die Erosionsgefahr abgemildert werden. Darüber hinaus läßt sich die Vegetationsperiode durch den Einsatz von Hilfsmitteln verlängern. So taut der Schnee im Frühjahr durch das Bestreuen mit Asche rascher ab, so daß das Getreide früher zu wachsen beginnt. Die dennoch abgespülte Erde muß letztlich durch den Einsatz menschlicher Arbeitskraft wieder nach oben getragen werden.

Dem Wald kommt in der Alpenregion als Schutz vor Lawinen, Bodenerosion und Hangrutschungen eine große Bedeutung zu. Aus diesem Grund können nicht alle Hänge, die sich für eine andere wirtschaftliche Nutzungsform eignen würden, gerodet werden. Bei der forstwirtschaftlichen Nutzung gilt es dieser Schutzfunktion durch eine entsprechende Bewirtschaftungsweise Rechnung zu tragen. So können nicht ganze Areale flächenhaft gefällt werden, sondern es muß eine Einzelstammentnahme erfolgen, die das Gesamtgefüge des Waldes bewahrt.

In der Geschichte der Besiedlung und Nutzung des Alpenraumes hat der Mensch die Natur schon seit je her auf verschiedenste Art und Weise immer tiefgreifenderen Veränderungen unterzogen. Mit fortschreitender Entwicklung nahm der Mensch dabei eine immer aktivere Rolle bei der Gestaltung seiner Kulturlandschaft ein. Dabei schreibt die Natur dem Menschen nicht vor, welche Veränderungen des Naturraumes er vornehmen kann, sondern nur die Konsequenzen, die mit einer bestimmten Nutzungsform verbunden sind - nicht das „Was“ wird von der Natur vorgegeben, aber das „Wie“. So ist etwa bei Ackerland die Anlage von Terrassen notwendig, um den Abtrag des Bodens zu verhindern. Die dennoch abgeschwemmte Erde muß darüber hinaus regelmäßig wieder nach oben getragen werden, um einen dauerhaften Bodenverlust zu verhindern. Eine von der Natur vorgeschriebene Nutzungsform gibt es dadurch nicht. Letztlich hängt nur das Ausmaß der zu leistenden reproduktiven Arbeit vom Umfang des Eingriffs einer bestimmten Bewirtschaftungsform in die Ökologie einer Naturlandschaft ab.

3.3.1 Vom Jäger und Sammler zur Walserwirtschaft

Im Laufe der Siedlungsgeschichte des Alpenraumes bis zum Beginn der Industrialisierung hat sich der Mensch in seiner Wirtschaftsentwicklung weder immer besser an die Natur angepaßt, noch hat er sich dabei immer mehr von ihr gelöst und dadurch zu entsprechenden Umweltzerstörungen geführt. Vielmehr haben sich in der Auseinandersetzung mit den Bedingungen des alpinen Naturraumes und der eigenen kulturellen und geschichtlichen Entwicklung immer wieder neue Nutzungs- und Wirtschaftsformen entwickelt, die die bis dahin bestehenden Nutzungsgrenzen sprengten, ohne jedoch zu einer Labilisierung des gesamten Ökosystems zu führen.

Die ersten Jäger und Sammler, die vor rund 6.000 Jahren den Alpenraum erstmals nutzten, übten nur einen sehr geringen Einfluß auf den Naturraum aus. Die Alpen stellten für den paläolithischen Menschen einen Ungunstraum dar, der sich aufgrund der klimatischen Gegebenheiten und der dichten Waldbedeckung nur im Sommer lokal begrenzt nutzen ließ. Ähnliches gilt auch für die wohl älteste neolithische Nutzungsform in den Alpen, die Transhumanz. Hier wurden bevorzugt die Matten oberhalb der Waldgrenze als Weiden für das Vieh genutzt. Auch hier blieb die Nutzung auf den Sommer beschränkt.

Durch die aufkommende romanische Bergbauernwirtschaft entstanden in den Alpen erstmals Dauersiedlungen, die auch während des langen Winters mit seinen extremen Lebensbedingungen für den Menschen bewohnt wurden. Durch die große Bedeutung des Ackerbaus, blieb dieses Wirtschaftssystem jedoch auf die inneralpinen Trockentäler und die mediterran geprägte Alpensüdseite beschränkt. Erst die germanische Bergbauernwirtschaft erschloß von Norden her die feuchteren und kontinentaleren Regionen der Nord- und Ostalpen. Hier entwickelte sich aufgrund der naturräumlichen Gegebenheiten die Weidewirtschaft als dominierendes Wirtschaftssystem.

Die Schwaighof- und Walserwirtschaft setzten die Erschließung des Alpenraumes in die bisher nur extensiv genutzten Hochflächen fort. Der Mensch hatte dadurch die natürlichen Nutzungsgrenzen der Alpen erreicht und konnte von nun an nur noch eine Nutzungsintensivierung durch entsprechende Spezialisierungsmaßnahmen erreichen.
Diese räumliche Ausweitung und Intensivierung der Naturnutzung ging jedoch keineswegs mit einer Zunahme der Umweltzerstörungen einher. Im Gegenteil: Erst auf einem entsprechend hohen menschlichen Entwicklungsniveau konnten Wirtschaftsformen entstehen, die das naturräumliche Potential einer Region optimal nutzen. Ein wichtiger Schritt in dieser Richtung war der Übergang von der Autarkiewirtschaft zu einem funktionierenden Warenaustausch zwischen den verschiedenen Alpenregionen. Erst dadurch konnten die Bewirtschaftungsformen an die jeweiligen naturräumlichen Gegebenheiten angepaßt werden - man konzentrierte sich auf solche Produkte, die in einem bestimmten Raum ideale naturräumliche Bedingungen vorfanden und gab alle anderen Produkte auf. Das Beispiel des Stickstoffkreislaufes im System der mittelalterlichen Dreizelgenwirtschaft in Abbildung 5 verdeutlicht die in sich geschlossenen Wechselbeziehungen zwischen Mensch und Umwelt.

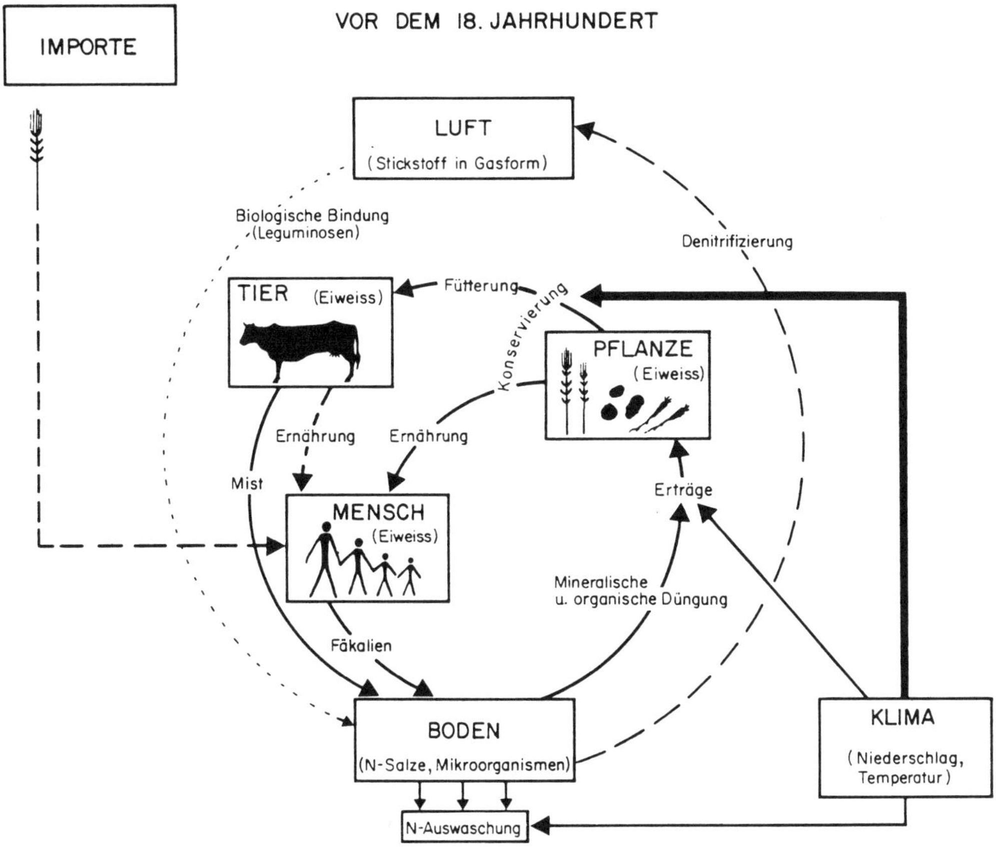

Abb. 5: Stickstoffkreislauf im mittelalterlichen System der Dreizelgenwirtschaft (Quelle: Pfister, 1985, S. 127).

Parallel zu der Entwicklung der verschiedenen landwirtschaftlichen Nutzungsformen, entstanden auch bestimmte politische und kulturelle Rahmenbedingungen, ohne die eine nachhaltige Nutzung der Natur durch den Menschen in den verschiedenen Naturräumen der Alpen nicht umsetzbar gewesen wäre. Die wichtigste Voraussetzung für diese Nachhaltigkeit waren umfassende politische Freiheiten, die es erlaubten, die wirtschaftliche und gesellschaftliche Entwicklung der Region selbst zu organisieren.

Der *Selbstverwaltung* der einheimischen Bevölkerung kommt aus zweierlei Gründen eine entscheidende Bedeutung zu. Zum einen verfügen die Ortsansässigen über Jahrhunderte alte Erfahrungen über ihren Naturraum. Sie wissen wo und wie eine Bewirtschaftung ohne nachhaltige Folgen für das Ökosystem und damit für sie selbst möglich ist. Andererseits sind es auch nur die Ortsansässigen, die zwingend an einer langfristigen ökologischen Stabilität interessiert sind.

Vor diesem Hintergrund entstanden im Alpenraum im Mittelalter Zusammenschlüsse zwischen den Gemeinden einer Region zu sogenannten „Talschaften". Die Schweiz ist ein typisches Beispiel für einen solchen Bergbauernzusammenschluß, der sich bis heute in Form der Kantone erhalten hat. Alle Gemeinden eines solchen Zusammenschlusses verfügten dabei über gleiche Rechte. Auf diese Weise wurde versucht, alle Gemeinden möglichst gleichmäßig zu entwickeln.

Neben der Gemeindefreiheit kommt der familiären Freiheit bei der Bewirtschaftung des eigenen Hofes eine wichtige Bedeutung zu. Das gemeinschaftliche Eigentum einer Kommune besitzt nur eine untergeordnete Rolle. Innerhalb der einzelnen Familien herrschten feste patriarchalische Hierarchieverhältnisse ohne persönliche Freiheiten des Einzelnen. Nur auf dieser Basis konnte der Hofeigentümer eine auf den Fortbestand der Familie ausgerichtete Bewirtschaftung seines Besitzes betreiben.

Die regionalen und überregionalen Freiheiten, die sich im Laufe der Zeit im Alpenraum entwickelten, stellen schließlich einen übergeordneten Rahmen für die Freiheiten auf familiärer und kommunaler Ebene dar. Eine Region umfaßt dabei eine naturräumlich und kulturräumlich zusammengehörige Landschaftseinheit, wie etwa ein bestimmtes Alpental. Auf dieser Ebene sollte durch entsprechende politische Strukturen einer Dominanz einzelner Teilregionen zu Lasten der übrigen Kommunen entgegengewirkt werden. Nur auf diese Weise war eine gleichmäßige Nutzung des naturräumlichen Potentials der gesamten Region gewährleistet.

Die regionale Wirtschaft wurde aber auch durch überregionale Rahmenbedingungen in starkem Maße beeinflußt. Verschiedene europäische Mächte versuchten immer wieder ihren Einflußbereich auf die Alpen als wichtige Transitregion zwischen Mittel- und Südeuropa auszudehnen. Aus diesem Grund schlossen sich viele Alpenregionen zu Bünden zusammen, um ihre Freiheiten gegen diese außenstehenden Mächte besser schützen zu können. Die „drei Bünde" (Graubünden) sind hierfür ebenso ein Beispiel wie die Schweizer Eidgenossenschaft. Nur auf diese Weise ließ sich ein selbstbestimmtes und dadurch nachhaltiges Wirtschaften auf lokaler Ebene erhalten.

3.3.2 Veränderungen seit der Industrialisierung und heutige Probleme des Alpenraumes

Die aufkommende Industrialisierung in Europa führte auch im Alpenraum zu tiefgreifenden Veränderungen. Die industrielle Entwicklung setzte in den Alpen wegen der ungünstigen Topographie und dem schlecht ausgebauten Wegenetz erst in der Mitte des 19. Jahrhunderts in größerem Umfang ein. Die Erschließung der Alpen findet jedoch zunächst nur linienhaft, entlang der Haupttäler statt, so daß die autarke Selbstversorgungswirtschaft, die bis dahin im gesamten Alpenraum verbreitet war, zunächst in vielen Gebieten noch erhalten blieb. Eine flächenhafte Verkehrserschließung durch Pkw und Lkw findet erst später statt.

Die ökonomischen, aber auch sozio-kulturellen Vorteile, die die Industrialisierung mit sich brachte, führte zu einer Abwanderung vieler Alpenbewohner in die städtischen Industriegebiete. Die Folge war ein allmählicher Zusammenbruch der alpinen Wirtschaft und Kultur, der sich in drei Phasen bis etwa 1955 vollzog. Dieser Niedergang, von dem insbesondere die Landwirtschaft betroffen war, führte auch zu entsprechenden Veränderungen der Kulturlandschaft und ihrer Nutzung - oft genug konnte nicht mehr in einem ausreichenden Umfang reproduktive Arbeit aufgewandt werden, um eine nachhaltige Bewirtschaftung der landwirtschaftlichen Flächen zu gewährleisten.

Erst ab der Mitte des 20. Jahrhunderts fand durch den Übergang von der Industrie- zur Dienstleistungsgesellschaft in Europa auch in den Alpen eine allmähliche flächenhafte Aufwärtsentwicklung statt. Der Freizeitsektor in Form des Urlaubs- und Wochenendtourismus zeigte sich dabei als die treibende Kraft. Andere nichttouristische Dienstleistungen, die Energiegewinnung durch Wasserkraft, die Trinkwassergewinnung und der Transitverkehr waren weitere Branchen des Aufschwungs.

Die heutigen Probleme des Alpenraumes, die mit diesem Strukturwandel verbunden sind, lassen sich im wesentlichen drei Problembereichen zuordnen - einer ökonomischen Komponente, einer ökologischen Komponente und einer sozio-kulturellen Komponente. In vielen wirtschaftlichen Aktivräumen der Alpenregion wird die *ökonomische Entwicklung* heute durch das immer stärkere Wachstum des Tourismussektors gestört. Dies hat dazu geführt, daß sich der anfängliche Verkäufermarkt allmählich zu einem Käufermarkt entwickelt hat. Auf diese Weise hat der Konkurrenzdruck im Tourismusgeschäft in erheblichem Maße zugenommen, was vor allem zu Lasten kleinerer und mittelständischer Betriebe geht. Darüber hinaus führen die immer stärker anwachsenden Ansprüche der Feriengäste sowie der Einsatz von Schneekanonen zum Ausgleich schneearmer Winter zu immer größeren Investitionsausgaben, die von der einheimischen Wirtschaft kaum mehr selbst aufgebracht werden können. Aus diesem Grund wächst der direkte ökonomische Einfluß außeralpiner Kapitalgeber. Die durch den großen Flächenbedarf überproportional gestiegenen Grundstückspreise und die starke Monostrukturierung auf den Wintertourismus sind weitere Problemfelder dieser Regionen. In den wirtschaftlichen Passivregionen sind die ökonomischen Probleme ebenfalls nach wie vor hoch.

Im Bereich der *Ökologie* wirken sich vor allem die Luftschadstoffe negativ auf das Ökosystem der Alpen, insbesondere die Wälder aus. Die Schadstoffe werden einerseits durch Ferntransport von den europäischen Ballungsräumen herangeführt, stammen aber auch vom Transitverkehr durch die Alpen. In den touristisch stark erschlossenen Alpenregionen zeigen sich ähnliche Umweltprobleme, wie sie auch für andere Agglomerationsräume typisch sind, so etwa die Luft-, Boden- und Wasserverschmutzung sowie Probleme der Abwasserbeseitigung, der Lärmbelastung und der Bodenversiegelung. Auf der anderen Seite setzt in einigen besonders strukturschwachen Regionen abseits der

Hauptentwicklungsachsen vielfach Sukzession ein und führt so zu einem noch stärkeren ökologischen Gefälle.

Auf *sozio-kultureller Ebene* führen die großen wirtschaftlichen Diskrepanzen zwischen vielen Durchschnitts- und einigen Spitzenverdienern innerhalb der einzelnen Gemeinden zu erheblichen sozialen Spannungen. Da diese wirtschaftliche Oberschicht, zu der sehr oft nur wenige Einheimische gehören, durch den ökonomischen Druck auch die politischen Entscheidungen in starkem Maße prägen, wird die Gemeindedemokratie von innen her ausgehöhlt. Die zunehmende Verdrängung einheimischer durch außeralpine Wirtschaftskräfte führt zu einer erheblichen sozialen und kulturellen Überfremdung.

Diese ökonomischen, ökologischen und sozio-kulturellen Widersprüche innerhalb vieler Alpenregionen bergen letztlich eine große Gefahr für ein nachhaltiges Wirtschaften in diesen Räumen in sich. Hinzu kommen die erheblichen regionalen Diskrepanzen zwischen den wirtschaftlich stark entwickelten Regionen und unterentwickelten Passivräumen.

Trotz der allgemeinen wirtschaftlichen Aufwertung der Alpen, bringen die damit verbundenen Entwicklungstendenzen einige Probleme mit sich. So wird die Entwicklung der Alpen mehr und mehr von den außeralpinen europäischen Metropolen aus bestimmt. Die über Jahrtausende gepflegte Selbstverwaltung der Einheimischen geht dadurch zunehmend verloren. Die vorhandenen Naturresourcen werden dabei als kostenloses Potential genutzt, ohne für deren Reproduktion zu sorgen. Darüber hinaus geht die Akzeptanz natürlicher Nutzungsgrenzen verloren. Durch die wachsende wirtschaftliche Konkurrenzsituation zwischen den einzelnen Alpenregionen werden gemeinsame und an einer langfristigen Bewirtschaftung orientierte Naturnutzungskonzepte kurzfristigen ökonomischen Vorteilen geopfert. Eine nachhaltige Nutzung der naturräumlichen Gegebenheiten geht dadurch zunehmend verloren und läßt sich nur noch durch einen immer größeren Reproduktionseinsatz ausgleichen.

3.3.3 Anforderungen an eine zukünftige nachhaltige Nutzung

Eine zukünftige nachhaltige Nutzung des Alpenraumes muß sich an folgenden drei Prinzipien orientieren:

1. dem Vorrang der einheimischen gegenüber europäischen Nutzungen,
2. der Vermeidung monostrukturell ausgerichteter Wirtschaftsweisen (z.B. Tourismus),
3. dem Erhalt der Berglandwirtschaft als multifunktioneller Basisnutzung.

Daraus ergeben sich konkrete Forderungen. Die Aufwertung des Alpenraumes und die Stärkung der *kulturellen Identität* muß vorrangiges Ziel aller Bemühungen sein. Dem *Erhalt der Berglandwirtschaft* kommt dabei große Bedeutung zu. Diese darf sich nicht auf immer kleinere Flächen immer intensiver konzentrieren, sondern muß sich als flächenhafte Nutzung an den räumlichen Standortunterschieden orientieren, um die Naturpotentiale aufzuwerten und die ökologische Stabilität zu sichern. Aus diesem Grund müssen der Landwirtschaft Nutzungsempfehlungen gegeben werden, die den spezifischen naturräumlichen Gegebenheit gerecht werden. Dabei gilt es nicht zuletzt der Gefahr von Hangrutschungen und Erosion im Alpenraum entgegenzuwirken. Die Abbildung 6 zeigt eine entsprechende Gefährdungskarte am Beispiel des Gunzesrieder Achtales im Allgäu.

Abb. 6: Karte der Rutschungsgefährdung im Gunzesrieder Achtal, Allgäu (Quelle: Schütz, 1994, S. 80).

Eine künftige Agrarpolitik muß die erweiterten Aufgaben der Berglandwirtschaft - zum Beispiel ihren zentralen Stellenwert als Grundlage für den Tourismus - berücksichtigen, was eine Abkehr von der bisher erfolgten Fixierung auf die Quantität der Produktion bedeutet. Eine mögliche Alternative wäre die Förderung der Produktion qualitativ hochwertiger, regionaltypischer Spezialitäten.

Der *Tourismus* als Haupterwerbszweig ist zu *dezentralisieren*, um die negativen ökologischen Auswirkungen zu begrenzen. Gleichzeitig muß einer einseitigen Ausrichtung auf touristische Einnahmen entgegengewirkt werden, da sie in Krisenzeiten zum wirtschaftlichen Zusammenbruch führt. Im Sinne eines umweltverträglichen Tourismus wäre es, wenn der Urlauber die alpine Landschaft nicht als Kulisse seiner sportlichen Aktivitäten benutzen würde, sondern ihrer besonderen ästhetischen und kulturellen Vielfältigkeit wegen hier eine beispielhaft und anschaulich vorgeführte Auseinandersetzung mit der Natur erleben könnte.

Die Ansiedlung „sauberer Industrien" und nichttouristischer Dienstleistungen im Berggebiet muß gefördert werden, um die Nutzungen zu diversifieren. Der PKW- und LKW-Verkehr muß verteuert und limitiert werden, um die entstehenden Reproduktionskosten zu decken und den Ausbau eines umweltverträglicheren öffentlichen Verkehrs zu finanzieren.

Zur Gewährleistung ihrer Nachhaltigkeit müssen die Nutzungen untereinander, sowie mit Politik, Kultur und Gesellschaft vernetzt sein. Der Umweltschutz als sektoraler Schutz der Natur vor dem Eingriff des Menschen und als Kompensation der Umweltprobleme in den Kulturlandschaften verfehlt das Ziel. Er muß integraler, mitgestaltender Bestandteil alpinen Lebens und Wirtschaftens sein.

Grundvoraussetzung einer nachhaltigen Nutzung des Alpenraumes ohne staatliche Subventionen von außen ist, daß die Produktionskosten die notwendigen Reproduktionskosten enthalten. Für den gesamten Alpenraum besteht daher die Aufgabe, gemeinsame Rahmenbdingungen festzulegen, um Wettbewerbsverzerrungen und den ruinösen internen Konkurrenzkampf zu verhindern und im Bündnis die eigenen Ansprüche nach außen erfolgreich zu vertreten. Mit der Alpen-Konvention ist der Anfang für eine solche Zusammenarbeit der Staaten, die Anteil am Alpenraum besitzen, gemacht.

4. Resumee

Die verschiedenen Ökosysteme der Erde stellen in langfristiger Hinsicht keine stabilen Zustände dar. Sie befinden sich vielmehr in einer ständigen Entwicklung, einem „fließenden Gleichgewicht, das durch äußere Faktoren gesteuert wird. So führen langfristige natürliche Klimaschwankugen, Vulkanausbrüche, Erdbeben, Bergstürze oder anhaltende Dürre-, Hitze- und Kälteperioden immer wieder zu tiefgreifenden Veränderungen des Landschaftshaushalts der betroffenen Regionen - denken wir etwa an die naturräumlichen Bedingungen während der letzten Eiszeit, die erst vor rund 10.000 Jahren zu Ende ging. Dieser langfristige Wandel der Ökosysteme wird sich auch in der Zukunft vollziehen.

Nur in menschlichen Zeitdimensionen betrachtet, scheint sich der Naturhaushalt in einem weitgehend stabilen Zustand zu befinden. Ziel einer nachhaltigen Nutzung von Ökosystemen muß es sein, diesen quasi-stationären Zustand des Systems auf regionaler und globaler Ebene zu erhalten. Nur durch eine an der Reproduktion und dem Erhalt der natürlichen Resourcen orientierte Produktion können die Voraussetzungen dafür geschaffen werden, daß eine Nutzung der Natur auch für zukünftige Generationen sichergestellt ist. Menschliches Wirtschaften, das diese Nachhaltigkeitsbedingungen nicht erfüllt, schadet sich deshalb selbst. Der Erhalt weitgehend stabiler Ökosystems dient dadurch nicht dem Schutz der Natur als solcher, sondern ist die Basis einer zukünftigen menschlichen Entwicklung.

Wie die Beispiele aus dem tropischen Regenwald, der Sahelzone und dem Alpenraum gezeigt haben, ergeben sich in den verschiedenen Klimazonen sehr unterschiedliche Probleme des menschlichen Einflusses auf Ökosysteme. Aus diesem Grund kann es auch keine einheitliche Strategie bei der Umsetzung einer nachhaltigen Nutzung dieser Naturräume geben. Ihnen allen ist jedoch gemein, daß durch ein entsprechendes Umweltmanagement ein weitgehend stabiler Istzustand der Natur erhalten oder wieder hergestellt werden muß - nur dadurch ist eine langfristige Nachhaltigkeit gewährleistet.

Literaturverzeichnis

ANHUF, D. (1988): Sahel - von der einstigen Blüte zum geschädigten Naturraum, in: Michler, W. (Hrsg.), Weißbuch Afrika, Bonn, S. 183 - 213.

ANHUF, D. (1992): Zerstörung der tropischen Feuchtwälder in Afrika, Diaserie zum Geographieunterricht, Köln.

ANHUF, D. (1994): Vegetationsdegradierung in den Tropen am Beispiel Afrikas - Ausmaß und Folgen, in: Anhuf, D./Frankenberg, P. (Hrsg.), Beiträge zu globalen umweltproblemen, Akademie der Wissenschaften und der Literatur, Abhandlungen der Mathematisch-Naturwissenschaftlichen Klasse, Nr. 2, Wiesbaden, S. 135 - 154.

BÄTZING, W. (1991): Die Alpen, München.

BIRKENHAUER, J. (1990): Die Alpen, Paderborn, München, Wien, Zürich.

BRUNDTLAND, H.G. (Hrsg.) (1987): Our common Future, Oxford, New York.

FRANKENBERG, P. (1985): Vegetationskundliche Grundlagen der Sahelproblematik, in: Die Erde, Jg. 116, S. 121 - 135.

FRANKENBERG, P./ANHUF, D. (1989): Zeitlicher Vegetations- und Klimawandel im westlichen Senegal, in: Erdwissenschaftliche Forschung, Bd. 24, Stuttgart.

GEBHARDT, H. (1984): Hydroenergie und Industrie im Alpenraum, in: Geographische Rundschau, Jg. 36, H. 8, S. 410 - 416.

GEBHARDT, H. (1990): Industrie im Alpenraum, in: Erdkundliches Wissen, Bd. 99, Stuttgart.

GRÄF, P. (1982): Wintertourismus und seine spezifischen Infrastrukturen im deutschen Alpenraum, in: Berichte zur deutschen Landeskunde, Bd. 56, S. 239 - 274.

HAIMAYER, P. (1984): Tourismus im Alpenraum, in: Geographische Rundschau, Jg. 36, H. 8, S. 417 - 423.

HAUSER, J.A. (1990): Bevölkerungs- und Umweltprobleme der Dritten Welt, Bd. 1, Bern, Stuttgart.

PFISTER, CH. (1985): Das Klima der Schweiz von 1525 - 1860 und seine Bedeutung in der Geschichte von Bevölkerung und Landwirtschaft, Bd. 2, Academica helvetica 6, 2. Aufl., Bern, Stuttgart.

RUPPERT, K. (1982): Die deutschen Alpen - Prozeßabläufe spezifischer Agrarstrukturen, in: Erdkunde, Bd. 36, H. 3, S. 176 - 188.

SCHÜTZ, J. (1994): Tonminerale und Bodenmechanik im Gunzesrieder Achtal, in: Mannheimer Geographische Arbeiten, H. 37, Mannheim.

ZETTLER, L. (1981): Kulturlandschaft zwischen Nutzung und Mißbrauch, Augsburger sozialgeographische Hefte, Nr. 7, Augsburg.

Umweltnormen und Umweltschutz

Von Prof. Dr. Johannes Berger

Inhaltsübersicht

1. Zur Fragestellung

2. Die Funktion der Normen

3. Wachsendes Umweltbewußtsein?

Literatur

1. Zur Fragestellung

Daß Normen das Verhalten steuern, ist ein soziologischer Gemeinplatz. Seit ihren Anfängen hat sich die Soziologie als Moralwissenschaft verstanden. Das unterscheidet sie gerade von anderen Sozialwissenschaften. Allerdings ist die Soziologie eine empirische und keine normative Wissenschaft der Moral. Für die Soziologie - oder etwas einschränkender formuliert: für die Durkheimianische Tradition der Soziologie - besteht das soziale Band, das die Gesellschaft zusammenhält, aus Normen. Gleichzeitig sind Normen diejenigen Bestimmungsgründe des Handelns, denen in soziologischen Erklärungen ein besonderes Interesse entgegengebracht wird.

Es ist nicht nur ein professionelles Vorurteil, sondern auch eine Alltagserfahrung, daß Individuen nicht nur interessengeleitet handeln, sondern in ihrem Handeln immer auch Normen berücksichtigen. Hätte ich im folgenden nicht mehr zu sagen als eine Wiederholung dieser Selbstverständlichkeit, könnte ich meinen Aufsatz an dieser Stelle bereits abbrechen. Aber auch dann, wenn es eine Trivialität sein sollte, daß Normen - neben anderen Beweggründen - verhaltenswirksam sind, wäre es ein kühner Schluß, daraus zu folgern, daß Umweltnormen das Umweltverhalten determinieren. Gewiß: Irgendeine Rolle werden Umweltnormen auch bezüglich des Umweltverhaltens spielen. Die Frage ist nur, welche? Eine quantifizierende Antwort auf diese Frage ist nicht möglich. Weder gibt es eine allgemeine Regel, die den Grad der Verhaltensprägung durch Normen festlegt, noch erlaubt der Stand der Forschung über Umweltnormen und Umweltverhalten derartige Festlegungen. Zwar ist es plausibel anzunehmen, daß Umweltnormen um so eher Beachtung finden, je weniger ihre Einhaltung kostet. In einer von Diekmann und Preisendörfer (1992) durchgeführten empirischen Untersuchung des Verbraucherverhaltens ist diese Annahme bestätigt worden. Aber daß Kosten zählen, heißt ja nicht, daß ihnen zu jeder Zeit und von allen Akteuren das gleiche Gewicht beigemessen wird.

Im folgenden werde ich nicht der Frage nachgehen, in welchem Ausmaß Umweltnormen das Umweltverhalten prägen, sondern mich mit zwei, dieser Frage vorgelagerten Aspekten beschäftigen:

a) Sind Normen hilfreich für die Lösung des Umweltproblems?
b) Angenommen, sie sind hilfreich, wodurch ist sichergestellt, daß der gesellschaftliche Bedarf an Umweltnormen auch tatsächlich erfüllt wird?

Gäbe es so etwas wie eine „starke“, verhaltensprägende Umweltmoral oder sogar ein wachsendes Umweltbewußtsein[1], dann wären viele Sorgen um die Erhaltung der natürlichen Umwelt überflüssig.

Etwas anders formuliert lauten die beiden Fragen also: Brauchen wir Normen für den Schutz der Umwelt und haben wir die Normen, die wir brauchen? Was die zweite Frage anbelangt, muß ich aber eine Einschränkung machen. Ich kann mich im folgenden nur mit einem Teilaspekt dieser Frage beschäftigen, nämlich: Wie können wir wissen, daß

[1] Ich verwende die Ausdrücke Umweltmoral und Umweltbewußtsein synonym.

das Umweltbewußtsein gestiegen ist oder daß die Umweltmoral sich erhöht hat? Wie im folgenden zu zeigen sein wird, wäre es zu einfach, aus einem geänderten Verhalten direkt auf eine geänderte Moral zu schließen. Dies wäre nur statthaft, wenn Normen die einzige Determinante des Verhaltens wären.

2. Die Funktion der Normen

Um die erste Frage zu beantworten, müßte man wissen, worin das Umweltproblem eigentlich besteht. Die Antwort auf diese Frage kann nicht lauten: Natürlich in der Umweltverschmutzung! Die Frage zielt vielmehr auf die Strukturen und Verhaltensweisen, die dazu führen, daß die Umwelt verschmutzt wird, obwohl dies eigentlich niemand will. Auf diese Frage sind in der sozialwissenschaftlichen Forschung, wie kaum anders zu erwarten, ganz unterschiedliche Antworten gegeben worden. Zum Glück konvergieren sie aber alle in der These, daß es nicht am bösen Willen der Akteure liegt, wenn die Umwelt Schaden nimmt, sondern letztlich daran, daß die relevanten Akteure in einer Art „Falle" sitzen oder mit einer Blindheit geschlagen sind, die sie die Folgen ihres Tuns nicht sehen läßt. Mir fehlt hier natürlich der Platz, alle diese Ansätze zu schildern[2]. Statt dessen greife ich den in den Wirtschaftswissenschaften bevorzugten Erklärungsansatz für die Umweltverschmutzung heraus - nicht nur deswegen, weil der Sammelband, in dem dieser Aufsatz publiziert wird, in einem wirtschaftswissenschaftlichen Fachverlag erscheint, sondern vor allem deswegen, weil sich mit Hilfe dieses Ansatzes sehr gut der Umschlag von individueller Rationalität in kollektive Irrationalität zeigen läßt.

In den Wirtschaftswissenschaften ist es üblich geworden, die Umweltverschmutzung entweder mit dem sogenannten „Kollektivgutproblem" oder mit „externen Effekten" in einem Zusammenhang zu bringen. Sowohl externe Effekte (hierzu siehe weiter unten) als auch die mit der Produktion von Kollektivgütern verbundenen Probleme können nur entstehen, weil der Markt versagt. Allgemein trauen wir Märkten zu, daß sie in der Lage sind, wirtschaftliche Aktivitäten so zu koordinieren, daß Güter und Dienste „effizient" produziert werden[3]. Diese Steuerungsleistung von Märkten setzt aber voraus, daß sowohl die Produktionsfaktoren als auch die mit ihrem Einsatz hergestellten Produkte auf Märkten gehandelt werden. Wenn nach Kollektivgütern keine zahlungsfähige Nachfrage auf Märkten besteht, können Märkte auch nicht garantieren, daß die Gesellschaft effizient mit solchen Gütern versorgt wird. In ähnlicher Weise lassen sich externe Effekte als Ineffizienzen interpretieren, die in einem funktionierenden Marktsystem eigentlich gar nicht auftreten dürften. Dies will ich jetzt im einzelnen verdeutlichen.

Um zu verstehen, worin das Kollektivgutproblem besteht, das letztendlich für die Umweltverschmutzung verantwortlich gemacht werden kann, beginne ich am zweckmäßigsten mit einer Definition des Begriffs „Kollektivgut". Zwei Eigenschaften kennzeichnen Kollektivgüter im Unterschied zu den privaten Gütern, die wir alle aus dem

[2] Vgl. aber Berger (1994).

[3] Die Produktion ist gesamtwirtschaftlich effizient, wenn es nicht mehr möglich ist, durch eine geänderte Verwendung der Produktionsfaktoren die Ausbringungsmenge eines Gutes zu steigern, ohne die wenig stens eines anderen Gutes zu beeinträchtigen.

täglichen Gebrauch bestens kennen. Zunächst kann (oder sollte), anders als bei privaten Gütern, niemand vom Genuß eines Kollektivguts ausgeschlossen werden, wenn es denn überhaupt einem „Kollektiv“ zur Verfügung gestellt wird. Diese Eigenschaft heißt „Nicht-Ausschließbarkeit“. Private Güter sind Güter, von deren Konsum alle ausgeschlossen werden können, die nicht bereit sind, den verlangten Preis zu zahlen. Für Kollektivgüter trifft diese Eigenschaft nicht zu. Ein gutes Beispiel ist der immer wieder zitierte Leuchtturm, der, wenn einmal errichtet, allen vorbeifahrenden Schiffen zugute kommt, oder das Gut Landesverteidigung. Die zweite, Kollektivgüter charakterisierende Eigenschaft ist die mangelnde „Konsumrivalität“. Wenn keine Konsumrivalität besteht, dann werden durch den Konsum des Guts durch irgendeine Person die Gebrauchswerteigenschaften des Guts nicht geschmälert; es kann also noch von weiteren Personen konsumiert werden. Nicht alle Güter, die in einem weniger strengen Sprachgebrauch Kollektivgüter genannt werden, besitzen diese Eigenschaft. Z.B. das Grundwasser besitzt sie nicht - Konsum durch Person A rivalisiert mit dem Konsum durch Person B - oder Fischschwärme im Meer besitzen diese Eigenschaft ebenfalls nicht; werden sie von einem Fischerboot abgefischt, stehen sie keinem anderen "Konsumenten" mehr zur Verfügung. Bei Parks und öffentlichen Anlagen kommt es erst ab einer bestimmten Menge von Besuchern zur „Konsumrivalität“.

Mit Hilfe der beiden genannten Kriterien ließ sich nun eine Klassifikation kollektiver Güter erstellen (je nachdem, ob wenigstens eine oder beide der genannten Eigenschaften vorliegt), aber auf diese Feinheiten will ich hier verzichten. Mir geht es hier nur um den generellen Gedanken: Da niemand vom Genuß eines Kollektivguts entweder technisch ausgeschlossen werden kann oder "sozial" ausgeschlossen werden sollte, ist es überaus fraglich, ob rational sich verhaltende Individuen bereit sind, anders als bei privaten Gütern, einen Beitrag zu ihrer Produktion zu leisten. Der Beitrag, den auch die Konsumenten bei privaten Gütern zur Produktion leisten, ist ihre Bereitschaft, für den Erwerb des Gutes einen Preis zu zahlen. Bei Kollektivgütern fehlt dieser Preis. Hier besteht ein kaum bekämpfbarer Ansatz zu einem "free ride" (zu deutsch: zum „Trittbrettfahren“). Wenn kein Schaffner kommt, nimmt man eben eine Freifahrt mit der Straßenbahn.

Das Problem, das sich nun angesichts von Kollektivgütern stellt, ist, daß für rational handelnde Individuen kein Anreiz besteht, zur Erstellung solcher Güter einen Beitrag zu leisten. Wo Kollektivgüter im Spiel sind, werden rationale Akteure also mit einem sozialen Dilemma konfrontiert. Dieses soziale Dilemma ist der "letzte" Grund für die Umweltverschmutzung, denn auch eine intakte Umwelt ist ein kollektives Gut. Nicht, daß rationale Akteure nicht auch ein Interesse an einer sauberen Umwelt hätten, aber sie müssen sich die Frage vorlegen: warum zur Produktion dieses Guts beitragen, wenn alle anderen das nicht tun?. In diesem Falle hätten sie nur Kosten, ihr eigener Beitrag würde jedoch wirkungslos verpuffen. Es wäre also nutzlos, sich anzustrengen. Ebenso: warum sollten rational motivierte Individuen zur Produktion des Kollektivguts beitragen, wenn alle anderen Mitglieder des Kollektivs dies tun? Dann kommt es doch auf den eigenen Beitrag nicht mehr an, da die .Erstellung des Gutes ohnehin gesichert ist. Jetzt ist der eigene Beitrag nicht nutzlos, sondern überflüssig.

Das soziale Dilemma, in dem rationale Akteure stehen, ist keine gedankliche Spielerei, sondern ein ernsthaftes Problem, wie sich leicht am Beispiel der Bedrohung der Alpenwelt durch den Skitourismus zeigen läßt. Nicht Ski zu fahren, um die Alpenflora zu schonen, wäre nutzlos, da durch den eigenen Verzicht die Alpenflora auch nicht mehr gerettet würde. Und wenn niemand mehr Ski fährt, dann hätte man die Hänge für sich und würde als einziger Skifahrer auch keinen relevanten Schaden anrichten. Es wäre also irrational, sich nicht rational zu verhalten. Aber genau deswegen kommt die kollektive Irrationalität der Gefährdung der Alpenflora zustande.

In dem geschilderten Dilemma stecken die Akteure nur, weil sie sich in ihrem Handeln strikt von ihren engverstandenen Eigeninteressen leiten lassen. Daher kann man das soziale Dilemma auch ein utilitaristisches Dilemma nennen. Es ließe sich aufbrechen, wenn Normen - und nicht engverstandene Eigeninteressen - das Verhalten anleiten würden. Angenommen, Normen der Umweltschonung wären fest etabliert, dann könnte es zu dem skizzierten Dilemma gar nicht erst kommen. Die Individuen würden ja nach der Maxime handeln: Schone die Umwelt. Damit will ich nicht sagen, daß die Verfolgung von Privatinteressen *immer* in ein kollektives Desaster führt. Wo Märkte Handlungen koordinieren, schlägt die Verfolgung von Privatinteressen in die Förderung des Gemeinwohls um. Zu dem geschilderten sozialen Dilemma kommt es nur, wenn das Handeln rein interessegeleitet ist, *und* keine Privateigentumsrechte an dem in Frage stehenden Gut bestehen. Es könnte vermieden werden, wenn entweder Märkte für *alle* Güter bestehen oder das Handeln nicht mehr durch Eigeninteressen geprägt ist.

Wenn es unmöglich ist, Märkte für alle Güter einzurichten, verbleibt - abgesehen von politischem Zwang - als Möglichkeit, einem sozialen Dilemma zu entkommen, die Zuflucht zu einem normengeleiteten Handeln. Diese Zuflucht ist natürlich hochgradig prekär. Alles hängt davon ab, ob entsprechende Normen in Kraft sind oder in Kraft gesetzt werden können. Die handlungssteuernde Norm muß allerdings nicht so streng sein wie der Kantische Imperativ: Tue X, weil X die richtige Handlung ist, auch wenn sie dir nicht zu deinem eigenen Vorteil gereicht. Es reicht aus, daß ein Akteur bereit ist, zu kooperieren, wenn er sich nur darauf verlassen könnte, daß auch die anderen Mitglieder des Kollektivs kooperativ eingestellt sind[4].

Im Mittelpunkt des zweiten Ansatzes, den ich noch kurz vorstellen möchte, steht der Begriff der „externen Effekte". Zu solchen kommt es immer dann, wenn wirtschaftliche Akteure etwas unternehmen, das die Wohlfahrt eines anderen beeinflußt, hierfür aber nicht bezahlt werden (falls der Einfluß positiv ist) oder selbst nicht zahlen (falls der Einfluß negativ ist). Bei den Externalitäten (das ist nur ein anderer Name für externe Effekte) handelt es sich also um „technische", d.h. nicht über das Preissystem vermittelte Drittwirkungen wirtschaftlichen Handelns. Sowohl Produktion als auch Konsum können derartige technische Externalitäten zur Folge haben. Sie können entweder positiv oder negativ ausfallen. Ein gutes Beispiel für einen positiven externen Effekt der Produktion wäre die Aufforstung eines Waldes, wenn diese Aktivität in Zukunft nicht nur mehr Holz liefert, sondern die Ergiebigkeit der umliegenden Ackerböden steigert, weil der Wald die Feuchtigkeit der Luft erhöht. Die bekanntesten Beispiele für einen

---

[4] Vgl. Sen (1980).

negativen externen Effekt der Produktion sind wohl die Rauchwolken aus Fabrikschornsteinen oder die Abwassereinleitungen in Flüsse und Bäche. Diese verursachen bei Dritten Kosten. Weil diese Kosten aber nicht am Markt entstehen, gehen sie in die Kosten- und Ertragsrechnung des Produzenten auch nicht ein. Da sie den Produzenten von niemandem in Rechnung gestellt werden, ist die ansonsten durch den Markt garantierte optimale Allokation gestört. Die Fabrik verbraucht zu viele Ressourcen und die Forstwirtschaft erhält zu wenig. Ähnliche Beobachtungen lassen sich für den Bereich der Konsumaktivitäten machen. Ein bekanntes Beispiel für den negativen externen Effekt von Konsumaktivkitäten ist der durch Autos verursachte Straßenlärm. Ein positiver externer Effekt liegt z. B. dann vor, wenn Hausbesitzer ihre Fassaden streichen lassen. Hierfür werden sie von den Passanten, die sich möglicherweise an den frischen Farben erfreuen, nicht bezahlt, ebensowenig wie die Autofahrer daran denken, für die Belästigungen, die sie auf die Anwohner ausüben, aufzukommen.

Ein kleines Schaubild soll die Zusammenhänge für negative externe Effekte der Produktion verdeutlichen:

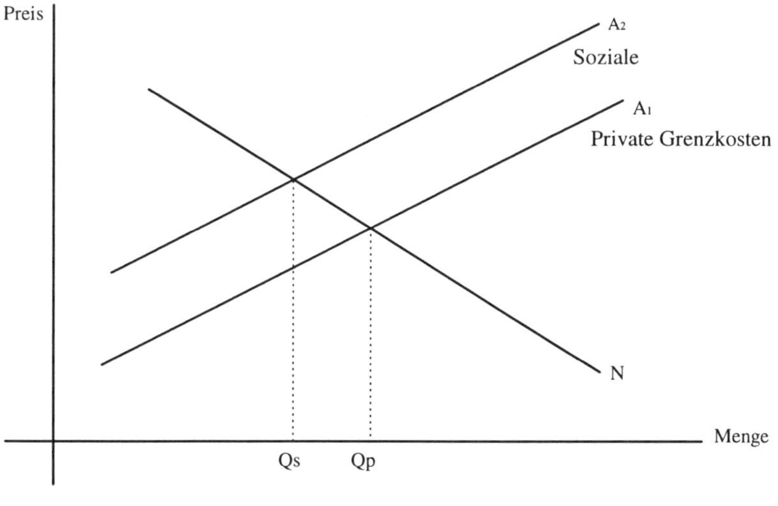

Abbildung 1

Quelle: Turner, Kerry R., David Pearce und Ian Bateman (1993), S.24.

Auf der Abszisse ist die Produktionsmenge abgetragen, auf der Ordinate der Preis des Produkts. Die Nachfragekurve (N) läuft wie üblich von links oben nach rechts unten, da es vernünftig ist anzunehmen, daß mit sinkenden Preisen die Nachfrage steigt. Diese Kurve wird von der Kurve der privaten Grenzkosten der Produktion im Punkt Q_p gekreuzt. In den privaten Grenzkosten sind die durch externe Effekte verursachten sozialen Produktionskosten noch nicht enthalten. Addiert man diese hinzu (abgebildet durch die Kurve A_2), dann verringert sich die Produktion von Q_p auf Q_s. In diesem Punkt ist die Optimalität der Allokation wieder garantiert. Das soll heißen, daß in diesem Punkt die Grenzschäden der Produktion gleich ihren Grenzvermeidungskosten sind. Jede andere Ausbringungsmenge wäre *ökonomisch* irrational.

Aus all dem könnte man den Schluß ziehen, daß umweltpolitisch alles in Ordnung ist, wenn den Produzenten nur die externen Effekte ihrer Produktion angelastet würden und sie daher gezwungen würden, diese in ihre Kosten- und Ertragsrechnung aufzunehmen. Zwar ist es durchaus richtig, daß für diesen Fall die Produktion im ökonomischen Sinn ein für die Umwelt optimales Niveau hat, aber es kann sehr wohl sein, daß trotzdem mehr Umwelt verbraucht wird als dies nach normativen Kriterien erwünscht wäre. Die nach ökonomischen Kriterien optimale Ausbringungsmenge muß nämlich nicht zwangsläufig diejenige sein, die einen optimalen Schutz für die Umwelt bietet. Sie sichert lediglich eine optimale „Schädigung“ der Umwelt im Sinne von: Es wäre ökonomisch gesehen irrational, die Schädigungen noch weiter zu reduzieren, weil dann die Kosten dieser Anstrengung größer als die zusätzlichen Erträge an Umweltschutz wären.

Mittlerweile ist es usus, zwei Ansätze in der Umweltpolitik zu unterscheiden: Einen schadensorientierten und einen standardorientierten[5]. Der schadenssorientierte bezweckt die Internalisierung externer Effekte, während der standardorientierte ökologische Rahmenwerte setzen will. Im letzteren Fall geht es um die Festlegung eines Umweltqualitätsniveaus, das nicht unterschritten werden darf. Wie leicht ersichtlich, ist eine solche Festlegung durch und durch normativ. Die Natur selbst legt keine solchen Richtlinien fest. Sie sind immer das Ergebnis eines Konsenses oder eines Kompromisses über jenes Niveau an Umweltqualität, das von der Gesellschaft angestrebt wird.

Jetzt läßt sich unsere erste Frage - können Normen einen Beitrag zum Umweltschutz leisten - beantworten: Normen sind nicht einfach nur hilfreich für den Schutz der Umwelt, sie sind sogar unverzichtbar, wenn es darum geht, soziale Dilemmata aufzubrechen und sie sind darüber hinaus die Grundlage einer standardorientierten Umweltpolitik. Wann immer es darum geht, ökologische Rahmenwerte festzulegen, kommen Normen ins Spiel. Die Festlegung solcher Werte kann ein höheres Niveau des Umweltschutzes garantieren als dies eine rein schadensorientierte Umweltpolitik vermag.

3. Wachsendes Umweltbewußtsein?

Damit komme ich zu meiner zweiten Frage. Normen mögen noch so nützlich sein, aber deswegen sind sie noch lange nicht verfügbar. Es könnte sogar sein, daß der Bedarf an Umweltnormen wächst, aber das Angebot an ihnen immer geringer wird, weil die Leute sich immer weniger um die Umwelt "scheren". Um die zweite Frage zu beantworten, müßte ich in einem ersten Schritt die Determinanten des Umweltbewußtseins auflisten, sodann Änderungen ihres Kräfteverhältnisses diskutieren, um schließlich ein Resümee bezüglich der Frage: wieviel Umweltbewußtsein ist verfügbar, zu ziehen. Eine aus-

[5] Vgl. nur Endres (1994).

führliche Erörterung dieser Frage würde den hier gesetzten Rahmen sprengen. Einige allgemeine Bemerkungen über die Faktoren, die auf das Umweltbewußtsein Einfluß nehmen, müssen genügen. Das Umweltbewußtsein setzt sich natürlich nicht nur aus evaluativen, sondern auch aus kognitiven Komponenten zusammen. Aber für unseren Zweck reicht es aus, sich auf die evaluativen oder normativen Komponenten des Umweltbewußtseins zu konzentrieren. Wenn ich also im folgenden von Umweltbewußtsein rede, meine ich soviel wie: gesellschaftsweit geteilte Vorstellungen über eine erhaltenswerte Umwelt.

Welcher Umweltstandard sich letztendlich landesweit durchsetzt, hängt von den verschiedensten Faktoren ab, zu denen u. a. die Haltung der Massenmedien zur Umwelt gehören, die Stärke der Umweltbewegung und ihrer Verbände (z. B. Greenpeace). Es hängt ferner ab von der Parteienlandschaft, öffentlichen Diskursen, der Interessenlage wirtschaftlicher Unternehmen und Verbände, um nur einige wenige Faktoren aufzuzählen. Das Umweltbewußtsein variiert aber auch mit dem Alter, dem Geschlecht, dem Einkommen und dem Bildungsstand von Personen. Umweltstandards sind nicht das Ergebnis auf es einwirkender sozialstruktureller Variablen, sondern auch von wissenschaftlicher Information und moralischen Beurteilungen. Es mag vor allem für die hochentwickelten westlichen Gesellschaften zutreffen, daß nicht mehr Machtfragen allein, sondern auch Argumente eine Rolle im Prozeß der Standardsetzung spielen. Dafür spricht zum Beispiel, daß mit fortschreitender Modernisierung der Druck auf die gesellschaftlichen Akteure zunimmt, ihre Handlungswahl im Lichte allgemeiner Prinzipien zu rechtfertigen.

Hier ist nicht der Platz, alle aufgeführten Faktoren zu isolieren oder gar zu gewichten, die die Ausprägung von Umweltstandards determinieren und von denen es letztlich abhängt, wieviel Umweltschutz eine Gesellschaft sich wünscht (oder meint, sich leisten zu können). Daher beschränke ich mich im folgenden auf einen Teilaspekt der Frage nach der Verfügbarkeit von Umweltnormen: Woher wissen wir, welchen Stand das Umweltbewußtsein hat?

Für Soziologen scheint die Antwort auf diese Frage einfach. Man muß nur die Meinung der Bevölkerung über den Umweltschutz erheben. In solchen Umfragen zeigt sich dann, welchen Wert dem Umweltschutz beigemessen wird. Wie nun zahlreiche nationale und internationale empirische Studien belegen, sieht die öffentliche Meinung Umweltschutz in der Tat als ein vordringliches Problem an. Er ist nicht länger mehr die Angelegenheit einer gesellschaftlichen Avantgarde, sondern hat einen festen Platz im Bewußtsein aller sozialen Schichten erobert. Aus den Meinungsumfragen über die Einstellung der Bevölkerung zu wichtigen politischen Fragen geht ferner hervor, daß das Umweltthema seit Anfang der 80er Jahre an Gewicht gewonnen hat. Im Sommer 1989 hielten, je nach Land variierend, zwischen 90 bis 98% der Bevölkerung aller EU-Mitgliedsländer den Umweltschutz einhellig für eine sehr wichtige politische Frage (Hofrichter und Reiff, 1990, S.139). Die Bedeutung des Themas spiegelt sich nicht nur in seiner absoluten, sondern auch in seiner relativen Bewertung wieder. Umweltfragen wurden im europäischen Mittel durchgehend auf Platz 2 einer Rangliste wichtiger Themen angesiedelt, also nur knapp hinter ökonomischen Themen wie dem der Arbeitslosigkeit .

Meine Frage: Woher wissen wir, welchen Stand das Umweltbewußtsein hat, zielt aber eine Schicht tiefer. Es könnte doch sehr wohl sein, daß sich ein umweltfreundliches Bewußtsein nicht in einem entsprechenden Verhalten niederschlägt. Die Leute geben zwar kund, daß für sie die saubere Umwelt einen hohen Stellenwert hat, aber sie verhalten sich nicht dementsprechend. *Ein* Grund hierfür liegt in der vorher besprochenen Kollektivguteigenschaft der Umwelt. Ebenso kann es vorkommen, daß Personen sich umweltfreundlich verhalten, obwohl sie ein umweltfeindliches Bewußtsein haben. Sie werden nur wegen privater Vorteile dazu verleitet, sich auch umweltfreundlich zu verhalten, obwohl ihnen eigentlich die Umwelt nichts wert ist. Ein Beispiel hierfür wäre etwa ein Autofahrer, der nur durch deutlich steigende Benzinpreise zu einer Änderung seines Verhaltens bewegt werden kann. Wie können wir nun angesichts der Lücke zwischen Umweltbewußtsein (oder Umweltmoral) und Umweltverhalten vorgehen, um eine Änderung der Umweltmoral zu messen? Zu dieser Frage hat G. Kirsch (1991) einen interessanten Vorschlag gemacht, auf den ich mich im folgenden beziehe.

Am besten erkläre ich den Vorschlag von G. Kirsch mit Hilfe eines Schaubilds (vgl. Abbildung 2).

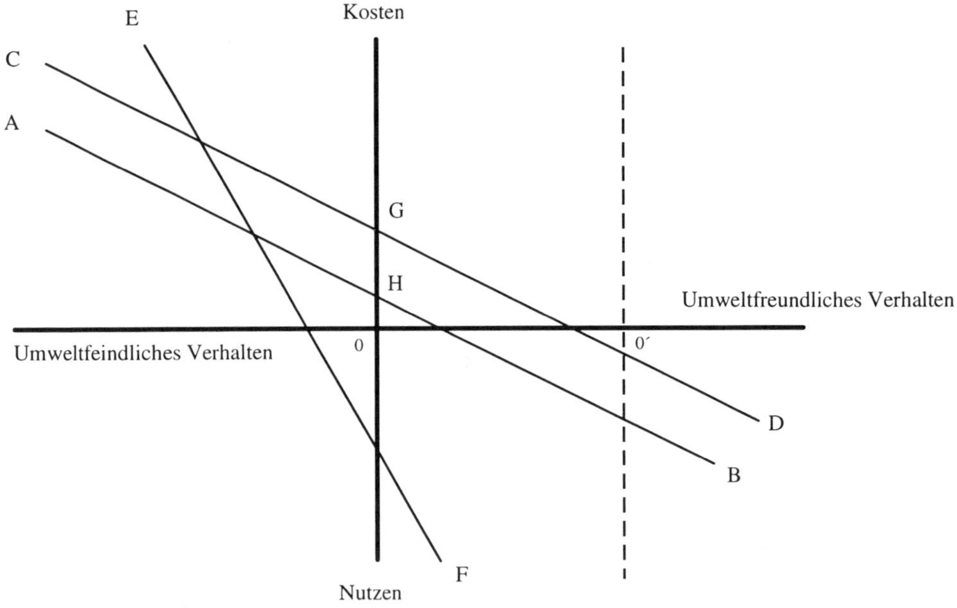

Abbildung 2

Quelle: Kirsch, Guy (1991), S.252.

Auf der Abszisse ist die Umweltfreundlichkeit bzw. die Umweltfeindlichkeit des Verhaltens abgetragen, auf der Ordinate die entsprechenden Kosten und Nutzen. Die Grenze, die das umweltfreundliche vom umweltfeindlichen Verhalten trennt (im Diagramm der 0-Punkt), ist immer das Ergebnis einer gesellschaftlichen Übereinkunft (Kirsch, S. 252). Diese Übereinkunft ist, wie Kirsch hervorhebt, "das Resultat normativer Urteile und positiver Kenntnis". Dies bedeutet, daß der Wandel der Werte und der Erkenntnisfortschritt, etwa über ökologische Zusammenhänge, auf die Lage dieser Konvention Einfluß nehmen. Die Umweltfreundlichkeit bzw. die Umweltfeindlichkeit eines bestimmten Verhaltens definieren sich, so Kirsch (a.a.O.), „nicht von der Intention des Akteurs und auch nicht unmittelbar von den objektiven Ergebnissen seines Handelns, sondern von der gesellschaftlichen Konvention her“ .

Die in dieses Diagramm eingetragenen Kurven sollen jeweils unterschiedliche "Umweltbewußtseine" abbilden. Immer dann, wenn eine Kurve die X-Achse rechts vom 0-Punkt schneidet, besitzt ein Akteur, dessen Bewußtsein durch diese Kurve abgebildet werden kann, ein positives Umweltbewußtsein. Obwohl die Einhaltung der gesellschaftlichen Konvention ihm Kosten verursacht, hält sich der Akteur an sie (siehe die Punkte G und H im Diagramm). Aber wenn die Kosten des Verhaltens steigen, wird sein Verhalten umweltfeindlich. Wir nennen diesen Akteur gleichwohl umweltfreundlich, weil er auch dann, wenn es etwas kostet, sich wenigstens neutral verhält. Wenn keine Kosten anfallen, ist sein Verhalten umweltfreundlich. Ein Akteur hat ein positives Umweltbewußtsein also dann, wenn der bei Neutralisierung der Dimension Kosten und Nutzen ein umweltfreundliches Verhalten an den Tag legt.

Um nun zu wissen, ob das Verhalten eines Akteurs von seinem Bewußtsein bedingt ist oder kostenbedingt ist, müßte man die Kurve insgesamt kennen. Aus *einem* Punkt kann, wie wir aus der Schule wissen, der Verlauf einer Kurve nicht erschlossen werden. Um den Kurvenverlauf zu ermitteln, müßte also die Kostenstruktur variiert und mehrere Beobachtungen angestellt werden. Bewegungen *auf* der Verhaltenskurve, die durch eine Änderung der Kostenstruktur zustande kommen, erlauben nicht, sogleich auf eine Änderung des Umweltbewußtseins zu schließen. Wie Kirsch unterstreicht, reicht es keineswegs aus, in empirischer Forschung den Nachweis für umweltfreundlicheres Verhalten zu führen, um auch schon auf ein positives Umweltbewußtsein schließen zu können. Hierfür müßte vielmehr sichergestellt sein, daß sich ein Akteur nicht auf seiner Verhaltenskurve bewegt hat, sondern daß sich diese Verhaltenskurve selbst nach rechts bewegt hat (S. 259; in unserem Schaubild vergleiche die Gerade A-B mit der Geraden C-D). Um von einem gestiegenen Umweltbewußtsein zu reden, ist es also erforderlich, daß bei konstanten Kosten das Verhalten zur Beobachtungszeitpunkt t + 1 gegenüber dem Beobachtungszeitpunkt t umweltfreundlicher geworden ist (S. 260).

Die eben getroffene Aussage gilt nur unter der Voraussetzung, daß sich gleichzeitig der 0-Punkt, der die gesellschaftliche Konvention definiert, nicht verschoben hat. Es ist aber durchaus möglich, daß sich die Y-Achse verschiebt (in unserem Schaubild dargestellt durch die gestrichelte Achse mit 0´als der neuen Lage der gesellschaftlichen Konvention). Die Umweltmoral ist stets relativ zu einer gesellschaftlichen Konvention. Wo diese Achse verläuft, ist das Ergebnis vieler einwirkender Kräfte. Ich habe schon gesagt, daß die Aufgabe, diese Kräfte zu analysieren und ihren Einfluß genau zu ermitteln, weit über diesen Aufsatz hinaus führen würde. Es gehört aber nicht viel Phantasie dazu, sich vorzustellen, daß die Stelle, an der die Y-Achse die X-Achse schneidet, determiniert wird durch den Einfluß der Umweltbewegung einerseits und der Funktionseliten von Politik, Wissenschaft und Wirtschaft andererseits.

Bisher habe ich eine Vereinfachung gemacht, die es nun zu hinterfragen gilt. Ich habe zwar angenommen, daß die Lage der Y-Achse variabel ist, aber bin stillschweigend davon ausgegangen, daß es nur *eine* solche Achse gibt. Dies ist nur dann realistisch, wenn es nur eine gesellschaftliche Konvention über das notwendige Maß des Umweltschutzes gibt. Kirsch weist zurecht darauf hin, daß dies eine unrealistische Annahme ist. Wir müssen vielmehr mit vielen gesellschaftlichen Konventionen rechnen. Die Existenz vieler Konventionen kann erklären, warum das Gespräch zwischen den verschiedenen Gruppen der Gesellschaft über die notwendigen Maßnahmen, die Umwelt zu schützen, so schwierig geworden ist. Die verschiedenen Gruppen der Gesellschaft haben ganz unterschiedliche Auffassungen über die erforderlichen Standards des Umweltschutzes. Eine solche Einigung wäre einfacher, wenn die Natur selbst den Maßstab, worin ein umweltfreundliches Verhalten besteht, abgäbe. Die "Umwelt", betont aber Kirsch, (S. 253) "ist immer in ihrem Gleichgewicht und ihr ist es ... gleichgültig, wie dieses Gleichgewicht aussieht; nur dem Menschen ist es nicht egal". In der Tat: Das eigentliche Problem der Umweltzerstörung besteht nicht, so paradox das klingen mag, in der Naturvernichtung, sondern in dem Widerspruch zwischen Umweltzerstörung und unseren Vorstellungen von einer erhaltenswerten Natur. Diese Vorstellungen variieren, wie gesagt, von Gruppe zu Gruppe, von Land zu Land, von Schicht zu Schicht. In einer modernen Gesellschaft leben Gruppen mit den verschiedensten Standards zusammen, und wir haben keinen Anlaß anzunehmen, daß ein gesellschaftsweiter Konsens über das Umweltbewußtsein sich etabliert, der den Kriterien der Gruppen mit den fortgeschrittensten Umweltbewußtsein entspricht.

Noch ein weiteres zeigt dieses Schaubild: Je flacher die Verhaltenskurven verlaufen, um so eher läßt sich natürlich durch eine Politik der Anreize das Verhalten beeinflussen. Je steiler die Verhaltenskurve (im Schaubild die Gerade E-F im Vergleich zu A-B), um so weniger „preiselastisch“ wird sie. Kirsch trifft die Unterscheidung zwischen moralischen Rigoristen und moralischen Opportunisten. Unter moralischen Rigoristen sind Personen zu verstehen, die, koste was es wolle, an ihren Überzeugungen festhalten. Beobachtet man die „Liebe zum Automobil“ in Deutschland, dann steht zu vermuten, daß unter den Autofahrern der Anteil moralischer Rigoristen besonders hoch ist. Die praktische Umweltpolitik hätte es viel leichter, wenn moralischer Opportunismus weit verbreitet wäre. Dann wäre nämlich das Verhalten mit einer Politik positiver und negativer Sanktionen steuerbar. Solange mit einer positiven Umweltmoral nicht zu rechnen ist, ist das beste, was der Politik passieren kann, es mit einer Welt moralischer Opportunisten oder rationaler Egoisten zu tun zu haben, die auf die Veränderung der Kostenstruktur flexibel reagieren.

Allerdings sind wir auch in einer solchen Welt die Moral nicht ganz losgeworden. Zwar ist es richtig, daß Opportunisten sich durch eine Änderung der Kostenstruktur zu einem anderen Verhalten verleiten lassen, aber sie werden aus dem gleichen Grund (Egoismus) heftigen Protest einlegen, falls die Regierung versuchen sollte, die Kostenstruktur zu ändern. Insofern ist der Erfolg der staatlichen Umweltpolitik auch in einer Welt rationaler Egoisten angewiesen auf ein entsprechendes Umweltbewußtsein in der Bevölkerung. Da ein gestiegenes Umweltbewußtsein so wenig wie der Wertewandel insgesamt politisch verfügbar scheint, ist es für alle praktischen Zwecke naheliegender, es mit der Änderung der Anreizstruktur zu versuchen. Aber der Stand des Umweltbewußtseins setzt dieser Änderung enge Grenzen. Auch dieser Sachverhalt unterstreicht noch einmal die Rolle, welche Umweltnormen für den Umweltschutz spielen können. Je höher die Umweltmoral entwickelt ist, um so weniger bedarf es des Rückgriffs auf Anreize und politischen Zwang. Letztere würden ohnehin ins Leere greifen, wenn er sich zu weit von einem entsprechenden Bewußtsein in der Bevölkerung entfernen würde.

Literaturverzeichnis

BERGER, J. (1994): The Economy and the Environment. In: Smelser, Neil J. und Richard Swedberg (Hrsg): The Handbook of Economic Sociology. Princeton, N.J..

DIEKMANN, A. UND P. PREISENDÖRFER (1992): Persönliches Umweltverhalten: Diskrepanzen zwischen Anspruch und Wirklichkeit. In: Kölner Zeitschrift für Soziologie und Sozialpsychologie, 44. Jg., S.226-251.

ENDRES, A. (1994): Umweltökonomie. Eine Einführung. Darmstadt: Wissenschaftliche Buchgesellschaft.

HOFRICHTER, J. UND K. REIF (1990): Evolution of Environmental Attitudes in the European Community. In: Scandinavian Political Studies, 13. Jg., S. 119-146.

KIRSCH, G. (1991): Umweltbewußtsein und Umweltverhalten. Eine theoretische Skizze eines empirischen Problems. In: Zeitschrift für Umweltpolitik und Umweltrecht, 13. Jg., S. 249-261.

SEN, A. (1983): Choice, Orderings and Morality. In: ders., Choice, Welfare and Measurement. Oxford.

Das Mobilitätsverhalten von Studierenden und Bediensteten der Universität Mannheim im Lichte der Umweltproblematik

Von Prof. Dr. Dr. h.c. Erwin Dichtl und
Dipl.-Kfm. Ralf Schellhase

Inhaltsübersicht

1. (Stadt-)Verkehr als gesellschaftliches Problemfeld

2. Beeinflussung des Mobilitätsverhaltens als Herausforderung für die Marktwirtschaft

3. Befunde zum Mobilitätsverhalten von Studierenden und Bediensteten der Universität Mannheim

   3.1 Ziel und konzeptionelle Ausgestaltung der Untersuchung
   3.2 Ausgewählte Ergebnisse

4. Aus den Ergebnissen abgeleitete Handlungsempfehlungen

Literatur

1. (Stadt-)Verkehr als gesellschaftliches Problemfeld

In der Diskussion über den Zustand unseres Mobilitätssystems fällt immer häufiger das Schlagwort vom drohenden Verkehrsinfarkt. Aus der seit Jahrzehnten steigenden Nachfrage nach Personen- und Gütertransporten resultiert ein immer deutlicher erkennbarer infrastruktureller Engpaß. Allein zwischen 1960 und 1990 hat sich die Verkehrsleistung im motorisierten Personenverkehr der Bundesrepublik Deutschland (alte Bundesländer) mehr als verdreifacht. Der Bestand an Kraftfahrzeugen wuchs in diesem Zeitraum von 9,4 Millionen auf 42,5 Millionen (vgl. Bundesminister für Verkehr 1991, S. 7 und S. 309 ff.). Während die Verkehrsleistung öffentlicher Verkehrsmittel (Eisenbahn, öffentlicher Straßenpersonenverkehr und Luftverkehr) im genannten Zeitraum stagnierte, stieg die des motorisierten Individualverkehrs (MIV) deutlich an. Der Anteil ersterer an der Gesamtverkehrsleistung sank kontinuierlich zugunsten des Pkw. (Zur Entwicklung der Verkehrsleistung im Personenverkehr siehe Abbildung 1; deren Aufteilung auf die Verkehrsträger wird aus Abbildung 2 ersichtlich.)

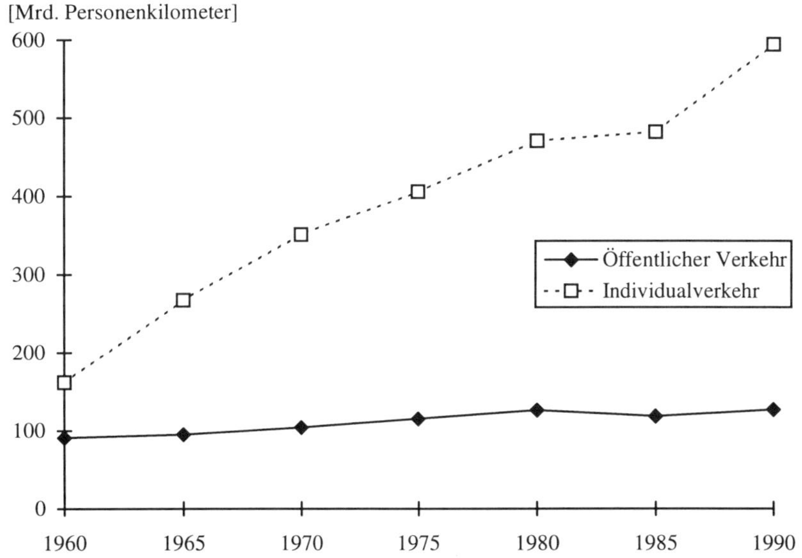

Quelle: eigene Darstellung, in Anlehnung an Bundesminister für Verkehr 1991, S. 309 ff.

Abbildung 1: Entwicklung der Personenverkehrsleistung in der Bundesrepublik Deutschland von 1960-1990

Die tragende Säule des städtischen Verkehrssystems bildete bis gegen Ende der vierziger Jahre der öffentliche Personennahverkehr (ÖPNV). In den folgenden drei Jahrzehnten wurden dessen Pflege und Weiterentwicklung jedoch zugunsten des Ausbaus der Infrastruktur für den MIV und des damaligen verkehrspolitischen Ziels der Vollmotorisierung der Bevölkerung zurückgestellt (vgl. Monheim/Monheim-Dandorfer 1990, S. 41 und S. 99).

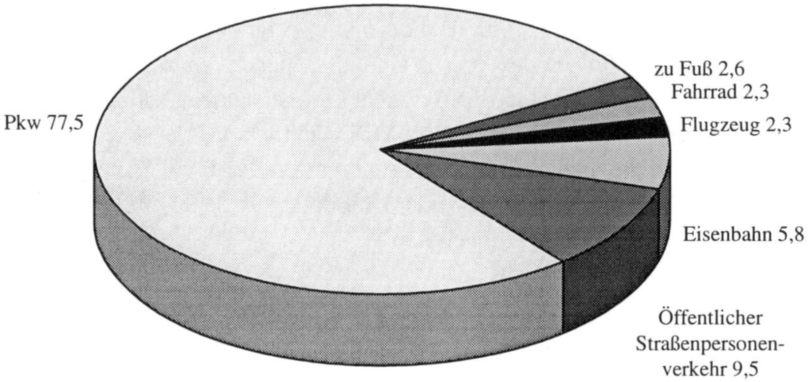

Quelle: eigene Darstellung, in Anlehnung an Bundesminister für Verkehr 1991, S. 328.

Abbildung 2: Verkehrsleistung nach Verkehrsträgern im Jahr 1989 (in %)

In den letzten Jahren konnte man bei der Verkehrsplanung mancher Städte ein Umdenken feststellen. Seit etwa 1989 weisen die Fahrgastzahlen im ÖPNV eine steigende Tendenz auf. Jedoch werden öffentliche Verkehrsmittel noch nicht in dem von Verkehrsplanern gewünschten und künftig voraussichtlich notwendigen Umfang genutzt; denn nach wie vor bietet das Auto seinem Halter gegenüber dem mit einem schlechten Image kämpfenden ÖPNV Vorteile wie beispielsweise Bequemlichkeit und zeitlich unbeschränkte Verfügbarkeit. Trotz des in der Bevölkerung steigenden Problembewußtseins bezüglich des Straßenverkehrs stehen Automobile deshalb bei den meisten Verkehrsteilnehmern in der Gunst am höchsten, verlieren kaum an Beliebtheit und dominieren den (städtischen) Verkehr. Noch immer wird Mobilität zumeist mit Motorisierung gleichgesetzt (vgl. Wille 1993, S. 14).

Auch in Zukunft wird die Nachfrage im Bereich der Personen- und Güterbeförderung deutlich steigen. Ursächlich hierfür sind politische Veränderungen wie die Vollendung des Europäischen Binnenmarktes und die deutsche Wiedervereinigung sowie die allgemeine ökonomische, sozio-demographische und sozio-kulturelle Entwicklung (vgl. Frank/Münch/Seifert 1990, S. 7). In einer dem Bundesverkehrswegeplan zugrundeliegenden Studie prognostiziert man für die Zeit von 1988 bis 2010 eine Zunahme der Verkehrsleistung um 78 % im Güter- und um 32 % im Personenverkehr (vgl. Intraplan 1991, S. V und S. 9; Kessel + Partner 1991). Die hieraus resultierende überregionale Verkehrsproblematik konkretisiert sich beispielsweise in Staus auf Fernstraßen oder einer Überfüllung des Luftraums.

Im Mittelpunkt der folgenden Ausführungen steht der wachsende Verkehr in Ballungsgebieten und Großstädten, dessen Bewältigung eine bedeutsame verkehrspolitische Herausforderung darstellt. Diese ergibt sich vor allem daraus, daß das Wachstum im Personennahverkehr in erster Linie dem motorisierten Individualverkehr zugute kommen dürfte. Die Folge hiervon wäre eine weitere Verschärfung der Situation im Stadtverkehr.

Unser heutiges Mobilitätssystem wird die zu erwartende Zunahme der Verkehrsleistung nicht bewältigen können (vgl. Enquete-Kommission Schutz der Erdatmosphäre 1994, S. 5). Insbesondere der Verkehr in Städten und dessen Auswirkung auf Umwelt und Bevölkerung gelten deshalb mittlerweile als eines der drängendsten Probleme unserer Gesellschaft und gewinnen in der politischen Diskussion an Bedeutung. Vor allem die starke Zunahme des MIV führt zu gesellschaftlich immer weniger akzeptierten sozialen Folgen und zu einer gravierenden Umweltbelastung. Diese bestehen beispielsweise in der Einschränkung von Mobilität durch die Überlastung des Verkehrsnetzes, der Überschreitung gesundheitsrelevanter Emissionsgrenzwerte, der Entwertung öffentlichen Raumes durch Verkehrslärm sowie dem Flächenverbrauch durch Verkehrsinfrastruktur. So gilt Straßenverkehr als eine der Hauptquellen von Lärmbelästigung und Luftverunreinigung. (Der Anteil des Verkehrssektors an der Emission ausgewählter Luftschadstoffe ist aus Abbildung 3 ersichtlich.)

Gleichzeitig stellt der Verkehr jedoch ein wesentliches Element sowohl unseres Wirtschafts- und Gesellschaftssystems als auch der Existenz des einzelnen dar. Die Mobilität von Personen und Gütern gilt als unverzichtbare Grundlage einer arbeitsteilig und marktwirtschaftlich organisierten Industrie- und Dienstleistungsgesellschaft. Der Verkehrssektor bildet darüber hinaus einen bedeutenden Wirtschaftszweig, der einen erheblichen Beitrag zur Wertschöpfung leistet (vgl. Enquete-Kommission Schutz der Erdatmosphäre 1994, S. 239).

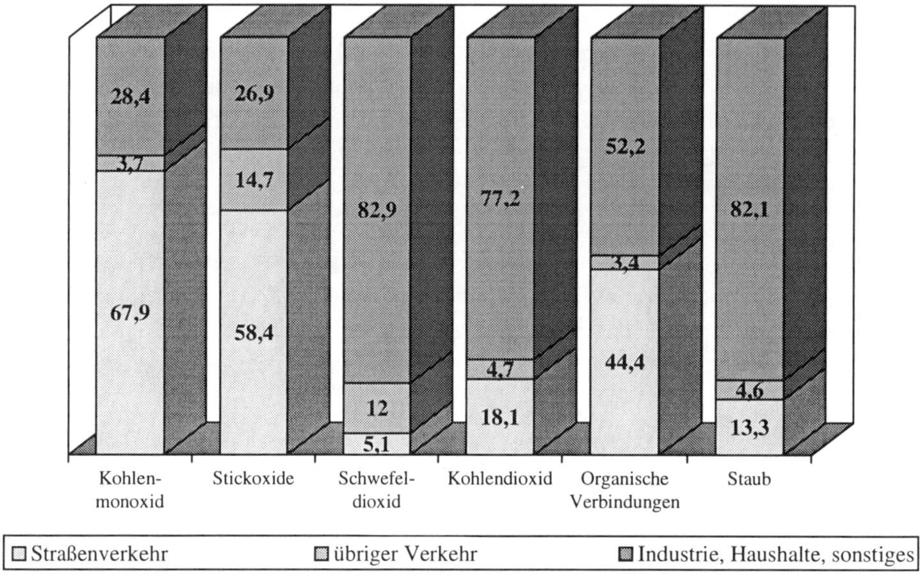

Quelle: eigene Darstellung, in Anlehnung an Bundesminister für Verkehr 1993, S. 290 ff.

Abbildung 3: Anteil des Verkehrs an Emissionen (in %)

In der häufig ideologisierten, interessenbestimmten und emotional geführten Diskussion fordern die unterschiedlichen Interessengruppen ein innovatives und systemübergreifendes verkehrspolitisches und -technisches Konzept. Dieses soll überflüssigen Verkehr vermeiden, die Nachfrage auf das jeweils am besten geeignete Transportmittel lenken und die bestehenden Verkehrsträger stärker vernetzen. Mit Hilfe eines integrierten Systemmanagements wird eine auf breitem gesellschaftlichem Konsens beruhende, sowohl ökonomisch als auch ökologisch sinnvolle Lösung angestrebt. Weitgehend Einigkeit herrscht darüber, daß hierbei einerseits dem hohen Mobilitätsbedürfnis unserer Gesellschaft Rechnung getragen werden muß und andererseits die vom Verkehr ausgehende Beeinträchtigung zu minimieren ist. Bei näherer Betrachtung läßt sich jedoch erkennen, daß diese Forderung einen Zielkonflikt in sich birgt.

Es vermag kaum zu verwundern, daß es im Spannungsfeld von Gruppeninteressen und vor dem Hintergrund der gegebenen Rahmenbedingungen Verkehrsplanern bislang nicht gelang, einen akzeptablen Ansatz zu entwickeln, welcher die durch den wachsenden Verkehr für die Städte entstehende Problematik zu lösen im Stande wäre. Dies läßt sich unter anderem darauf zurückführen, daß die unterschiedlichen Bedürfnisse, Wünsche und Einstellungen der von Maßnahmen zur Beeinflussung des Mobilitätsverhaltens betroffenen Zielgruppen zumeist nicht eingehend analysiert werden. Folglich werden diese in der Verkehrsplanung nicht ausreichend berücksichtigt. Zur Beeinflussung des Mobilitätsverhaltens getroffene Maßnahmen bleiben häufig wirkungslos, da sie bei den Beteiligten nicht auf die nötige Akzeptanz stoßen. Ohne diese kann man das Bewußtsein um und das Mobilitätsverhalten allerdings kaum ändern. Es erscheint deshalb lohnend, sich zukünftig eingehender, als bislang geschehen, mit der wichtigsten Determinante des ständig wachsenden Verkehrs, dem Menschen selbst, zu beschäftigen.

2. Beeinflussung des Mobilitätsverhaltens als Herausforderung für die Marktwirtschaft

Verkehrswachstum und Dominanz des MIV bilden keineswegs das Ergebnis eines Prozesses, der einem Naturgesetz folgt und dem sich die Gesellschaft zu fügen hat. Beide wurzeln in der Verkehrs- und Wirtschaftspolitik, im vorgegebenen Rechtssystem, in der Raumordnung und in einem sich wandelnden Mobilitätsverhalten der Bevölkerung.

Man erkennt auch deutlich, daß das Gesetz von Angebot und Nachfrage im Verkehrssektor bisher zu wenig Beachtung fand. Das für Verkehrsleistung zu entrichtende Entgelt ist zumeist administriert und berücksichtigt die durch Verkehr beispielsweise wegen Luftverschmutzung, Lärm, Flächenbeanspruchung sowie Unfällen entstehenden Belastungen nur unvollständig. Die anfallenden externen Kosten werden nicht vom Verursacher selbst, sondern von Dritten oder der Allgemeinheit getragen. Vor allem die Nutzung natürlicher Ressourcen findet bisher als Kostenfaktor im Marktgeschehen zu wenig Berücksichtigung. Die für Transport aufzubringenden Mittel sind deshalb insgesamt zu niedrig und spiegeln die tatsächlich verursachten Kosten nicht adäquat wider. Die Verkehrsnachfrage erreicht ein höheres Niveau, als dies bei einer Internalisierung der externen Kosten der Fall wäre, und der Wettbewerb zwischen den einzelnen Verkehrsträgern wird verzerrt (zu externen Kosten des Verkehrs vgl. eingehend Novy/Pfeiffer 1994, S. 13 ff.; Suntum 1993, S. 7 ff.).

Unter den derzeitigen Gegebenheiten entfaltet deshalb ein umwelt- und sozialverträgliches Verhalten des einzelnen zwar eine positive Wirkung für die Gesellschaft, aber nicht für diesen selbst. Unter der Prämisse, daß die Entscheidung über die Wahl eines Verkehrsmittels auf einem individuellen Kosten-Nutzen-Kalkül beruht, erscheint die Herstellung von Kostenwahrheit im Verkehr als zentrale Herausforderung an eine Verkehrspolitik, die sich an marktwirtschaftlichen Grundsätzen orientiert (vgl. Krause 1992, S. 6).

Vor dem Hintergrund der skizzierten Problematik verwundert es kaum, daß die seit Jahren festzustellende Verschiebung der individuellen Wertorientierung, der viel zitierte Wertewandel, bisher das Mobilitätsverhalten nicht unmittelbar zu verändern vermochte.

Vielmehr läßt sich eine Diskrepanz zwischen dem Wissen bezüglich richtigen Handelns sowie bekundeter Einstellung einerseits und dem Verhalten andererseits feststellen. Das Verhalten von Personen, die als umweltbewußt gelten können, korrespondiert nur dann mit deren Einstellung, wenn jenes nicht eine einschneidende Änderung von Gewohnheiten oder eine Verzichtleistung bedingt (vgl. Schahn 1993, S. 52).

Eine Verkehrspolitik, die Gewohnheiten lediglich auf der Basis von Einsicht und Vernunft zu ändern beabsichtigt, erscheint demnach wenig erfolgversprechend. Sie vermag einem sich umweltfreundlich verhaltenden Verkehrsteilnehmer keinen Vorteil zu verschaffen. Vielmehr gelten ordnungsrechtliche Maßnahmen, welche die Gesamtheit der Nachfrager von Mobilität betreffen, in Kombination mit solchen, die marktwirtschaftliche Prinzipien berücksichtigen, als unabdingbar. Eine derartige Modifizierung der Rahmenbedingung des Verkehrssystems würde eine Verhaltensänderung aller Verkehrsteilnehmer fördern. Aufgrund der für den einzelnen immer deutlicher spürbaren negativen Auswirkungen des Verkehrs auf Umwelt und Bevölkerung kann man künftig mit einer steigenden Akzeptanz solcher Maßnahmen rechnen, die das Mobilitätsverhalten ändern (vgl. v. Rosenstiel 1987, S. 33). Nach wie vor strittig bleibt jedoch die Frage, ob das angestrebte Ziel allein mit marktwirtschaftlichen Maßnahmen oder nur in Verbindung mit regelnden Eingriffen des Staates erreicht werden kann (vgl. Brandt/Haack/Törkel 1994, S. 134).

Im Prinzip stehen Eingriffsmöglichkeiten folgender Art zur Verfügung:

- Technisch/organisatorisch (z.B. Ausbau der Infrastruktur, Entwicklung alternativer Antriebskonzepte und Fahrzeuge im Individualverkehr und im ÖPNV, integriertes Verkehrsmanagement),

- fiskalisch/preispolitisch (z.B. Mineralölsteuer, Kfz-Steuer, Parkraumbewirtschaftung, Road-Pricing, Kosten für die Nutzung des ÖPNV),

- politisch/rechtlich (z.B. Deregulierung und Privatisierung des Verkehrsmarktes, Festlegung von Emissionsgrenzwerten, Zufahrtsbeschränkung und Fahrverbote) sowie

- informatorisch/aufklärerisch (z.B. Sensibilisierung der Bevölkerung für die Verkehrsproblematik).

Die skizzierten Instrumente sind teils markt-, teils lenkungswirtschaftlicher Art. Sie lassen sich jedoch nicht jeweils strikt einer dieser Kategorien zuordnen. Ihr Charakter richtet sich vielmehr nach ihrer jeweiligen Ausgestaltung und der Art ihrer Umsetzung. Ob sie dem Prinzip der Marktwirtschaft entsprechen, hängt beispielsweise davon ab, inwieweit Angebot und Nachfrage durch den Preis bestimmt sind (vgl. Wissenschaftlicher Beirat beim Bundesminister für Verkehr 1992, S. 117).

Marktwirtschaftliche Maßnahmen sollen ein umweltbewußtes Verhalten der Hersteller von Verkehrstechnologie sowie der Verkehrsteilnehmer fördern, ohne deren freie Wahlentscheidungen durch gesetzliche Vorgaben einzuschränken. Man verfolgt das Ziel, Angebot und Nachfrage über den Preis zu beeinflussen und zum Ausgleich zu bringen. Der lenkungswirtschaftliche Ansatz hingegen versucht, durch die Gestaltung der gesetzlichen Rahmenbedingungen unerwünschte Verhaltensweisen zu erschweren oder zu unterbinden.

3. Befunde zum Mobilitätsverhalten von Studierenden und Bediensteten der Universität Mannheim

3.1 Ziel und konzeptionelle Ausgestaltung der Untersuchung

Vor dem Hintergrund der skizzierten Problematik wurde im Wintersemester 1993/94 im Rahmen eines Marketingseminars an der Universität Mannheim eine empirische Studie zum Mobilitätsverhalten von Studierenden und Bediensteten der Hochschule durchgeführt. Für die Konzeption des Fragebogens sowie die Erhebung und die Auswertung der Daten waren die Teilnehmer des Seminars verantwortlich. Ziel der Untersuchung waren die Beschreibung und Erklärung des Mobilitätsverhaltens des befragten Personenkreises. Hierauf aufbauend wurden Gestaltungsempfehlungen für die an der Verkehrsplanung beteiligten Gruppen erarbeitet.

Im Rahmen der Erfassung des Status quo interessierte vor allem, mit welchem Verkehrsmittel der Weg vom Wohnort zur Universität zurückgelegt und wie die Bedingungen für die Nutzer der unterschiedlichen Verkehrsträger beurteilt werden. Zur Erklärung des Mobilitätsverhaltens der Befragten zog man neben der Verkehrssituation an der Universität Mannheim und der wahrgenommenen Leistungsfähigkeit der Verkehrsträger soziodemographische Faktoren wie Alter und Geschlecht sowie psychographische Faktoren wie Einstellungen zum Themenkomplex Umwelt und Verkehr heran.

Dem Konzept der Untersuchung liegt die Annahme zugrunde, daß die Bereitschaft, umzudenken und tradierte Verhaltensweisen zu ändern, mit den wachsenden Folgelasten des Verkehrs weiter steigen wird. Jedoch sollte davon ausgegangen werden, daß ein gesellschaftspolitisches Vorhaben wie die Veränderung des Mobilitätsverhaltens nur dann erfolgreich geplant und realisiert werden kann, wenn die jeweilige Verhaltensstruktur sowie die Bedürfnisse und Einstellungen des von diesen betroffenen Personenkreises als Ausgangspunkte für die Konzeption verkehrspolitischer Maßnahmen dienen. Als

Grundlage für die Akzeptanz und Wirksamkeit von Verhaltensvorschriften werden hierbei nicht Sanktionen, sondern das Verständnis für die Notwendigkeit, Zweckmäßigkeit und allgemeine Vorteilhaftigkeit der Verhaltensanforderung erachtet.

Die Grundgesamtheit der Erhebung bildeten die Bediensteten und Studierenden der Universität Mannheim. Die Stichprobe der ersten Kategorie wurde aus dem Vorlesungsverzeichnis sowie aus dem Geschäftsverteilungsplan von Rektorat und Verwaltung nach dem Verfahren des n-ten Falles gezogen. Von 160 Fragebögen wurden 107 zurückgesandt, was einer Rücklaufquote von ca. 67 % entspricht. Von den über 13.000 Studierenden wurden nach einem an der Größe der Fakultäten orientierten Quotenverfahren 364 Hörer von Veranstaltungen des Hauptstudiums befragt.

3.2 Ausgewählte Ergebnisse

Geht man der Frage nach, mit welchem Verkehrsmittel die Studierenden den Weg von ihrer Wohnung zur Universität zurücklegen, so zeigt sich, daß im Sommerhalbjahr ein relativ hoher Anteil regelmäßig das Rad (25,5 %) oder den ÖPNV (19,7%) nutzt bzw. zu Fuß (11,1 %) geht. 20,2 % der Probanden legen den Weg mit dem Auto, 22,2 % durch Kombination mehrerer oder mit wechselnden Verkehrsmitteln zurück. Im Winter sinkt der Anteil der Fahrradfahrer zugunsten der übrigen Verkehrsmittel auf 13,6 %. Einen Einfluß auf die Nutzung des Autos übt die Entfernung des Wohnortes von der Universität aus. Während bei einer Distanz von bis zu einem Kilometer lediglich 3 % auf das Auto zurückgreifen, stellt dieses bei einer solchen zwischen 10 und 50 Kilometern für 47 % der Probanden das bevorzugte Verkehrsmittel dar.

Bei den Bediensteten liegen im Sommer sowohl der Anteil der Autofahrer (35,5 %) als auch jener der ÖPNV-Nutzer (29,0 %) deutlich höher als bei den Studierenden. Der hohe Anteil der ersten Gruppe ist vermutlich darauf zurückzuführen, daß die Mitarbeiter der Universität im Durchschnitt in einer größeren Entfernung von dieser wohnen als die Studierenden und häufiger über eine Parkberechtigung verfügen. (Die Verkehrsmittelnutzung von Studierenden und Bediensteten im Sommer ist aus Abbildung 4 ersichtlich.)

Für beide Untersuchungsgruppen stellt die für die Bewältigung des Weges zur Universität benötigte Zeit die mit Abstand wichtigste Determinante der Verkehrsmittelwahl dar. Die Bequemlichkeit des Transports sowie die bei diesem anfallenden Kosten folgen auf den Rängen zwei und drei, wobei die Bediensteten den ersten Aspekt stärker, den zweiten schwächer als die Studierenden bewerten. Die Kriterien Umweltbelastung und Sicherheit des Verkehrsmittels spielen eine nur untergeordnete Rolle.

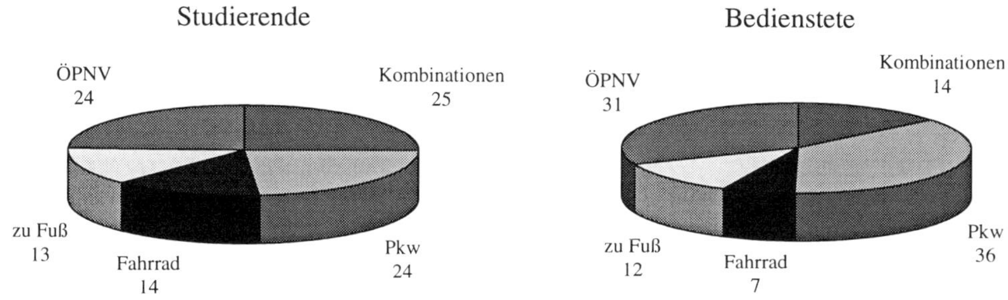

Quelle: eigene Darstellung.

Abbildung 4: Von Studierenden und Bediensteten im Sommer 1994 genutzte Verkehrsmittel (in %)

Neben der Verteilung der Nachfrage auf die einzelnen Verkehrsträger ist von Interesse, welche Rahmenbedingungen deren Nutzer vorfinden. Das Mannheimer Verkehrssystem erscheint den Probanden als stark auf den motorisierten Individualverkehr ausgerichtet. Von den befragten Studierenden sind 59,1 % der Meinung, daß die Bedürfnisse der Autofahrer stark bzw. sehr stark erfüllt werden. In einem geringeren Ausmaß sehen sie dies bei den Belangen der Fußgänger (36,8 %), der Nutzer des ÖPNV (29,1 %) und der Radfahrer (11,5 %) gegeben. So halten beispielsweise 77 % der Studierenden das Radwegenetz für unzureichend ausgebaut und unsicher. Noch deutlicher stellt sich das wahrgenommene Defizit in den Augen der Bediensteten dar.

Ein gesonderter Fragenkomplex gilt der Beurteilung des ÖPNV. Von denjenigen Studierenden, die den ÖPNV auf dem Weg zur Universität nutzen, profitieren 42,8 % von einer direkten Anbindung an diese, 41,4 % müssen einmal, 10,0 % zweimal und 5,8 % häufiger als zweimal umsteigen. 50,6 % aller Betroffenen bewerten die Verbindung von ihrer Semesterwohnung zur Universität mit sehr gut oder gut. Bei den Bediensteten gilt dies nur für 41,5 %.

Während die ÖPNV-Verbindung von der Wohnung zur Universität durch die Studierenden eher positiv bewertet wird, halten diese das Angebot für insgesamt wenig attraktiv. Ihre Kritik konzentriert sich auf den Fahrpreis, die Beförderungskapazität in der Hauptverkehrszeit, die Gestaltung der Haltestellen und den gebotenen Komfort. So halten 82,3 % die Fahrpreise des ÖPNV für zu hoch. Durch das Menschengedränge in den Hauptverkehrszeiten fühlen sich 72,0 % gestört, und 51,9 % bemängeln die Sitz- und Unterstellmöglichkeit an Haltestellen. Nur 18,6 % empfinden eine Fahrt mit dem ÖPNV als sehr komfortabel. Eher positiv werden hingegen die Übersichtlichkeit des Angebotes, die Verständlichkeit der Fahrpläne sowie die Bedienungsfreundlichkeit der Fahrscheinautomaten bewertet. Die Bediensteten weichen in ihrer Einschätzung kaum von jener der Studierenden ab. Eine größere Differenz ergibt sich hingegen bei der Beurteilung des Fahrpreises, der von lediglich 64,6 % der Bediensteten als zu hoch empfunden wird.

Ein großes Potential zur Erhöhung der Nachfrage im ÖPNV eröffnet eine Steigerung dessen Leistungsfähigkeit. So geben 63,2 % der Bediensteten und 63,1 % der Studierenden an, daß ihre Verkehrsmittelwahl durch ein verbessertes Angebot beeinflußt würde. (Die Beurteilung des ÖPNV ist aus Abbildung 5 ersichtlich.)

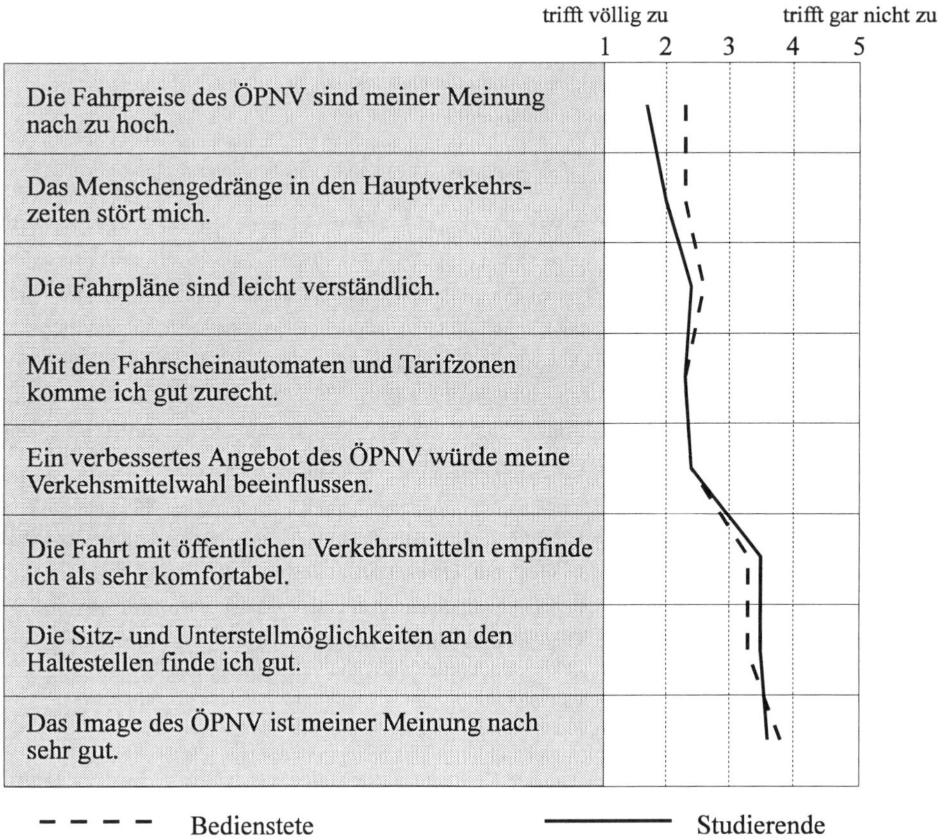

Quelle: eigene Darstellung

Abbildung 5: ÖPNV im Urteil von Studierenden und Bediensteten

Vor dem Hintergrund der bisher skizzierten Ergebnisse verwundert es kaum, daß ein Großteil der Befragten einschneidenden Maßnahmen zur Umgestaltung des Verkehrssystems positiv gegenüberstünde. Verstärkt wird diese Einstellung vermutlich auch durch die insbesondere bei den Bediensteten stark ausgeprägte Erwartung, daß sich die Verkehrssituation in Zukunft weiter verschärfen wird. Jeweils ein Teil der Fragen richtete sich auf Maßnahmen mit lenkungs- und solche mit marktwirtschaftlichem Charakter.

So sind beispielsweise 41,0 % der Studierenden davon überzeugt (Bedienstete 45,2 %), daß künftig eine Einschränkung individueller Mobilität durch den Gesetzgeber notwendig sein wird. Die Einführung eines Gesetzes, welches den Individualverkehr in Städten einschränkt, würden jeweils 57,7 % der Studierenden wie auch der Bediensteten begrüßen. Damit einhergehend sollte der ÖPNV zu Lasten des Individualverkehrs gefördert werden. Dieser Meinung schließen sich 69,8 % (Studierende) bzw. 76,9 % (Bedienstete) der Befragten an. Auch eine verstärkte staatliche Förderung innovativer Verkehrsträger und -technologien vermag insbesondere nach Ansicht der Studierenden (76,5 %) zur Lösung von Verkehrsproblemen beizutragen (Bedienstete 68,0 %). Grundsätzlich treffen die hier aufgeführten Maßnahmen bei weiblichen Studierenden auf eine höhere Akzeptanz als bei deren Kommilitonen. (Der Grad der Zustimmung von Studierenden und Bediensteten zu Aussagen, die den Themenkomplex Verkehr und Umwelt betreffen, ist aus Abbildung 6 ersichtlich.)

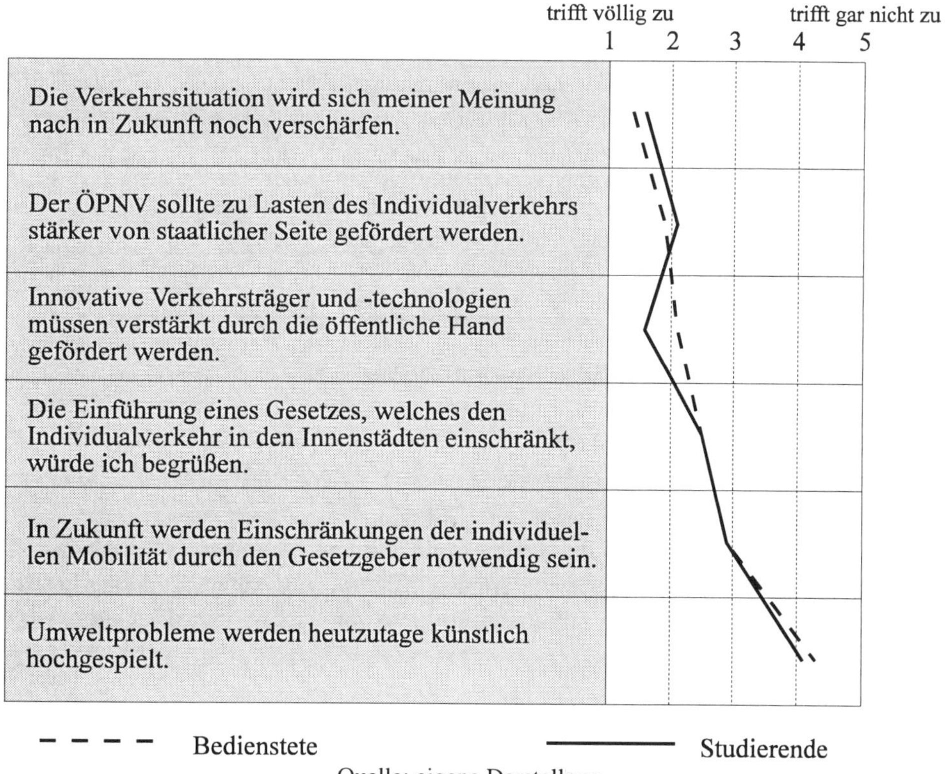

Quelle: eigene Darstellung

Abbildung 6: Verkehr und Umwelt im Spiegel empirischer Befunde

Darüber hinaus war die Haltung der Probanden bezüglich der Einführung eines Semester- bzw. Job-Tickets Gegenstand der Untersuchung. Ersteres halten 81,3 % der Studierenden für sinnvoll. Auch die Einführung eines Job-Tickets für die Bediensteten stößt auf weitgehende Zustimmung. 50,5 % der Befragten sind dafür, 32,7 % dagegen.

Mit Hilfe einer Conjoint-Measurement-Analyse (vgl. hierzu eingehend Nieschlag/Dichtl/Hörschgen 1994, S. 828 ff.) wurde die wünschenswerte Ausgestaltung eines Semester-Tickets untersucht. Hierzu hatte man zunächst solche Merkmale zu identifizieren, die einen wesentlichen Einfluß auf die Präferenzbildung zu entwickeln vermögen. Dabei handelt es sich um die Finanzierungsart sowie den Bereich und die Dauer der Gültigkeit des Tickets. Jedes dieser Merkmale kann zwei Ausprägungen annehmen (siehe hierzu Tabelle 1). Durch deren Kombination lassen sich acht unterschiedliche Konzepte bilden. Diese wurden den Befragten vorgelegt und waren von ihnen entsprechend ihrer Vorziehenswürdigkeit in eine Reihenfolge zu bringen.

Merkmal	**Ausprägung des Merkmals**
Finanzierungsart	· Erhöhung des Studentenwerkbeitrags für alle und Ausgabe von Fahrausweis gegen Zuzahlung für Benutzer · Alleinige Finanzierung durch Erhöhung des Studentenwerkbeitrags für alle; Studentenausweis ist gleichzeitig Fahrausweis
Gültigkeitsbereich	· Großwabe Mannheim/Ludwigshafen · Gesamtes Verbundgebiet des Verkehrsbundes Rhein-Neckar (Umkreis von ca. 40 km um Mannheim)
Gültigkeitsdauer	· Für ein Semester gültig · Nur für die Dauer der Vorlesungszeit gültig

Quelle: eigene Darstellung.

Tabelle 1: Merkmale eines Semester-Tickets und deren Ausprägungen

Das für die Befragten bedeutsamste Attribut stellt mit einer relativen Wichtigkeit von 45,0 % die Finanzierungsart dar. Einen geringeren Beitrag zur Präferenzbildung leisten die Merkmale Gültigkeitsbereich mit einem Gewicht von 31,7 % und die Gültigkeitsdauer mit 23,3 %.

Eindeutig bevorzugt wird von den befragten Studierenden ein für die Dauer von einem Semester im gesamten Verbundgebiet des Verkehrsverbundes Rhein-Neckar (VRN) gültiges Ticket. Dieses sollte ausschließlich durch eine Erhöhung des Studentenwerkbeitrages finanziert werden. Den zweiten Rang in der Präferenzhierarchie nimmt ein Fahrschein mit gleicher Ausprägung der beiden erstgenannten Merkmale und einer Finanzierung durch Zuzahlung seitens eines Ticket-Käufers ein. Ein deutlicher Unterschied bezüglich der präferierten Finanzierungsart besteht zwischen Studierenden, die ein Semester-Ticket als wünschenswert erachten, und solchen, die eine ablehnende Haltung einnehmen. Während die einen eine Umlage der Kosten auf alle Studierenden und damit eine alleinige Finanzierung über den Studentenwerkbeitrag bevorzugen, sprechen sich die anderen erwartungsgemäß für eine Zuzahlung aus. Es verwundert deshalb kaum, daß diejenigen, die den Erwerb eines Tickets nicht in Erwägung ziehen, Alternativen mit dieser Form der Finanzierung präferieren.

4. Aus den Ergebnissen abgeleitete Handlungsempfehlungen

Je nach Zuständigkeit für die Umsetzung einzelner Maßnahmen richten sich aus den empirischen Befunden ableitbare Handlungsempfehlungen in erster Linie an die Stadt Mannheim, die Mitgliedsunternehmen des Verkehrsverbundes Rhein-Neckar sowie die Universität. Der erstellte Maßnahmenkatalog basiert auf der in der Analyse gewonnenen Erkenntnis, daß sich die Befragten der Verkehrsproblematik durchaus bewußt sind und einer Änderung des Status quo grundsätzlich positiv gegenüberstünden. Während einige der Vorschläge relativ kurzfristig und mit geringem finanziellem Aufwand realisierbar wären, bedürften andere wiederum einer langfristigen Orientierung sowie der Integration in die Verkehrsplanung der Stadt Mannheim.

Da insbesondere den Bedürfnissen der Fahrradfahrer zuwenig Rechnung getragen wird, erscheinen Maßnahmen in diesem Bereich als vorrangig. Zu fordern ist hier in erster Linie eine umfassende Ausweitung des Radwegenetzes. Es bedarf vor allem einer besseren Anbindung der Universität an die Innenstadt und den Hauptbahnhof. Die Schaffung einer ausreichenden Anzahl von diebstahlsicheren Abstellplätzen an universitären Einrichtungen und am Hauptbahnhof sowie an den an der Peripherie liegenden Haltestellen öffentlicher Verkehrsmittel könnte eine weitere Maßnahme zur Verbesserung der Situation der Radfahrer darstellen. Diese sollte auch vor dem Hintergrund der Förderung des Bike-and-Ride-Konzeptes ins Auge gefaßt werden. Eine weitere Chance, die Erreichbarkeit der Universität für Radfahrer zu verbessern, besteht in der Öffnung von Einbahnstraßen für den Radverkehr.

Die Situation der Fußgänger läßt sich durch eine auf deren Bedürfnis abgestimmte Schaltung von Signalanlagen verbessern. Durch eine verstärkte Kontrolle des ruhenden Verkehrs könnten die oftmals zugeparkten Fußgängerwege freigehalten werden.

Ein weiterer Ansatzpunkt zur Beeinflussung des Mobilitätsverhaltens liegt in einer Steigerung der Attraktivität des ÖPNV. Vor allem die Einführung eines Semester- bzw. Job-Tickets erscheint geeignet, die Fahrgastzahl zu steigern. Das von den Studierenden präferierte Fahrschein-Modell sollte für den Zeitraum von einem Semester im gesamten

Verbundgebiet des Verkehrsverbundes Rhein-Neckar gelten und ausschließlich über eine Erhöhung des Studentenwerkbeitrages finanziert werden. In Verbindung mit der Erhebung einer Parkplatzgebühr an der Universität würde der ÖPNV im Vergleich zum Auto vor allem in finanzieller Hinsicht attraktiver. (Ein Semester-Ticket wurde zum Wintersemester 1994/95 mit großem Erfolg eingeführt. Finanziert wird dieses durch eine allgemeine Erhöhung des Studentenwerkbeitrages von 19,- DM und eine Zuzahlung von 100,- je Käufer und Semester. Im Rahmen der Conjoint-Measurement-Analyse erreichte diese Merkmalskombination in der Präferenzfolge der Studierenden den zweiten Rang.)

Auch eine Steigerung des Komforts z.B. durch den Einsatz von Niederflurfahrzeugen ist zu erwägen. Gleiches gilt für eine kundenfreundlichere Gestaltung der Haltestellen. Um die zumeist an der Peripherie wohnenden Autofahrer zum Umsteigen auf öffentliche Verkehrsmittel zu bewegen, wäre eine nur mit hohem finanziellem Aufwand zu erreichende bessere Erschließung des Umlandes notwendig. Eher realisierbar erscheint hingegen der Ausbau der Park-and-Ride- und vor allem der Bike-and-Ride Anlagen.

Der von den Befragten ausgesprochenen Forderung nach einer generellen Förderung des ÖPNV zu Lasten des motorisierten Individualverkehrs sollte im Rahmen eines Gesamtverkehrskonzeptes durch die Einrichtung von Busspuren sowie von Vorrangschaltungen für Omnibus und Straßenbahn an ampelgesteuerten Kreuzungen entsprochen werden. Ebenso könnte die Sperrung ausgewählter innerstädtischer Straßen für den motorisierten Individualverkehr in Erwägung gezogen werden.

Die hier aufgeführten Handlungsempfehlungen verkörpern nur einen Ausschnitt aus einem umfangreichen Katalog möglicher Ansatzpunkte zur Beeinflussung des Mobilitätsverhaltens. Zudem orientieren sie sich lediglich an den Bedürfnissen zweier ausgewählter Zielgruppen. Es kann davon ausgegangen werden, daß deren Wünsche nicht in jedem Fall mit denen anderer Interessengruppen wie beispielsweise des Handels übereinstimmen. Ihre volle Wirksamkeit können die Anregungen nur dann entfalten, wenn sie aufeinander abgestimmt und zu einem verkehrsträgerübergreifenden Konzept verschmolzen werden. Man sollte sich jedoch keinesfalls der Illusion hingeben, durch dessen Umsetzung für das künftig zu erwartende Verkehrswachstum gewappnet zu sein. Vielmehr sind die hier unterbreiteten Vorschläge als ein erster Schritt auf dem Weg zu einem Verkehrssystem zu sehen, das stärker an zukünftigen Erfordernissen orientiert ist.

Um zu einem umfassenden verkehrspolitischen Konzept zu gelangen, das die Bedürfnisse unterschiedlicher Interessengruppen berücksichtigt und künftig eine umwelt- und sozialverträgliche Mobilität zu gewährleisten vermag, bedarf es neben einer weiteren wissenschaftlichen Auseinandersetzung mit der Problematik insbesondere eines intensiven gesellschaftlichen Meinungsaustausches. Dabei müssen auch Fragen diskutiert werden, die bisher kaum Gegenstand einer breite Bevölkerungsschichten einbeziehenden

Auseinandersetzung waren und bezüglich derer noch kein gesellschaftlicher Konsens besteht. So genügt es nicht, lediglich zu fragen, wie man ein prognostiziertes Verkehrswachstum von beispielsweise 30 % zu bewältigen vermag. Vielmehr sollten zunächst die hinter diesem stehenden Ursachen und dessen Folgen aufgedeckt und problematisiert werden. Grundlegende Bedeutung kommt der Klärung der Frage zu, welches Maß an durch Verkehr bedingter Beeinträchtigung sowie an Einschränkung individueller Mobilität man fortan zu akzeptieren bereit sein wird. Nur auf diesem Weg kann man sich der eigentlichen Kernfrage nach einer auf breite Zustimmung stoßenden Vorstellung von zukünftigem Verkehrsgeschehen nähern.

Literaturverzeichnis

BRANDT, E./HAACK, M./TÖRKEL, B. (1994): Verkehrskollaps - Diagnose und Therapie, Frankfurt/Main.

BUNDESMINISTER FÜR VERKEHR (1991) (Hrsg.): Verkehr in Zahlen 1991, Bonn.

BUNDESMINISTER FÜR VERKEHR (1993) (Hrsg.): Verkehr in Zahlen 1993, Bonn.

ENQUETE-KOMMISSION SCHUTZ DER ERDATMOSPHÄRE (1994): Mobilität und Klima: Wege zu einer klimaverträglichen Verkehrspolitik, Bericht der Enquete Kommission "Schutz der Erdatmosphäre" des 12. Deutschen Bundestages, Bonn.

FRANK, H.-J./MÜNCH, R./SEIFERT (1990): Verkehr 2000 - Europa vor dem Verkehrsinfarkt?, Frankfurt/Main.

INTRAPLAN (1991): Intraplan Consult GmbH/Institut für angewandte Verkehrs- und Tourismusforschung e.V.: Personenverkehrsprognose 2010 für Deutschland, Schlußbericht zum F + E-Vorhaben Nr. 90 300/90 im Auftrag des Bundesministers für Verkehr, München.

KESSEL + PARTNER (1991): Güterverkehrsprognose 2010 für Deutschland, Schlußbericht zum F + E-Vorhaben Nr. 90 200/90 im Auftrag des Bundesministers für Verkehr, Freiburg.

KRAUSE, G. (1992): Die Straßenbenutzungsgebühr bringt mehr Gerechtigkeit, in: Frankfurter Rundschau vom 01.12.1992, S. 6.

MONHEIM, H./MONHEIM-DANDORFER, R. (1990): Straßen für alle - Analysen und Konzepte zum Stadtverkehr der Zukunft, Hamburg.

NIESCHLAG, R./DICHTL, E./HÖRSCHGEN, H. (1994): Marketing, 17., neu bearb. Aufl., Berlin.

NOVY, P./PFEIFFER, G. (1994): Der Ökobonus: eine soziale und umweltfreundliche Ökoabgabe mit Rückvergütung, Frankfurt/Main.

ROSENSTIEL, L. VON (1987): Wertewandel in der Gesellschaft: Erscheinungsformen, Ursachen, mögliche Auswirkungen auf den Verkehr, in: Deutsche Verkehrswissenschaftliche Gesellschaft e.V. (Hrsg.): Wertewandel und Personenverkehr, Schriftenreihe der Deutschen Verkehrswissenschaftlichen Gesellschaft e.V., Bergisch Gladbach.

SCHAHN, J. (1993): Die Rolle von Entschuldigungen und Rechtfertigungen für umweltschädigendes Verhalten, in: Schahn, J./Giesinger, T. (Hrsg.): Psychologie für den Umweltschutz, Weinheim.

SUNTUM, U. VAN (1993): Verkehrspolitik in der Marktwirtschaft, in: Aus Politik und Zeitgeschichte, Beilage zur Wochenzeitung das Parlament, Heft 5, S. 3-13.

WILLE, J. (1993): Ökologische Wende in der Verkehrspolitik, in: Aus Politik und Zeitgeschichte, Beilage zur Wochenzeitung das Parlament, Heft 5, S. 14-22.

WISSENSCHAFTLICHER BEIRAT BEIM BUNDESMINISTER FÜR VERKEHR (1992): Marktwirtschaftliche Instrumente zur Reduktion von Luftschadstoffemissionen des Verkehrs, in: Zeitschrift für Verkehrswissenschaft, 63. Jg., Heft 2, S. 114-133.

Umweltschutz als Unternehmensziel

Von Prof. Dr. Peter Eichhorn

Inhaltsübersicht

1. Das magische Dreieck der Unternehmenspolitik

2. Diverse Ziele jenseits der Gewinnerzielung

3. Präventive, synchrone und restitutive Umweltziele

4. Das umweltpolitische Instrumentarium von Unternehmen

5. Umweltschutz im Unternehmenszielsystem

Literatur

1. Das magische Dreieck der Unternehmenspolitik

Die lapidare Antwort auf die Frage nach dem Ziel eines Unternehmens lautet Gewinnerzielung. Dabei kann es sich um das Streben nach maximalem oder angemessenem Gewinn, nach kurz- oder langfristigem Gewinn, nach einmaligem oder dauerhaftem Gewinn handeln. Bezieht man den Gewinn auf das eingesetzte Kapital, ergibt der Quotient die Rendite. Gewinnstrebenden Unternehmen stellt sich aber nicht nur das Ziel hoher *Rentabilität*, sondern sie müssen zugleich für die Wahrung der Zahlungsfähigkeit (*Liquidität*) sorgen sowie Vermögen und Kapital vor Anlageverlusten oder Überschuldung (*Sekurität*) schützen. Es kommt also darauf an, ein optimales Verhältnis zwischen Rentabilität, Liquidität und Sekurität zu erzielen.

Diese drei Ziele lassen sich aber nicht jeweils isoliert verfolgen, geschweige denn maximieren, denn sie stehen zueinander in einer konkurrierenden Beziehung. Zielt das Unternehmen auf eine möglichst hohe Rentabilität unter spektakulativem Einsatz der Mittel, geraten die Ziele der Aufrechterhaltung der Zahlungsfähigkeit und der vermögens- und kapitalmäßigen Sicherheit in Gefahr. Andererseits können übermäßige Liquiditätsreserven die Rentabilität schmälern und der Erhaltung und dem Wachstum der Unternehmung schaden. Schließlich wirkt sich übertriebenes Sicherheitsstreben bzw. der Ausschluß jeglichen Risikos negativ auf Kapitaleinsatz, Gewinn und wirtschaftliche Wahrung der Zahlungsfähigkeit aus. Diese *Zieltriade* bildet das magische Dreieck der Unternehmenspolitik (Eichhorn, 1993). "Magisch" kann man es deshalb nennen, weil die Erfüllung aller drei (als Eckpunkte aufgefaßten) Ziele etwas mit Zauberei zu tun zu haben scheint; gilt es doch, sie bestmöglich unter sich gegenseitig ausschließenden Bedingungen zu erreichen.

Es hängt von der Unternehmenspolitik ab, ob die drei Ziele gleichrangig verfolgt oder einzelne Ziele präferiert werden. Ist ein Ziel das *Hauptziel*, erhalten die anderen beiden Ziele den Charakter von *Nebenbedingungen*, die bis zu einem gewissen Grad erfüllt sein sollen. In Unternehmen der privaten Wirtschaft genießt die Rentabilität gewöhnlich erste Priorität. Zielgröße ist der (einzubehaltende oder ausschüttungsfähige) Gewinn. Ist er es tätsächlich? Drei Überlegungen machen ihm seinen dominierenden Part streitig.

2. Diverse Ziele jenseits der Gewinnerzielung

Geht man erstens davon aus, daß sich die Ziele einer Institution von den Interessen der handelnden Personen ableiten, kann an die Stelle des Gewinns schnell das *Einkommen der Führungskräfte* treten. Um dieses zu maximieren, muß jener zwar genügend groß sein, aber er bildet dann eben nur das Mittel zum eigentlichen Zweck der Einkommenserzielung. Dabei braucht man nicht nur an die Bezüge der Vorstandsmitglieder oder Geschäftsführer und leitenden Angestellten zu denken. Das Management mag durchaus auch an gut verdienenden Mitarbeitern interessiert sein - vor allem, wenn hohe Löhne, Gehälter und Sozialleistungen sich als Basis für eigene Forderungen nutzen lassen. Selbst eine auszuschüttende Dividende an den oder die Anteilseigner kann man instrumentalisieren, um davon zu profitieren.

Man muß nicht soweit gehen wie der Bankier Carl Fürstenberg. Seiner Ansicht nach sind Aktionäre dumm und frech. Dumm, weil sie ihr Geld fremden Leuten anvertrauen; frech, weil sie dafür noch Dividenden verlangen. Aber ein wahrer Kern steckt darin, denn es ist durchaus realistisch, daß das Management der Rücklagenbildung Vorrang einräumt und auf diese Weise bemüht ist, Dividendenansprüche abzuwehren. Gewinnerzielung steht damit im Dienste der *Gewinnthesaurierung, Kapital- und Substanzerhaltung.*

Neben den formalen Zielen des magischen Dreiecks der Unternehmenspolitik und abgesehen sowohl von individuellen Interessen als auch von Motiven fortdauernder Unternehmenserhaltung dürfen zweitens die Sachziele eines Unternehmens nicht vergessen werden. In *erwerbswirtschaftlichen Unternehmen* sind sie zwar nur ein Reflex der Formalziele; gleichwohl ist das erfolgreiche Verfolgen der Sachziele Voraussetzung für das Erreichen der Formalziele. Ohne die Ziele der Erhöhung der Leistungsfähigkeit, wozu Steigerungen der Produktivität, Produktqualität, Betriebssicherheit, Synergienutzung usw. gehören, und der Erhöhung der Wettbewerbsfähigkeit im Sinne einer innovativen Forschungs- und Entwicklungsarbeit, einer besseren Kundenbetreuung, eines intensivierten Exports und des Strebens nach größeren Marktanteilen bleibt die Zieltriade inhaltsleer. Mehr noch: eine Vielzahl sog. *bedarfswirtschaftlicher Unternehmen* in öffentlicher Trägerschaft oder im Eigentum zum Beispiel freier Wohlfahrtsträger kehrt das Verhältnis zwischen Formal- und Sachzielen um. In Unternehmen der Strom-, Fernwärme-, Gas- und Wasserversorgung, des öffentlichen Personennahverkehrs, der Abwasserbeseitigung und Müllentsorgung sowie in Rundfunkanstalten, Studentenwerken, Krankenhäusern, Altenheimen, öffentlichen Museen, Theatern, Orchestern usw. stehen die Sachziele im Vordergrund, also die Erfüllung des Versorgungs-, Entsorgungs-, Programm- oder Kulturauftrags. Rentabilität - oft nur Kostendeckung und sogar Zuschußfinanzierung -, Liquidität und Sekurität spielen eine zwar nachrangige Rolle, bilden aber zwingende Restriktionen.

Ein dritter Aspekt relativiert ebenfalls die Bedeutung der Gewinnerzielung als dem Unternehmensziel schlechthin. Es sind die *metaökonomischen bzw. außerwirtschaftlichen Zielsetzungen* (u.a. ethischer, sozialer, ökologischer Art), die das unternehmerische Zielsystem noch komplexer gestalten. Bei Umfragen überrascht immer wieder, wie stark die Unternehmen nach Unabhängigkeit, Macht, politischem Einfluß und Ansehen in der Öffentlichkeit streben, daß sie großen Wert auf sichere Arbeitsplätze und soziale Verantwortung und mitunter auf Familientradition legen; neuerdings findet auch der Umweltschutz gebührende Beachtung.

3. Präventive, synchrone und restitutive Umweltziele

Umweltschutz beinhaltet als Staatsziel die Sicherung der natürlichen Lebensgrundlagen. Anders ausgedrückt: es geht um die Bewahrung der Schöpfung, die Gesundheit von Mensch, Tier und Pflanze und auch um die Sicherung der Wirtschaftsgrundlagen. Aufgrund äußeren Oktrois und/oder inneren Antriebs sehen sich die Unternehmen in diese Welt und in ihre spezifische Umwelt gestellt und nehmen sich des Umweltschutzes an. Konkret heißt das dreierlei: Schonung natürlicher Ressourcen, Minderung von Umweltbelastungen und Beseitigung von Altlasten.

Mit der *Schonung natürlicher Ressourcen* ist das präventive Umweltziel von Unternehmen angesprochen. Sparsamer Umgang mit Boden und Bodenschätzen, Nährstoffen, Pflanzen und Tieren, Wasser, Luft und Wärme heißt Ersatz von Roh-, Hilfs-, und Betriebsstoffen durch umweltfreundliche Werkstoffe, Wiederverwendung oder anderweitige Verwertung von Materialien durch Rückführung, Aufbereitung und Schließung von Stoffkreisläufen; Verlängerung der Nutzungsdauer von Anlage- und Gebrauchsgütern durch Verlangsamung der Stroffströme, Gewichtersparnis durch Leichtbauweise; Nutzungsoptimierung im Transportbereich; Aufforderung der Lieferanten zu umweltverträglichen Lieferungen und Leistungen, insbesondere zu einer Produktbeschaffenheit nach Verwertungs- und Entsorgungsgesichtspunkten; Aufklärung der Kunden über den material- und energieschonenden Verbrauch sowie über die umweltfreundliche Entsorgung.

Als synchrones Umweltziel von Unternehmen soll die *Minderung von Umweltbelastungen* bezeichnet werden. Die bei und nach der Produktion anfallenden Schadstoffemissionen sind durch entsprechende Umstellungen bei den Fertigungsverfahren zu reduzieren, ebenso der Energiebedarf; die Abfälle gilt es stofflich zu verwerten, indem Sekundärrohstoffe entstehen, oder energetisch bzw. thermisch zu recyceln durch Verbrennung und Erzeugung von Strom und Wärme; soweit Zwischen- oder Endlagerungen unvermeidbar sind, ist für umweltgerechte Deponien zu sorgen; überhaupt muß auf Entsorgungssicherheit bei Einsammlung, Beförderung, Behandlung, Verwertung und Ablagerung geachtet werden. Auf eine Prüfung der Umweltverträglichkeit der Produktionsprozesse soll eine der Produkte folgen. Das Unternehmen hat Abhilfe zu schaffen, wenn die Produktemissionen (im Sinne von Schadstoffausstoß) von Immissionen (im Sinne von schädlichen Einwirkungen auf Natur, Gesundheit und Infrastruktur) begleitet werden.

Das präventive Umweltziel ist dem synchronen insoweit vorzuziehen, als es versucht, Belastungen nicht nur zu verringern, sondern diese von vornherein zu vermeiden. Alles spricht dafür, Ungüter erst gar nicht entstehen zu lassen. Freilich erweist sich das als unmöglich. Mit jedem erstellten und verwerteten Gut wird zumindest ein Stück Natur vereinnahmt. Wesentlich ist das Ausmaß externer Lasten neben den betriebswirtschaftlichen Kosten. Solange erstere gering ausfallen oder durch staatliche Ge- und Verbote, finanzielle Abschreckungen und Anreize oder durch marktliche Bedingungen internalisiert werden, besteht nicht die Gefahr, daß die Gesamtkosten deutlich höher als die kalkulierten Kosten sind, Kapital fehlgeleitet wird, quantitatives Wachstum die Lebensqualität einschränkt, statt sie zu fördern und man auf Kosten der Natur und der Zukunft lebt. Ganz anders verhält es sich im Falle auseinanderklaffender niedriger Kosten des Unternehmens und hoher Umweltkosten. Dann ist die ökologische Katastrophe programmiert.

Damit es dazu nicht kommt, sind außer präventiven und synchronen auch restitutive Umweltziele anzustreben. Im Mittelpunkt steht hier die *Beseitigung von Altlasten.* Die Unternehmen haben eingetretene Schäden zu reparieren, sei es, daß Standorte von Giftmüll und anderen Abfällen wie Bauschutt, Baustellenabfälle, Bodenaushub, produktionsspezifische Rohstoffe, Siedlungsabfälle, Altöle, Autowracks, Altreifen, Klärschlämme usw. befreit, Bergwerke aufgefüllt, Brachfelder regeneriert, Gebiete aufgeforstet werden müssen. Mehrere besondere Probleme stellen sich der Sanierung: häufig kennt man die Altstandorte und Altablagerungen nicht oder nur unzulänglich, fehlen Informationen über die Verursachung, haben sich die Verursacher "verflüchtigt", so daß Gewährleistungen, Regreß usw. ausscheiden, sind die Kostenrisiken bei der Altlastenbeseitigung schwer abzuschätzen, insbesondere was Spätwirkungen solcher Sanierungen anbelangt, und führen die Verpflichtungen zur Beseitigung von Altlasten und zur Behebung etwaiger Folgen der Sanierung dazu, daß man unliebsame Überraschungen meidet, indem Sanierung und Rationalisierung lieber unterlassen werden. (Der Unternehmer wird dann ein "Unterlasser" im negativen Sinn des Wertes.)

4. Das umweltpolitische Instrumentarium von Unternehmen

Fundierte Entscheidungen über die Ziele und Strategien unternehmerischen Umweltschutzes setzen einschlägige Informationen voraus. Hier hapert es noch erheblich in der Unternehmenspraxis. Auf wissenschaftlicher Ebene werden erhebliche Anstrengungen unternommen, um das herkömmliche betriebswirtschaftliche, aber auch das volkswirtschaftliche Rechnungswesen um einzel- und gesamtwirtschaftlich orientierte *Umweltrechnungen* zu ergänzen. Befaßte man sich in den 70er Jahren vornehmlich mit Humanvermögensrechnungen und Sozialbilanzen (Dierkes, 1974, Eichhorn, 1974, Pieroth, 1978, Fischer-Winkelmann, 1980, Heymann, 1981, v. Wysocki, 1981, Schmidt, 1982), änderte sich in den 80er Jahren die Forschungsrichtung von gesellschaftsbezogenen zu ökologischen Rechnungen (Baumgartner/Rubik/Teichert, 1989, Hallay, 1990, Hölder, 1991, Braunschweig/Müller-Wenk, 1991, Hermann, 1993, Müller, 1993). Jetzt ist je nach thematischem Schwerpunkt von Ökobilanzen, Produktlinienanalysen, Produktbilanzen, Stoffbilanzen, Materialbilanzen, Energiebilanzen und Umweltökonomischer Gesamtrechnung die Rede.

Wie man den Bedarf an betrieblichen Umweltinformationen zu decken vermag, erfährt man in Ansätzen über Umweltkennzahlen, ökologische Buchhaltung, Öko-Controlling, Öko-Auditing (aufgrund der Verordnung (EWG) Nr. 1836/93 über die freiwillige Beteiligung gewerblicher Unternehmen an einem Gemeinschaftssystem für das Umweltmanagement und die Umweltbetriebsprüfung (Öko-Audit-VO, Nr. 1836 des Rates vom 29. Juni 1993, Abl. Nr. L 168 vom 10. Juli 1993, S. 1 ff.), Umweltschutzverträglichkeitsprüfungen und über Technik- oder Produktfolgenabschätzung. Stets wird das Bemühen deutlich, über die bisher mengen- oder wertmäßig erfaßten Input- und Outputgrößen hinaus sowohl Art, Umfang und Qualität der entstehenden Ungüter (Emissionen, Outcome) als auch deren Einwirkungen (Immissionen, Impact) auf die Umwelt zu ergründen.

Allen Umweltrechnungen und Prüfungsverfahren ist gemein, daß ihnen eine gesetzliche oder anderweitige Verbindlichkeit fehlt. So haftet den ökologischen Kausalanalysen, Messungen und Bewertungen aus der Sicht der Entscheidungen treffenden Praktiker eine gewisse Beliebigkeit an und man nutzt gern die eine oder andere Information, soweit sie förderlich ist. Umgekehrt werden negative Tatsachen verschwiegen. So gesehen dienen Umweltrechnungen wie überhaupt Umweltberichte der Unternehmen als Instrument weniger zur Fundierung als zur (positiven) Präsentation von Entscheidungen.

Mit der zunehmenden Berücksichtigung ökologischer Anforderungen wird sich auch in den Unternehmen diese Situation ändern. Schon entwickelt sich ein *Öko-Controlling*, d.h. eine Ausweitung des bisherigen Controlling um umweltbezogene Analysen, Daten, Konzepte und Rechnungen. Der Öko-Controller hat Informationen über aktuelle und künftige Ziele, Mittel, Bereiche und Träger staatlicher Umweltpolitik bereitzustellen, insbesondere über zu erwartende Vorgaben für Produktion und Produkte, ebenso über den Anfall von Ungütern vornehmlich bei Beschaffung, Lagerhaltung, Transport, Fertigung und Entsorgung sowie beim Verbraucher.

Verwandte Aufgaben erfüllen die *Umweltbeauftragten*. Unter bestimmten Voraussetzungen sind obligatorisch zu bestellen Beauftragte für Immissionsschutz, Gewässerschutz, Abfallwirtschaft und Gefahrgut; für Verhinderung und Begrenzung von Störfällen sog. Störfallbeauftragte. (In einem weiteren Sinn lassen sich im Hinblick auf den Gesundheitsschutz auch Fachkräfte für Arbeitssicherheit und Werksärzte unter die Rubrik Umweltbeauftragte subsumieren.) Die Umweltbeauftragten stehen in enger Verbindung zu den mit Umweltschutzaufgaben betrauten Behörden, etwa wenn Ge- und Verbote zu beachten, namentlich Genehmigungen für Standorte, Bau, Betrieb und Entsorgung erforderlich, Umweltabgaben zu entrichten oder Subventionen (z.B. Abschreibungsvergünstigungen) für umweltfreundliche Investitionen zu erlangen sind. Schnittstellenmanagement ist auch im Verhältnis zu Lieferanten für ökologisch relevante Stoffe und zu abfallentsorgenden Unternehmen mit häufig schwierigen technischen und naturwissenschaftlichen Fragestellungen angesagt.

Durch *Öko-Marketing* wird das überkommene absatzpolitische Instrumentarium erweitert. Kunden und Öffentlichkeit erfahren, welche Anstrengungen man unternahm, um von offenen bzw. abfallträchtigen zu geschlossenen bzw. umweltfreundlichen Kreisläufen zu finden, wie Verwertungskaskaden arbeiten, also Rückstände einer Produktionsstufe in Einsatzstoffe für die nächste Stufe überführt werden, wodurch sich die Produkte ökologisch auszeichnen und wie mit ihnen sparsam und umweltfreundlich umgegangen werden kann.

Schon entwickeln sich *selbständige Unternehmen* für Öko-Marketing und Umweltberatung und Umweltverträglichkeitsprüfungen; gar nicht zu sprechen vom wachsenden Umweltmarkt mit Unternehmen für Umwelttechnik (Filter, Meßgeräte, energiesparende Maschinen, Entsorgungssanlagen usw.), Schadstofftransporte, Abfallwirtschaft und Altlastensanierung.

In allen Bereichen umweltpolitischer Aktivitäten zeigt sich ein beträchtlicher Nachholbedarf an ökologiebezogener *Forschung und Entwicklung*. Deren Kosten und Risiken sind außerordentlich hoch. Finanzmittel werden dafür nur erübrigt, wenn man von den Ergebnissen profitieren kann. Da sich verwertbare Forschungs- und Entwicklungsresultate aber meist nicht kurzfristig einstellen, muß man mittel- bis langfristig rechnen. Umweltschutz ist hier wie in den anderen Bereichen also ein Unternehmensziel auf weite Sicht.

5. Umweltschutz im Unternehmenszielsystem

Es gibt verschiedene Möglichkeiten, Umweltschutz als Unternehmensziel zu etablieren. Man kann ihn auf Hochglanzpapier verkünden, in Leitsätzen fassen, über ihn bei jeder Gelegenheit sprechen und den Mitarbeitern ans Herz legen. Das Ziel ist dann *deklaratorisch* gemeint. Anders der Versuch, Umweltschutz als Ziel festzulegen und durchzusetzen. Das mag zum Teil heroische Züge annehmen, denn ein Zwang existiert generell nicht - vielleicht nur in ganz speziellen Fällen - und der Ausgang ist ungewiß, wenn man keine starke Wettbewerbsposition besitzt. Gewöhnlich wird aber so verfahren: wo es paßt, werden Umweltziele gesetzt und ein Nachweis der Zielerreichung erbracht. Wünschenswert wäre eine andere Vorgehensweise.

Die ökologischen Ziele müßten im Zielsystem des Unternehmens fest verankert werden. Neben dem magischen Dreieck der Formalziele Rentabilität, Liquidität und Sekurität hätten die Sachziele zu treten. Sie ließen sich einteilen in die ökonomischen Ziele der Verbesserung der Leistungs- und der Wettbewerbsfähigkeit sowie in die außerökonomischen Ziele des Strebens nach Unabhängigkeit, Macht, Einfluß und Ansehen, nach sozialer Kompetenz und Umweltverträglichkeit. Zwischen diesen Sachzielen und zwischen ihnen und den Formalzielen bestehen vielfältige konkurrierende, komplementäre und indifferente Beziehungen. Dieses Geflecht hat jedes Unternehmen für sich zu entwirren, Prioritäten sind in Form von Ober- und Unterzielen festzulegen, Unterziele je nach dem gewünschten Ausmaß zur Erreichung der Oberziele zu gewichten. Die *Komplexität der Zielhierarchie* resultiert aus den unterschiedlichen Bedingungen, die für Unternehmensziele gelten: Freiheit des Marktes, Bindungen des Staates und Anforderungen der Natur. In dieser Reihenfolge laufen in der Praxis die Zielsetzungsprozesse ab. Erst sucht man vielversprechende Alternativen, dann berücksichtigt man die eigenen und äußeren Restriktionen und zum Schluß zieht man noch potentielle ökologische Konflikte ins Kalkül. Es ist höchste Zeit, daß diese nachrangige und oft notgedrungene Befassung mit unseren natürlichen Lebensgrundlagen schon vorn einsetzt, damit Ökonomie und Ökologie zum Ausgleich gebracht werden.

Literaturverzeichnis

BAUMGARTNER, TH./RUBIK, F./TEICHERT, V. (1989): Die gegenwärtige Produktpolitik und ihre Umgestaltung mit Hilfe der Produktlinienanalyse, Belfort.

BRAUNSCHWEIG, A./MÜLLER-WENK, R. (1993): Ökobilanzen für Unternehmungen, Bern, Stuttgart und Wien.

DIERKES, M. (1974): Die Sozialbilanz, Frankfurt/Main und New York.

EICHHORN, P. (1974): Gesellschaftsbezogene Unternehmensrechnung, Göttingen.

EICHHORN, P. (1993): Rechnungsziele und Rechnungssysteme in Unternehmen und Verwaltungen, in: Zeitschrift für Betriebswirtschaft, 63. Jg., Heft 9, S. 859-872.

FISCHER-WINKELMANN, W.F. (1980): Gesellschaftsorientierte Unternehmensrechnung, München.

HALLAY U.A. (Hrsg.) (1990): Die Ökobilanz - ein betriebliches Informationssystem, Berlin.

HERMANN, M. (1993): Die betriebsbezogene Ökobilanz, Reutlingen.

HEYMANN, H.-H. (1981): Die Sozialbilanz als Instrument der Unternehmensführung, Frankfurt/Main.

HÖLDER, E. (1991): Wege zu einer Umweltökonomischen Gesamtrechnung, Stuttgart.

MÜLLER, A. (1993): Umweltorientiertes betriebliches Rechnungswesen, München, Oldenburg und Wien.

PIEROTH, E. (Hrsg.) (1978): Sozialbilanzen in der Bundesrepublik Deutschland, Düsseldorf und Wien.

SCHMIDT, H. (Hrsg.) (1982): Humanvermögen, Berlin und New York.

WYSOCKI, K.V. (1981): Sozialbilanzen, Stuttgart und New York.

Mögliche Klimaänderungen und CO_2-Vermeidungsstrategien in Europa

Von Dr. Olav Hohmeyer

Inhaltsübersicht

1. Hintergrund der vom Menschen verursachten Klimaänderungen
   1.1 Naturwissenschaftliche Zusammenhänge
   1.2 Eine neue Problemdimension - Klimawandel und Sustainability
   1.3 Ökonomie und Klimawandel
   1.4 Wer sind die wichtigsten Verursacher der anthropogenen CO_2-Emissionen?

2. Mögliche Auswirkungen von Klimaveränderungen
   2.1 Mögliche Wirkungsbereiche
   2.2 Betroffene Schadensbereiche

3. Minderungsziele für Industrieländer
   3.1 Die Ergebnisse der Enquete Kommission
   3.2 Internationale Gremien und Vereinbarungen
   3.3 Nationale Minderungsziele
      3.3.1 Nationale CO_2-Reduktionsziele der Bundesrepublik Deutschland
      3.3.2 Nationale CO_2-Reduktionsziele in anderen Industrieländern und Minderungsziele der EU

4. Strategien zur CO_2-Minderung
   4.1 Technische Optionen
      4.1.1 Energieträgersubstitution
      4.1.2 Energieeinsparung
      4.1.3 Einsatz nicht fossiler Energieträger
      4.1.4 Fixierung von CO_2 durch Photosynthese
      4.1.5 Technische Rückhaltung von CO_2
   4.2 Ökonomische und umweltpolitische Optionen
      4.2.1 Ökonomische Instrumente
      4.2.2 Ordnungspolitische Instrumente und Fördermaßnahmen
      4.2.3 Joint-Implementation
   4.3 Nationale Strategien
      4.3.1 Das dänische Beispiel
      4.3.2 Nationale CO_2-Steuern
      4.3.3 Die Situation in der Bundesrepublik

4.4 Strategien auf der Ebene der Europäischen Union
4.4.1 Der bisherige Stand der EU-Politik
4.4.2 Elemente einer möglichen CO_2-Vermeidungsstrategie der Europäischen Union

5. Aussichten für eine erfolgreiche CO_2-Emissionsverminderung

Literatur

Seit Ende der 80er Jahre wird die internationale Umweltschutzdiskussion zunehmend von Fragen der möglichen Veränderung des Weltklimas durch den Menschen geprägt. Aufgrund der langen Zeitverzögerung zwischen den Emissionen sogenannter Treibhausgase und deren möglichen klimaverändernden Wirkungen von bis zu 120 Jahren (Verweildauer von Kohlendioxidemissionen in der Atmosphäre) steht die Menschheit vor einer neuen Qualität zu lösender Probleme. Weit bevor mögliche Schäden manifest und zweifelsfrei nachweisbar werden, besteht die Notwendigkeit zu handeln, um Schäden von möglicherweise katastrophalem Ausmaß abzuwenden. Eine solchermaßen Jahrzehnte vorausschauende Handlungsweise ist uns weder durch die Erfahrungen aus unserer Evolutionsgeschichte vertraut noch wird sie durch heute gebräuchliche ökonomische und politische Kalküle unterstützt. Eine erfolgreiche Problemlösung kann daher nur auf der intellektuellen Problemerkenntnis und der Entwicklung und Anwendung neuer ökonomischer und politischer Kalküle basieren. Ob die Menschheit hierzu kollektiv in der Lage sein wird, kann eventuell zu einer Überlebensfrage für Milliarden Menschen werden.

Der folgende Beitrag versucht, zunächst den naturwissenschaftlichen Hintergrund des Klimaproblems kurz zu beleuchten. Er beschreibt dann mögliche Auswirkungen vom Menschen verursachter (anthropogener) Klimaveränderungen, geht auf die zur Zeit bekannten Minderungsziele verschiedener Industriestaaten ein, zeigt Strategien zur Minderung von Treibhausgasemissionen am Beispiel des Kohlendioxids (CO_2) auf und versucht dann eine Einschätzung der Aussichten für eine erfolgreiche CO_2-Emissionsverminderung in Europa.

1. Hintergrund der vom Menschen verursachten Klimaänderungen

1.1 Naturwissenschaftliche Zusammenhänge

Ohne den natürlichen Treibhauseffekt wäre es auf der Erde bei einer mittleren Oberflächentemperatur von minus 18°C sehr ungemütlich. Die heutige Durchschnittstemperatur von ungefähr 14,6°C läßt sich auf die wärmeabsorbierende Eigenschaft der sogenannten Treibhausgase zurückführen, wobei Wasserdampf zur Erwärmung 20,6°C, Kohlendioxid 7,2°C, troposphärisches Ozon 2,4°C, Distickstoffoxid 1,4°C und Methan 0,8°C beitragen. Den Rest machen Spurengase einschließlich der Fluorchlorkohlenwasserstoffe (FCKW) aus (siehe Enquete-Kommission, 1991, Band 1, SP. 139). Diese Gase sind für einfallende kurzwellige infrarote Strahlung, die die Eroberfläche erreicht und wärmt, relativ durchlässig. Die selben Gase absorbieren jedoch die Wärme der von der Erdoberfläche abgegebenen langwelligen infraroten Strahlung relativ effizient. Dies hat einen ähnlichen Effekt wie die Glaswände eines Treibhauses, daher der in Analogie gewählte Name (siehe Abbildung 1).

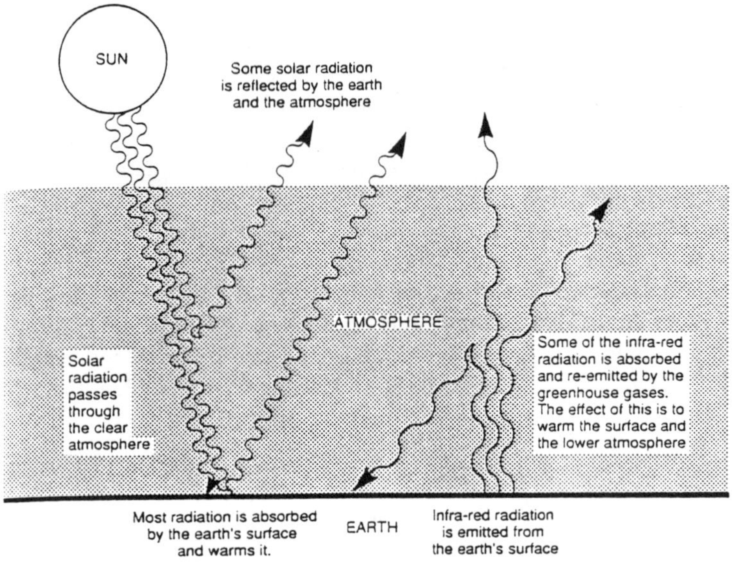

Abbildung 1: Der Treibhauseffekt (Quelle: IPCC 1990, SP. XIV)

Die zunehmenden Konzentrationen der Treibhausgase in der Atmosphäre aufgrund der anthropogenen Emissionen verstärken den natürlichen Treibhauseffekt, indem die Wärmeabsorption der Atmosphäre erhöht wird. Wissenschaftler sind sich einig, daß dies zu steigenden Durchschnittstemperaturen führen wird, solange mehr und mehr Treibhausgase in die Atmosphäre emittiert werden (vgl. z.B. Wetherald 1991, SP. 16f). Es wird erwartet, daß es insgesamt zu einer Veränderung des Weltklimas kommen wird (vg. z.B. Enquete-Kommission 1995, SP. 40f).

Die Treibhausgasemissionen steigen aus einer Reihe von Gründen. Der wichtigste ist die Verbrennung von fossilen Brennstoffen. Andere Gründe sind die intensive Landwirtschaft, die Produktion von FCKWs und die Brandrodung großer Waldflächen. Tabelle 1 auf der nächsten Seite gibt eine ausführlichere Auflistung der anthropogenen Quellen von Treibhausgasemissionen.

Nach Abschätzungen des Intergovernmental Panel on Climate Change (IPCC) wird Kohlendioxid bei unverändertem Verbrauchsverhalten während der nächsten 100 Jahre zu 61% an der anthropogen verursachten globalen Erwärmung beteiligt sein (vgl. IPCC 1990, SP. XXI). Die Anteile der anderen Teibhausgase gehen aus Abbildung 2 hervor.

1. Kohlendioxid (CO_2)
   - Verbrennung fossiler Energieträger
   - Entwaldung/Landnutzung
2. Methan (CH_4)
   - Reisanbau
   - Viehzucht
   - Biomasseverbrennung
   - Erdgasleckagen
3. Fluorchlorkohlenwasserstoffe (FCKWs)
   - Treibgase in Spraydosen
   - Schäummittel für Kunststoffe
   - Kühlmittel
   - Reinigungsmittel
4. Troposphärisches Ozon als Ergebnis photochemischer Reaktionen folgender Gase in der Atmosphäre
   - Kohlenmonoxid (aus der Verbrennung fossiler Brennstoffe)
   - Methan (Quellen wie in 2.)
   - höhere flüchtige organische Verbindungen (aus verschiedenen Anwendungsbereichen)
5. Distickstoffoxid (N_2O)
   - Einsatz von Stickstoffdünger
   - Verbrennung fossiler Energieträger
   - Landerschließung für landwirtschaftliche Zwecke

Tabelle 1: Anthropogene Quellen von Treibhausgasemissionen
Quelle: Tabelle in Anlehnung an Wigley, 1990, SP. 93

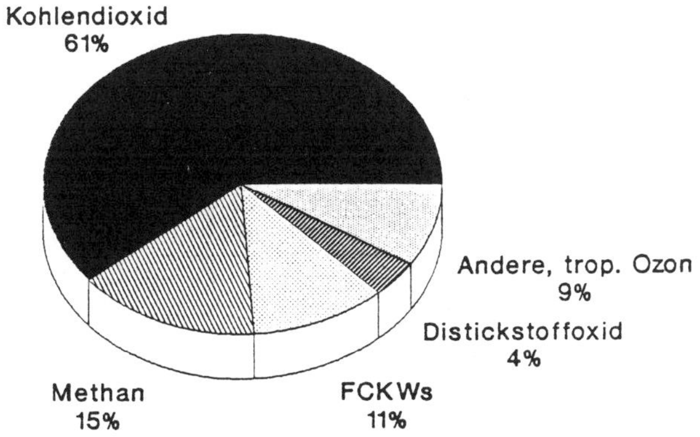

Abbildung 2: Relative Anteile anthropogener Treibhausgasemissioen an der globalen Erwärmung in den nächsten 100 Jahren im Basisfall
Quelle: IPCC, 1990, SP. XXI

Seit Anfang der industriellen Revolution zeigen internationale Temperaturaufzeichnungen einen deutlichen Trend in Richtung auf ansteigende Temperaturen (siehe Abbildung 3). Der Temperaturanstieg seit 1860 beträgt ca. 0,3°C entsprechend einem mittleren Temperaturanstieg von 14,3°C auf 14,6°C im Jahre 1985. Der Trend wird durch verschiedene Quellen belegt (z.B. IPCC, 1990; Hulme, 1991; Enquete-Kommission 1991). Es ist jedoch noch immer nicht möglich, diesen Trend endgültig von zyklischen Veränderungen der Temperatur zu trennen, die durch externe Einflüsse wie durch Vulkanausbrüche oder Schwankungen in der Sonneneinstrahlung verursacht werden können (vgl. z.B. Enquete-Kommission 1995, SP. 56).

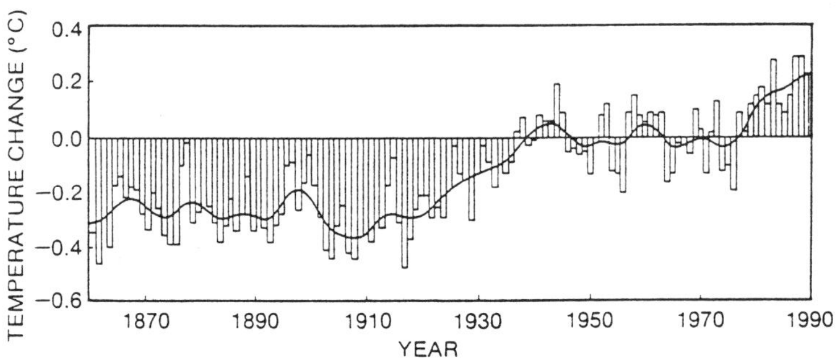

Abbildung 3: Temperaturanstieg seit der industriellen Revolution
Quelle: IPCC, 1990, S. XXIX

Seit der industriellen Revolution hat sich die Konzentration von CO_2 in der Atmosphäre drastisch erhöht. In den letzten 1000 Jahren vor der industriellen Revolution war das Konzentrationsniveau mit ca. 280 ppmv (parts per million als Volumenanteile gerechnet) relativ konstant. Bis 1990 ist diese Konzentration in wenig mehr als 100 Jahren auf 353 ppmv angestiegen (vgl. Enquete-Kommission 1995, S. 24). Dieses Niveau ist höher als zu irgendeiner Zeit in den letzten 160000 Jahren. Durch die derzeitigen Emissionen von ca. 20 Milliarden Tonnen CO_2 pro Jahr aufgrund menschlicher Aktivitäten steigt die CO_2-Konzentration in der Atmosphäre zur Zeit jährlich um ca. 1,8%. Das IPCC (vgl. IPCC 1990) rechnet damit, daß sich ohne Maßnahmen zur Reduktion der spezifischen CO_2-Emissionen die Konzentration in der Atmosphäre bis zum Jahr 2050 gegenüber dem Stand vor der industriellen Revolution verdoppeln wird. Bis zum Jahr 2100 käme es ohne entsprechende Maßnahmen zu einer Verdreifachung des CO_2-Gehalts der Atmosphäre. Für die meisten anderen Treibhausgase wird von einer ähnlichen Erhöhung der Konzentration ausgegangen. Abbildung 4 zeigt den angenommenen Verlauf der CO_2-Emissionen nach den vier verschiedenen Szenarien des IPCC bis zum Jahr 2100 und die resultierende Entwicklung der CO_2-Konzentration in der Atmosphäre.

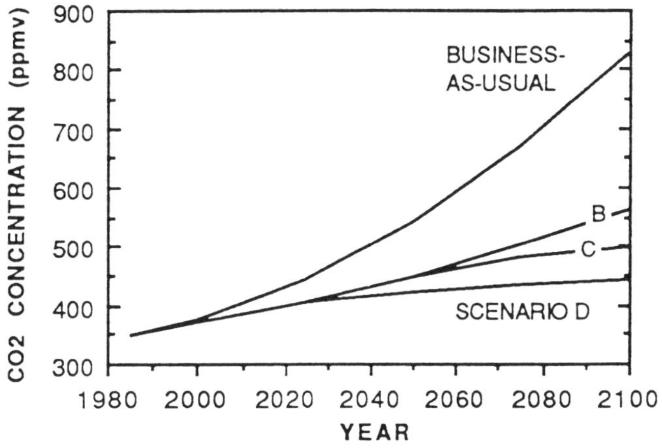

Abbildung 4: Angenommener Verlauf der CO_2-Emissionen entsprechend der vier Szenarien des IPCC bis zum Jahr 2100 und die resultierende Entwicklung der CO_2-Konzentration
Quelle: IPCC, 1990

Insgesamt muß betont werden, daß zwar kein Zweifel an der Existenz eines Treibhauseffekts im physikalischen Sinne besteht, daß aber Aussagen über mögliche Auswirkungen des Klimawandels aufgrund der großen Komplexität der verschiedenen Wechselwirkungen in der Atmosphäre erhebliche Unsicherheiten aufweisen.

1.2 Eine neue Problemdimension - Klimawandel und Sustainability

Wie bereits einleitend thematisiert handelt es sich beim vom Menschen verursachten Klimawandel um ein Umweltproblem neuer Qualität. Gelingt es nicht das Problem zu lösen, so ist eine dauerhaft umweltgerechte Entwicklung im Sinne der Brundtland Kommission (vgl. Hauf 1987, S.46), der Rio Konvention (vgl. BMU o.J., S.9) oder des Rates der Sachverständigen für Umweltfragen (vgl. SRU 1994) grundlegend gefährdet. Der anthropogen verursachte Treibhauseffekt steht prototypisch für Umweltprobleme, die die ökologischen Grundlagen des langfristigen Überlebens der Menschheit gefährden können. Es soll im folgenden daher das in letzter Zeit weiterentwickelte Konzept einer dauerhaft-umweltgerechten Entwicklung (Sustainable development) kurz erläutert werden.

Die Vorstellung, daß es notwendig ist, einen neuen Pfad für die globale ökonomische Entwicklung zu finden, weil die derzeitige Entwicklungsstrategie auf Dauer die Grundlagen des Überlebens der Menschheit gefährdet, ist seit der Veröffentlichung des Berichts 'Die Grenzen des Wachstums' durch den Club of Rome (Meadows et al. 1972) diskutiert worden. Die Vorlage des sogenannten Brundtland-Berichts der Weltkommission für Umwelt und Entwicklung (WECD) im Jahr 1987 (Unsere gemeinsame Zukunft, Hauf 1987) hat diese Gedanken neu belebt. Durch den Brundtland-Bericht wurde auch das Konzept eines 'Sustainable Developments' popularisiert. Es wird dort definiert als '*Entwicklung, die die Bedürfnisse der Gegenwart befriedigt, ohne zu riskieren, daß künftige Generationen ihre eigenen Bedürfnisse nicht befriedigen können*' (Hauf 1987, SP. 46). Auch die UNCED-Konferenz von Rio 1992 hat in der Präambel des von ihr verabschiedeten Aktionsprogramms Agenda 21 den Begriff des Sustainable Developments aufgegriffen (vgl. BMU o.J., SP. 9). Der Rat der Sachverständigen für Umweltfragen hat die Problematik in seinem neusten Gutachten aufgegriffen und den Begriff des Sustainable Development als dauerhaft-umweltgerechte Entwicklung übersetzt (SRU 1994, Tz 6). Dieser Begriff soll im folgenden als sinngemäß beste Übersetzung von 'Sustainable Development' verwendet werden. Insgesamt läßt sich feststellen, daß bei vielen Akteuren Einigkeit darin besteht, daß eine entsprechende Entwicklung angestrebt werden muß, um ein dauerhaftes Überleben der Menschheit zu sichern.

Allerdings ist der Begriff, wie er von der WCED geprägt worden ist, so noch nicht operational. Wir können daher aus diesem Konzept noch keine direkt umsetzbaren Forderungen an die Ausgestaltung einer entsprechenden Entwicklung ableiten. Klar ist allerdings, daß schon die WCED zwei Forderungen nach intragenerativer und intergenerativer Gerechtigkeit aufgestellt hat, die konstitutiv für eine weitere Operationalisierung des Begriffs sein müssen (vgl. Rennings 1994, SP. 13). Zur besseren Operationalisierung des Begriffs haben sich inzwischen vor allem die von Pearce und Turner (1990) unterbreiteten Managementregeln durchgesetzt, welche für die Realisierung einer dauerhaft-umweltgerechten Entwicklung beachtet werden sollten (Pearce und Turner 1990, SP. 43 nach Rennings 1994, SP. 17):

- *'Die Abbaurate bei erneuerbaren Ressourcen darf ihre Regenerationsrate nicht überschreiten.*
- *Erschöpfbare Ressourcen dürfen nur dann abgebaut werden, wenn gleichwertige Alternativen geschaffen werden, d.h. wenn sie durch technischen Fortschritt, Realkapital und/oder erneuerbare Ressourcen ersetzt werden können.*
- *Emissionen dürfen die natürlichen Aufnahmekapazität der Umwelt nicht überschreiten'.*

Der Sachverständigenrat für Umweltfragen (SRU 1994, Tz 12) ergänzt diese Regeln dann noch um den Gesundheitsschutz, um zu einem umfassenden operationalen Konzept einer dauerhaft-umweltgerechten Entwicklung zu kommen.

Die vom Menschen hervorgerufenen Veränderungen des Weltklimas sind ein klares Beispiel für einen Verstoß gegen diese Grundregeln für eine dauerhaft-umweltgerechte Entwicklung. Die Emissionen von Treibhausgasen überschreiten klar die natürliche Aufnahmekapazität der Erdatmosphäre. Hierbei definiert sich diese Kapazität als diejenige, die ausgeschöpft werden kann, ohne das globale Klimasystem erheblich aus seinem derzeitigen dynamischen Gleichgewicht zu bringen. Geht man von dem derzeitigen

Stand des Wissens um die Klimabeeinflussung durch anthropogene Treibhausgasemissionen aus, so dürften anstelle der zur Zeit im Schnitt der Weltbevölkerung emittierten 4 t CO_2/cap nur maximal 2 t CO_2/cap emittiert werden. Dies fordert unter anderem das IPCC (1990) und die Enquete-Kommission des Bundestages (1995). In bezug auf Industrieländer wie die Bundesrepublik Deutschland heißt dies, daß unsere CO_2-Emissionen pro-Kopf von 11,3 t/a das schadlos aufnehmbare CO_2-Volumen um mehr als das Fünffache übersteigen. Unabhängig von der Schwere möglicher Folgeschäden ist aufgrund unseres derzeitigen Wissens klar, daß wir im Bereich der Emissionen von Treibhausgasen die Grenzen des globalen ökologischen Systems für eine dauerhaft umweltgerechte Entwicklung bereits deutlich überschritten haben.

1.3 Ökonomie und Klimawandel

Aufgrund des großen zeitlichen Abstands zwischen schadensverursachenden Emissionen von Treibhausgasen und dem Eintritt der Schadensereignisse, ist es nicht möglich, eine Problemlösung ausschließlich Marktmechanismen zu überlassen. Heute ist weder das genaue Ausmaß der zur Zeit schon induzierten Langzeitschäden bekannt, noch sind die geschädigten zukünftigen Generationen am Marktprozeß beteiligt. Es kommt hinzu, daß eine rein ökonomische Bewirtschaftung der als knapp erkannten globalen Absorptionskapazitäten auf der Basis der heutigen internationalen Einkommensverteilung die internationalen Verteilungsprobleme deutlich verschärfen würde. Ökonomie und Politik müssen vier grundlegende Aufgaben lösen, bevor die Rahmenbedingungen es Marktprozessen überhaupt erlauben, sinnvolle Allokationswirkung zu entfalten. Werden diese Rahmenbedingungen für das funktionieren der Märkte nicht gesetzt, gefährden unkontrollierte Fehlallokationen eine dauerhaft umweltgerechte Entwicklung und damit wahrscheinlich auch das Überleben der Menschheit. In bezug auf die CO_2-Problematik kann man diese vier Aufgaben der Rahmensetzung so beschreiben:

- Zunächst muß sichergestellt werden, daß das ökonomische System in seinen umweltrelevanten Auswirkungen die Kapazität des globalen ökologischen Systems nicht überschreitet. Dies erfordert, daß die Konzentration von CO_2 in der Atmosphäre langfristig unterhalb von 500 oder möglichst sogar 450 ppmv bleibt (vgl. Enquete Kommission 1995)
- Dann ist zu gewährleisten, daß alle Generationen einen gerechten Zugang zu den globalen Umweltressourcen bekommen. Dies bedeutet eine Reduktion der jährlichen anthropogenen CO_2-Emissionen von heute 20,5 auf 10 Gt (Giga Tonnen).
- Weiter ist ein international gerechter Zugang zu den globalen Umweltressourcen zu gewährleisten. Basiert man das entsprechende Verteilungskonzept auf dem Gleichheitsgrundsatz der UN-Deklaration der Menschenrechte, so bedeutet dies für CO_2 die Zubilligung von Emissionsrechten in Höhe von ca. 2 t CO_2/a pro Kopf der Bevölkerung (des Jahres 1990). Dieser grundsätzliche Ansatz kann besonderen klimatischen Umständen einzelner Regionen und einer steigenden Weltbevölkerung angepaßt werden.

- Darüber hinaus sind die bisher nicht in den Preisen enthaltene Umweltkosten, die innerhalb dieser Grenzen (Konzentration kleiner als 500 ppmv, jährliche Emissionen maximal 10 Gt global, pro-Kopf Emissionen 2 t CO_2/a verursacht werden (externe Kosten), mit geeigneten Maßnahmen zu internalisieren.

Erst wenn diese Bedingungen erfüllt sind, kann die notwendige Allokation von verfügbaren Emissionsrechten über Preise vermittelt und über Märkte realisiert werden. Um den geschilderten Anforderungen gerecht zu werden, erscheint es dem Autor notwendig, die grundlegenden Paradigmen der neoklassischen Wohlfahrtstheorie grundlegend zu überdenken und durch Paradigmen im Sinne der oben gemachten Ausführungen zu ersetzen. Diese neuen Paradigmen sollten besser zur Lösung der angesprochenen Problem in der Lage sein. Nur dann ist ein entsprechender Paradigmawechsel sinnvoll und für die Zukunft auch zu erwarten. Entsprechende Ansätze aus dem Bereich der ökologischen Ökonomie finden sich z.B. schon bei Daly (1991) oder Constanza (1991). Um den Rahmen des Beitrags nicht zu sprengen, kann die Diskussion um einen Paradigmawechsel in der ökonomischen Theorie hier nur angerissen, aber nicht weiter vertieft werden.

1.4 Wer sind die wichtigsten Verursacher der anthropogenen CO_2-Emissionen?

Die anthropogenen CO_2-Emissionen von 21,5 Gt im Jahr 1990 wurden zu ca. drei Vierteln von den Industrieländern einschließlich der ehemaligen Staatshandelsländer emittiert (vgl. Enquete-Kommission 1994, SP. 69). Die OECD alleine emittierte ca. 48% (10,4 Gt) der Gesamtemissionen, verbrauchte damit alleine schon die geschätzte jährliche Gesamtaufnahmekapazität der Erdatmosphäre. Wie Tabelle 2 zeigt, waren die USA 1990 das Land mit den mit Abstand höchsten absoluten Emissionen (5,04 Gt) und führten auch die Liste der Länder mit den höchsten pro-Kopf Emissionen an. Die 20 t/a pro Kopf der Bevölkerung liegen ziemlich genau bei dem Zehnfachen, des dauerhaft umweltgerechten Wertes von 2 t/a. Rußland kommt bei einem sehr viel schlechteren Lebensstandard der Bevölkerung schon auf pro-Kopf Emissionen von ca. 16 t/a und Gesamtemissionen von 2,36 Gt/a.

	Mio. t CO_2	t CO_2 pro Kopf und Jahr
USA	5 040	20
Rußland	2 360	16
China	2 320	2,0
Japan	1 060	8,5
Deutschland [a])	990	12
Ukraine	660	13
Indien	610	0,7
Vereinigtes Königreich	600	10
Kanada	440	16
Italien	410	7,1
Frankreich	380	6,6
Südafrika	360	9,1
Polen	360	9,4
Mexiko	320	3,6
Australien	270	15
Südkorea	240	5,4
Kasachstan	230	14
Spanien	230	5,9
Brasilien	220	1,4
CSFR	210	13
Iran	210	3,4
Saudi Arabien	210	13
Niederlande	180	12
Rumänien	170	7,3

[a]) Vereintes Deutschland

Tabelle 2: Die größten CO_2-Emittenten weltweit
Quelle: Enquete-Kommission 1995, SP. 117

An dritter Stelle der absoluten CO_2-Emissionen folgt dann schon China mit 2,32 Gt, das 1990 gerade pro-Kopf Emissionen von 2 t/a aufwies. Das vereinigte Deutschland ist mit 0,99 Gt/a der fünftgrößte CO_2-Emittent der Welt und weist pro-Kopf Emissionen von 12 t/a auf, dem sechsfachen des auf Dauer umweltverträglichen Emissionswert.

2. Mögliche Auswirkungen von Klimaveränderungen

Für die im folgenden angesprochenen möglichen Schadenswirkungen wird von dem Basisszenario des IPCC (IPCC, 1990) (Szenario A) ausgegangen, daß eine Weiterentwicklung der Emissionen entsprechend dem derzeitigen Trend ohne CO_2-Minderungsmaßnahmen unterstellt. Dieses Szenario wird von Klimatologen weltweit als Basis von Klimasimulationen verwendet, die es mit Hilfe aufwendiger globaler Klimamodelle erlauben, die globale und regionale Entwicklung des Weltklimas über einen längeren Zeitraum zu simulieren und bedingte Prognosen zu machen. Das IPCC hat in seinem Bericht von 1990 auch analysiert, wie sich die wichtigsten Wirkungsbereiche des Klimas aufgrund vier verschiedener Szenarien der Emissionsentwicklung verändern werden, die vom Basisszenario A (ohne Gegenmaßnahmen) bis zum forcierten Reduktionsszenario D reichen, das eine absolute Reduktion der CO_2-Emissionen der Industrieländer um 80% unterstellt. Diese Ergebnisse basieren auf der Einbeziehung der wichtigsten internationalen Klimamodelle und stellen einen wahrscheinlichen Korridor für konservative Abschätzungen möglicher Auswirkungen dar. Die Ergebnisse des IPCC zu den verschiedenen Wirkungsbereichen wie globale Termperaturerhöhung, Anstieg des Meeresspiegels und verstärkte Verdunstung bilden den Ausgangspunkt der weiter unten abgeschätzten Schadenswirkungen.

Die vom IPCC prognostizierte globale Temperaturerhöhung ist im Vergleich zu den Ergebnissen der internationalen Klimamodelle als vorsichtige Schätzung einzustufen. Für eine Verdopplung der CO_2-Konzentration in der Atmosphäre gegenüber dem vorindustriellen Niveau von 280 ppmv (nach Szenario A der IPCC ca. im Jahr 2050 erreicht) wird ein Temperaturanstieg um 1,5 bis 4,5°C mit einem besten Schätzwert von 2,5°C angenommen (siehe IPCC, 1990, SP. XXV). Die Vorhersagen der globalen Zirkulationsmodelle (GCMs) liegen nach Angaben von Wiegley (1990, Sp.102) im Bereich von 1,9 bis 5,2°C. Abbildung 5 zeigt die vom IPCC prognostizierte Termperaturerhöhung auf der Basis des Szenarios A (weitere Entwicklung ohne CO_2-Reduktionsmaßnahmen). Für das gleiche Szenario wird bei einer Verdopplung der CO_2-Konzentration ein Anstieg der Meeresspiegel von 18 bis 50 cm vorhergesagt.

Insgesamt muß betont werden, daß zwar kein Zweifel an der Existenz eines Treibhauseffekts im physikalischen Sinne besteht, daß aber die Ergebnisse globaler Klimamodelle aufgrund der großen Komplexität der verschiedenen Wechselwirkungen in der Atmosphäre erhebliche Spannweiten aufweisen. Muß man aufgrund der zeitlichen Struktur des Problems auf der Basis unsicherer Ergebnisse vorläufige Handlungsempfehlungen geben, so erscheint eine Orientierung an den Ergebnissen des IPCC der tragfähigste Ansatz zu sein. Da CO_2 eine mittlere Verweildauer von ca. 120 Jahren in der Atmosphäre hat, ist im Fall des Treibhauseffekts ein Handlungsbedarf weit vor dem Eintreten schwerwiegender Schäden gegeben. Das IPCC geht davon aus, daß eine Reduktion der Treibhausgasemmissionen entsprechend dem Szenario D notwendig ist, um gravierende langfristige Klimaveränderungen weitgehend zu verhindern. Dieses Szenario unterstellt eine Reduktion der Emissionen der Industrieländer bis zum Jahr 2050 um 80% gegenüber den absoluten Emissionen von 1987 und läßt lediglich eine Steigerung der Emissionen der Entwicklungsländer um 70% für den gleichen Zeitraum zu (siehe hierzu auch Enquete-Kommission, 1991, Band 1, SP. 71).

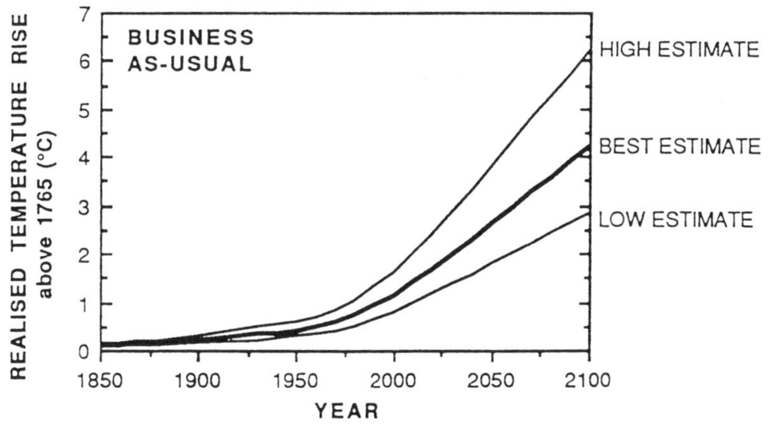

Abbildung 5: Vom IPCC auf der Basis des Szenarios A (Business as usual) prognostizierte Anstiege der Temperatur und des Meeresspiegels bis zum Jahr 2100
Quelle: Houghton, 1991, SP. 41

2.1 Mögliche Wirkungsbereiche

Wenn man von den Vorhersagen der IPCC für eine Verdopplung und Verdreifachung der CO_2-Konzentration in der Erdatmosphäre und eine entsprechende Entwicklung der übrigen Treibhausgase ausgeht, so kann man mögliche Auswirkungen für sieben große Wirkungsbereiche identifizieren und ihre Größenordnungen abschätzen. Dies sind:

- eine Erhöhung der globalen Durchschnittstemperatur und ihre Folgeeffekte
- ein Anstieg des Meeresspiegels und seine Auswirkungen
- eine Veränderung der Struktur der Niederschläge
- eine Erhöhung der Verdunstung
- eine Veränderung des Wasserablaufs aus Niederschlägen
- eine Veränderungen der Sturmaktivitäten und
- eine Zunahme von Dürreperioden.

Bei einer Verdopplung der Konzentration der Treibhausgase in der Atmosphäre wird für die folgenden Berechnungen von einem Temperaturanstieg um ca. 2,5°C ausgegangen. Diese und die folgenden Annahmen beruhen auf Schätzungen des IPCC (1990). Sie sind in Hohmeyer und Gärtner (1992) näher erläutert worden. Aus der Temperaturerhöhung resultiert eine Verschiebung der globalen Klimazonen um ca. 360 km polwärts. Es ist mit Auswirkungen auf Ökosysteme, die Landwirtschaft und die menschliche Gesundheit zu rechnen.

Es wird ferner ein Anstieg der Meeresspiegel um ca. 20 cm angenommen, der Auswirkungen auf Ökosysteme im Küstenbereich, die küstennahe Landwirtschaft durch Verlust von hoch produktivem Ackerland, die Versalzung küstennaher Grundwasservorräte, den Verlust von Infrastruktureinrichtungen und nicht beweglichen privaten Kapitalgütern und den Lebensraum vieler in Küstennähe lebender Menschen haben wird.

Für die Niederschläge in den gemäßigten Breiten (35°-55°N) wird eine Abnahme um 5-15% im Sommer und eine Zunahme um 10-20% im Winter erwartet. Weltweit geht man von Mengenveränderungen zwischen 3 und 15% aus. Besonders schwerwiegend dürfte sich die Konzentration der Niederschläge auf kurze intensive Regenperioden bei länger werdenden Trockenperioden auf die Landwirtschaft in den gemäßigten Breiten auswirken. Die veränderte Niederschlagsneigung und -struktur hat darüber hinaus im wesentlichen Auswirkungen auf Ökosysteme, die Möglichkeiten der Bewässerung landwirtschaftlicher Flächen, die Erzeugung von Elektrizität aus Wasserkraft und die Wasserversorgung.

Im Bereich der Verdunstung wird weltweit ein Anstieg von 3-15% angenommen. Die Veränderung der Verdunstung wirkt sich auf die gleichen Bereiche aus wie die Veränderung der Niederschläge.

Im Bereich des Wasserablaufs (run off) wird global von einem sommerlichen Rückgang um ca. 18% ausgegangen. Der in Folge der Kombination von längeren Trockenperioden mit kurzen aber sehr heftigen Niederschlägen und daraus folgender geringerer direkter Regenwasseraufnahme durch den Boden verursachte stärkere Ablauf von Regenwasser führt zu erheblich steigenden Bodenerosionen. Im übrigen wirkt sich auch der veränderte Wasserablauf auf die gleichen Bereiche aus wie die veränderten Niederschläge.

Die globalen Sturmaktivitäten werden sich in ihren Zugbahnen mit der Verlagerung der Klimazonen voraussichtlich um ca. 360 km polwärts verschieben. Es wird von einer Zunahme der Sturmstärken um 40-50% ausgegangen. Auswirkungen sind sowohl auf verschiedene Ökosysteme, die Land- und Forstwirtschaft, die Infrastruktur und nicht beweglich Kapitalgüter als auch auf den Menschen direkt zu erwarten. Aus dem Bereich der Versicherungswirtschaft werden für die letzten Jahre schon erhebliche Zunahmen der Sturmschäden gemeldet, die ein zuvor nicht gekanntes Ausmaß erreicht haben (vgl. Berz 1993, zitiert nach Umweltbundesamt 1994).

Es wird davon ausgegangen, daß eine Verdopplung der Konzentration der Treibhausgase auch zu einer Zunahme von Dürreperioden um ca. 500% führen wird. Diese Entwicklung wird zu einer Ausweitung vorhandener Wüsten, der Schädigung verschiedenster Ökosysteme, Ernteausfällen in der Landwirtschaft und zu lokalen und regionalen Wasserknappheiten führen (vgl. Hohmeyer und Gärtner 1992).

2.2 Betroffene Schadensbereiche

Insgesamt läßt sich feststellen, daß zur Zeit sechs im wesentlichen betroffene Schadensbereiche der zu erwartenden Klimaveränderungen gesehen werden:
- die Schädigung von Ökosystemen
- Schäden in der landwirtschaftlichen Produktion
- Verschlechterungen im Bereich der Wasserresourcen mit
    - -- Beeinträchtigung der Grundwasserqualität im Küstenbereich
    - -- Beeinträchtigungen im Bereich der Bewässerung
    - -- Rückgang regionaler und saisonaler Wasserreserven
    - -- Rückgang der Wasserkrafterzeugung
- Schäden an Infrastruktur und Kapitalgütern
- Gesundheitsschäden und
- direkte Beeinträchtigungen von Menschen durch Überflutung ihrer Lebensräume.

Ökosysteme werden generell durch die sehr schnelle Verschiebung von Klimazonen, durch veränderte Niederschlags- und Verdunstungsneigungen, durch verstärkte Sturmaktivitäten und durch verlängerte und zusätzliche Dürreperioden geschädigt. Darüber hinaus werden küstennahe Ökosysteme vom generellen Anstieg des Meeresspiegels und zusätzlichen Sturmfluten und Überschwemmungen beeinträchtigt. Es kann damit gerechnet werden, daß Ökosysteme, denen durch eine Verdopplung der Treibhausgaskonzentrationen ein Wanderungstempo von mehr als 5 km pro Jahr abverlangt wird, nur viel langsamere natürliche Wanderungsgeschwindigkeiten realisieren können. Im Fall von Waldökosystemen liegen die natürlichen Wanderungsgeschwindigkeiten bei 0,01 bis 0,2 km pro Jahr (vgl. Peters, 1990, SP. 22). Steht die erforderliche Anpassungszeit nicht zur Verfügung, so wird eine Veränderung zum Verlust höherwertiger Ökosysteme (z.B. Wald) und dem Ersatz durch geringerwertige Ökosysteme (Steppe oder Savanne) führen (vgl. IPCC, 1990, SP. 296-297). Der Verlustes ganzer Ökosysteme kann auch zum Verlust von Tier- und Pflanzenarten führen, die für ihr Überleben auf die verlorenen Ökosysteme angewiesen sind. Insgesamt ist mit einer Reduktion der Artenvielfalt zu rechnen.

Im Bereich küstennaher Ökosystem werden diese durch den Anstieg des Meeresspiegels und Überschwemmungen im Zusammenhang mit zunehmenden Sturmaktivitäten an Raum verlieren und weiter landeinwärts abgedrängt, wo sie in der Regel stärker mit menschlicher Nutzung der gleichen Gebiete konkurrieren werden. Dies dürfte zur Folge haben, daß viele küstennahe Ökosysteme schwer beeinträchtigt werden oder gar ganz verschwinden. Eine detaillierte Abschätzung der Schäden an Ökosystemen erscheint zur Zeit kaum möglich.

Schäden im Bereich der landwirtschaftlichen Produktion entstehen durch die zu erwartende Temperaturerhöhung, Überflutungen im Küstenbereich, die zu einem Verlust von ca. 90 Millionen Hektar fruchtbarem Ackerland führen dürften, durch die reduzierte Verfügbarkeit von Bewässerungsressourcen, durch verstärkte Erosion landwirtschaftlicher Böden aufgrund veränderter Niederschlagsmuster, zunehmende Dauer und Häufigkeit von Dürreperioden, Ausdehnung von Wüsten sowie Sturm- und Unwetterschäden.

Bei einer Verdopplung der Konzentration der Treibhausgase in der Atmosphäre geht Parry (1990, SP. 87-89) von einem Rückgang der Getreideproduktion in den USA um 10 bis 30% aus. Auch für Kanada und Frankreich werden ähnliche Rückgänge prognostiziert. Bei diesen Ländern handelt es sich um die drei bedeutendsten Getreideexporteure der Welt, die zusammen ca. 75% der weltweiten Getreideexporte bereitstellen. Es wird angenommen, daß ein zehnprozentiger Rückgang der inländischen Produktion in diesen Ländern zu einem siebzigprozentigen Rückgang der Exporte führt (Parry, 1990, SP. 89). Insgesamt ergäben sich für die drei Länder reduzierte Getreideexporte in Höhe von gut 100 Millionen Tonnen pro Jahr. Dies entspricht mehr als 50% des derzeitigen weltweiten Getreideexports. Weniger als 10% dieser Verluste scheinen durch erhöhte landwirtschaftliche Erträge in Ländern kompensiert werden zu können, die von den Klimaveränderungen positiv betroffen sein werden. Aufgrund der prognostizierten landwirtschaftlichen Produktionsrückgänge in den Exportländern werden vor allem Getreide importierende Länder von diesem Produktionsrückgang betroffen sein. Es muß davon ausgegangen werden, daß die knapper werdenden Exportmengen zu stark steigenden Preisen an den internationalen Märkten führen werden. Da aber auch eine große Zahl reicherer Länder Nettoimporteure von Getreide sind (z.B. Japan) werden diese zahlungskräftigen Käufer arme Importländer weitgehend verdrängen. Zur Zeit sind von ca. 170 Ländern weltweit nur 20 Länder Nettoexporteure von Getreide. Berücksichtigt man ferner, daß die große Mehrzahl der armen Länder aufgrund der Klimaveränderungen Rückgänge in der eigenen landwirtschaftlichen Produktion verzeichnen wird, so kann die Ernährungslage eines erheblichen Teils der Weltbevölkerung bedrohlich werden. Überschlagsrechnungen lassen vermuten, daß bis zum Jahr 2050 zusätzlich 500 bis 1000 Millionen Menschen an Unterernährung aufgrund von Klimaveränderungen sterben könnten (vgl. Hohmeyer und Gärtner, 1992, SP. 31-32). Angenommen wird hierbei, daß die zusätzlichen spezifischen Erträge pro Hektar, die durch Fortschritte in der Landwirtschaft erzielt werden können lediglich ausreichen werden, um den Zuwachs der Weltbevölkerung im gleichen Zeitraum zu kompensieren (vergleiche Daily und Ehrlich, 1990, SP. 232-244). Die direkten Schäden in der Landwirtschaft durch Einnahmeausfälle erscheinen im Vergleich zu den drohenden zusätzlichen Hungersnöten von geringer Bedeutung zu sein.

Es bleibt zu klären, inwieweit die befürchtete Entwicklung durch Maßnahmen zur Steigerung der landwirtschaftlichen Produktivität und durch Nutzung zusätzlicher Landflächen, die das zukünftige Bevölkerungswachstum übersteigen, kompensierte werden kann. Es ist allerdings auch möglich, daß gerade eine weitere Intensivierung der Landwirtschaft Errosionsentwicklungen weiter verstärkt, und damit langfristig die landwirtschaftliche Produktion aufgrund drastischer Rückgänge in der verfügbaren Anbaufläche sogar zum Sinken verurteilt ist.

Verschlechterungen in der Verfügbarkeit von Wasserresourcen treffen gleichzeitig verschiede Wirkungsbereiche. Im Küstenbereich wird die Grundwasserqualität durch den steigenden Meeresspiegel und die daraus resultierende zunehmenden Versalzung küstennaher Grundwasserreserven beeinträchtigt. Hierdurch werden die Kosten der Wassergewinnung für die Trinkwasserversorgung und Bewässerung landwirtschaftlich genutzter Flächen in diesen Regionen voraussichtlich deutlich steigen. Fehlende Niederschläge gerade in den Sommermonaten werden in vielen betroffenen Bereichen zu

Ausfällen in der landwirtschaftlichen Produktion führen. Aber auch die veränderte jahreszeitliche Verteilung der Niederschläge, mit einer stärkeren Konzentration des Wasserabflusses im Winter und Frühjahr wird zu erheblichen Problemen in der Verfügbarkeit von Bewässerungsreserven im Sommer führen. Nach Mimikou (Mimikou et al., 1991, SP. 138) würde ein Temperaturanstieg von 4°C in den Wintermonaten in Zentralgriechenland zu einer Erhöhung des Winterabflusses um 23% durch Rückgang der Wasserspeicherung in der Schneedecke und zu einer Abnahme des Sommerabflusses um 48% führen. Letzterer ist aber für die Wasserversorgung im Griechenlands im Sommer von großer Bedeutung. Ähnliches gilt für die Rocky Mountains in Nordamerika oder die Snowy Mountains in Australien. Insgesamt ist auch mit einem Rückgang der Wasserkrafterzeugung durch reduzierten nutzbaren Wasserabfluß um ca. 15-20% zu rechnen. Dies entspricht einem Rückgang um 300-400 TWh pro Jahr.

Die Verknappung der sommerlichen Bewässerungsresourcen dürfte in den USA mittelfristig mit einer fortschreitenden Erschöpfung der zur Zeit gerade im mittleren Westen zur Bewässerung stark genutzten eiszeitlichen Aquifere (unterirdischer Wasserspeicher) zusammenfallen, so daß sich beide Effekte gegenseitig in ihren negativen Auswirkungen auf die landwirtschaftliche Produktion aus künstlich bewässertem Anbau verstärken dürften.

An Infrastruktur und Kapitalgütern werden vor allem in Folge von Erhöhungen des Meeresspiegels und resultierenden Überflutungen sowie durch die erhöhte Sturmstärke und -häufigkeit erhebliche Schäden erwartet. Durch einen Anstieg des Meeresspiegels um ca. 20 cm könnten 2-3% des weltweiten Sachvermögens beeinträchtigt werden (Berechnung in Anlehnung an die Ergebnisse von Ayres (1991, SP. 241)). Bei einer Verdopplung der Konzentration der Treibhausgase in der Atmosphäre wird von einer Zunahme der Sturmschäden aufgrund der zusätzlichen Strumaktivitäten um 50% ausgegangen.

Im Bereich der menschlichen Gesundheit muß mit der zusätzlichen Verbreitung tropischer Krankheiten und Parasiten gerechnet werden. Durch Temperaturerhöhung und Verschiebung der Klimazonen um 300-400 km polwärts würden rund 200 Millionen mehr Menschen Tropenkrankheiten wie Malaria ausgesetzt. Da die Infektionsraten in den dann verstärkt betroffenen Industrieländern geringer und die medizinische Behandlung erheblich besser sein wird als in den derzeit im wesentlichen betroffenen Ländern, wird eine um den Faktor 10 geringere Sterblichkeit angenommen. Dennoch könnte eine Verdopplung der Treibhausgaskonzentration bis zum Jahr 2050 zu ca. 500000 zusätzlichen Todesfällen allein durch Malaria führen.

Durch die steigende Zahl sehr heißer Tage wird es zu zusätzlichen Todesopfern durch Hitzestreß kommen. Bei einer Verdopplung der Treibhausgaskonzentration kann es hierdurch zu 100000-150000 zusätzlichen Todesfällen kommen, wenn für die USA ermittelte Zahlen (Haines et al., 1991, SP. 74) verallgemeinert werden können.

Zusätzlich kann die Klimaveränderung zu ausgedehnteren Perioden von Schönwettersmog führen (vgl. Buffalini, 1990, SP. 499-510). Ein Temperaturanstieg von 5°C kann nach diesen Berechnungen zu einer Zunahmen der bodennahen Ozonkonzentration um

10% führen. Diese Folgewirkung ist bisher noch nicht weiter analysiert worden. Auch ist damit zu rechnen, daß extreme Naturkatastrophen wie große Überschwemmungen bei der Mehrheit der Betroffenen zu traumatisch-neurotischen Reaktionen führen werden. Bei Überlebenden von Überschwemmungen nach Dammbrüchen war dies bei 80% der Betroffenen der Fall (vgl. Haines, 1991, SP. 77).

Besonders in tief liegenden großen Flußdeltas in armen Ländern wie Bangladesch muß damit gerechnet werden, daß Millionen von Menschen durch Überflutungen aufgrund des steigenden Meeresspiegels und der zunehmenden Stärke und Höhe von Sturmfluten aus Ihren Siedlungsgebieten vertrieben werden. Diese Länder werden nicht in der Lage sein, die notwendige Küstenschutzbauwerke zu finanzieren. In Anlehnung an die Arbeiten von Pastor (1989, SP. 84-92) wird die Zahl der Überschwemmungsflüchtlinge bei einer Verdopplung der Treibhausgaskonzentration gegenüber dem vorindustriellen Stand auf ca. 12 Millionen geschätzt.

Insgesamt sind die vorliegenden quantitativen Abschätzungen von Auswirkungen in den einzelnen Bereichen nur als erste Anhaltspunkte für Größenordnungen zu verstehen, die dennoch helfen können, die Folgen globaler Klimaveränderungen im Verhältnis zu kurzfristigen Nutzen unveränderter Treibhausgasemissionen einzuordnen.

3. Minderungsziele für Industrieländer

3.1 Die Ergebnisse der Enquete-Kommission

Die Enquete-Kommission 'Schutz der Erdatmosphäre' kommt in ihrem Bericht über die notwendigen Verminderungsziele zur Verhinderung tiefgreifender Klimaveränderungen zu dem Schluß, daß die westlichen Industrienationen bis zum Jahr 2005 eine Reduktion ihrer CO_2-Emissionen gegenüber dem absoluten Stand von 1987 um 20% erreichen sollten. Bis zum Jahr 2050 sollte eine Reduktion um wenigstens 80% erfolgen. Für die ökonomisch starken westlichen Industriestaaten mit hohen pro-Kopf-Emissionen wurde ein Reduktionsziel von 30% bis zum Jahr 2005 vorgeschlagen (vgl. Enquete-Kommission 1990, SP. 70 ff). Für die Bundesrepublik (alte Bundesländer) wurde eine Reduktion von 715 Mt (Millionen Tonnen) Kohlendioxid im Jahr 1987 auf 500 Mt im Jahr 2005 (-30%), 357 Mt im Jahr 2020 (weitere 20%) und auf 142 Mt im Jahr 2050 (insgesamt 80%) vorgeschlagen (vgl. Enquete-Kommission 1990, SP. 86). Einschließlich der neuen Bundesländer wurde eine Reduktion von 1067 Mt im Jahr 1987 auf 750 Mt in 2005, 534 Mt in 2020 und 214 Mt in 2050 für erforderlich gehalten. Für andere Treibhausgase wurden für das Jahr 2050 die in Tabelle 3 wiedergegebenen Reduktionsziele für notwendig erachtet.

Spurengase	Ausgangswerte: Emissionen im Basisjahr 1987 [1]) in Mio. t (gerundet)	Reduktionsziel: Reduktion bis 2005 in % gegenüber 1987	Zielorientierung: Reduktion bis 2020 in % gegenüber 1987	Zielorientierung: Reduktion bis 2050 in % gegenüber 1987
Kohlendioxid (CO_2)	715	−30	−50	−80
Methan (CH_4)	1,8	−30	−50	−80
Stickoxide (NO_x)	2,6	−50	−70	−90
Kohlenmonoxid (CO)	8	−60	−75	−90
flüchtige organische Verbindungen ohne Methan (NMVOC)	1,5	−80	−90	−95

[1]) Die Ausgangswerte des Jahre 1987 sind aufgrund der exakteren Datenlage nur für die Bundesrepublik Deutschland (ohne ehemalige DDR) angegeben; die prozentualen Reduktionen beziehen sich auf die Bundesrepublik Deutschland einschließlich der ehemaligen DDR.

Tabelle 3: Reduktionsplan zur Verminderung der energiebedingten klimarelevanten Spurengasemissionen der Bundesrepublik Deutschland für das Jahr 2005 (verbindliches Reduktionsziel) sowie für die Jahre 2020 und 2050 (Zielorientierung)
Quelle: Enquete-Kommission 1990, SP. 87

Insgesamt ergaben sich nach Überzeugung der Kommission für alle beteiligten Treibhausgase aufgrund ausführlicher Untersuchungen der verschiedenen Beiträge zur globalen Klimaveränderung sehr einschneidende langfristige Reduktionsziele. Auch wenn zur Zeit die Reduktion von CO_2-Emissionen im Vordergrund der nationalen Klimadiskussion steht, so zeigen die von der Kommission vorgeschlagenen Reduktionsziele doch, daß die Verminderung der Emissionen anderer Treibhausgase noch schneller und weitgehender vollzogen werden muß. Ist eine Reduktion der CO_2-Emissionen um 30% bis zum Jahr 2005 schon schwierig zu erreichen, so ist eine Reduktion der Stickoxidemissionen um 50% im gleichen Zeitraum angesichts eines ständig steigenden Verkehrsaufkommens ein wohl noch ehrgeizigeres Ziel.

3.2 Internationale Gremien und Vereinbarungen

Auf internationaler Ebene sind zwei Entwicklungen von herausragender Bedeutung. Dies ist zunächst die fortschreitende Meinungsbildung zur Klimaproblematik im Rahmen des Intergovernmental Panel on Climate Change (IPCC). Diese wird besonders in den Arbeiten am neusten Bericht des IPCC dokumentiert. Dieser Bericht soll der Überprüfung der ursprünglichen Einschätzung der globalen Klimasituation durch das IPCC dienen und außerdem Empfehlungen für eine weitere Vorgehensweise ableiten. Neben den Arbeiten des IPCC wird die Kodifizierung von Emissionsreduktionszielen im Rahmen der internationalen Klimarahmenkonvention (FCCC) eine bedeutende Rolle für die langfristige internationale Klimapolitik spielen.

In seinem ersten Bericht von 1990 hat das IPCC nur sehr zurückhaltend quantifizierte Empfehlungen zur Reduktion von Treibhausgasemissionen gegeben. Es wurden eher generelle Anregungen zum Verhalten von Regierungen bis zum Vorliegen weiterer Forschungsergebnisse gegeben. Diese liefen darauf hinaus, zunächst alle Maßnahmen zu ergreifen, die auch aus anderen Kalkülen heraus zu rechtfertigen waren. Daneben sollte die Forschung im Bereich der Klimaveränderungen und möglicher Emissionsreduktionsstrategien verstärkt werden (vgl. IPCC 1991, SP. 79). Zu quantitativen Reduktionszielen hat die IPCC nur im Rahmen der von ihr aufgestellten Szenarien über die zukünftige Emissions- und Konzentrationsentwicklung von Treibhausgasen Stellung bezogen. Hiernach ist eine sofortige Reduktion der CO_2-Emissionen um 60% erforderlich, um den Anstieg der CO_2-Konzentration auf das Doppelte der vorindustriellen Konzentration zu begrenzen. Ein solcher Anstieg wird in Bezug auf mögliche Folgewirkung für gerade noch tolerierter gehalten (IPCC 1991, SP. 65). Für ein entsprechende Stabilisierung der Methankonzentration ist eine sofortige Emissionsreduktion um 15-20% erforderlich.

Da der neue Bericht der IPCC erst in 1995 erscheinen wird, kann hier zwischenzeitlich nur auf die ersten Ergebnisse der vorläufigen Berichterstattung zurückgegriffen werden, die dem Autor vorliegt. Eine direkte Zitierung der bisher erstellten Berichtsentwürfe ist allerdings zur Zeit der Abfassung dieses Textes noch nicht zulässig, da sich die Entwürfe noch in der Reviewphase befinden.

Ein wichtiges Ergebnis des neuen IPCC-Berichts ist, daß eine zentrale ursprüngliche Aussage erhärtet worden ist. Eine Stabilisierung der CO_2-Konzentration in der Erdatmosphäre deutlich unterhalb der Marke von 750 ppmv (parts per million as volume) ist unabdingbar, um gravierende Auswirkungen auf das Weltklima zu verhindern. Eine Stabilisierung der CO_2-Konzentration in der Erdatmosphäre unterhalb von 750 ppmv erfordert eine Reduktion des CO_2-Ausstoßes um 50% weltweit gegenüber dem Stand der späten 80er Jahre. Da eine Verringerung der weltweiten Emissionen um 50% eine höhere Reduktion auf Seiten der Industrieländer erfordert, führt IPCC-Forderung zum dem oben besprochenen Ergebnis, zu dem 1991 schon die Enquete-Kommission des Deutschen Bundestages gekommen ist (vgl. Enquete-Kommission 1991, Band 1, SP. 71). Entsprechend ist bis zum Jahr 2050 eine Reduktion der CO_2-Emissionen der Bundesrepublik um 80% gegenüber dem Niveau von 1987 erforderlich.

Obwohl die internationale Klimarahmenkonvention (Framework Convention on Climate Change oder FCCC) seit dem 21.12.1993 durch die Ratifizierung durch mehr als 50 Unterzeichnerstaaten in Kraft getreten ist, sind die bisher festgelegten Reduktionsziele eher als ein Minimalstandard anzusehen. Für alle Industrieländer fordert die Konvention im Rahmen einer nicht verbindlichen Richtlinie, daß diese Länder Pläne zur Reduzierung ihrer CO_2-Emissionen auf das Niveau von 1990 vorlegen sollen (vgl. Fish und South 1994, SP. 17). Im Verhältnis zu den nationalen Reduktionszielen der Bundesrepublik und anderer Staaten (vgl. Tabelle 4.4) sowie den von der Enquete-Kommission entwickelten Zielen und den Empfehlungen des IPCC erscheinen diese Verpflichtungen deutlich hinter dem Maß des Erforderlichen zurück zu bleiben.

3.3 Nationale Minderungsziele

3.3.1 Nationale CO_2-Reduktionsziele der Bundesrepublik Deutschland

Auf nationaler Ebene gelten in der Bundesrepublik zur Zeit Zielvorgaben einer 25 - 30% Reduzierung der Emissionen der alten und neuen Bundesländer bis zum Jahr 2005 gegenüber dem Stand von 1987 (vgl. Bundesministerium für Umwelt, ohne Jahr, SP. 104). Im Vergleich zu dem von der Enquete-Kommission entwickelten Ziel (vgl. Enquete-Kommission 1991, Band 1, SP. 71) von 30% fällt diese Zielvorgabe jedoch ab, da das Ziel ursprünglich für die alten Bundesländer entwickelt worden war. Ein großer Teil der jetzt angestrebten Reduktion der Emissionen kann durch den wirtschaftlichen Zusammenbruch und die Umstrukturierung der Energiewirtschaft der neuen Bundesländer erreicht werden. Neben dem relativ kurzfristigen Reduktionsziel für 2005 haben die mittelfristigen Reduktionsziele von ca. 50% für 2020 und 80% für 2050 der Enquete-Kommission wohl nach wie vor Bestand, auch wenn sie nicht ausdrücklich zum Gegenstand von Kabinetts- und Parlamentsentscheidungen gemacht worden sind. Sie decken sich außerdem auch mit dem neusten Stand der wissenschaftlichen Meinungsbildung im Bereich des Intergovernmental Panel on Climate Change (IPCC), der oben kurz beschrieben worden ist.

Auch die Klimaschutzaktivitäten einzelner Bundesländer wie z.B. Nordrhein-Westfalens deuten darauf hin, daß eine Politik der drastischen Verringerung der energiebedingten CO_2-Emissionen auf einen relativ breiten politischen Konsens stößt. So stellt auch der Klimabericht Nordrhein-Westfalen (Ministerium für Wirtschaft NRW, 1992) verschiedene Reduktionsszenarien für das Jahr 2005 vor, die das Ziel einer Emissionsminderung um 30% für das Land Nordrhein-Westfalen anvisieren, das sich durch eine Häufung energieintensiver Industriezweige auszeichnet.

3.3.2 Nationale CO_2-Reduktionsziele in anderen Industrieländern und Minderungsziele der EU

Seit 1988 haben verschiedene Industrieländer nationale Reduktionsziele im Bereich der CO_2-Emissionen bekanntgegeben. Diese Ziele decken eine relativ große Spannweite möglicher nationaler Aktivitäten ab. Sie reichen von einer Beschränkung des Anstiegs bis zum Jahr 2000 auf 25% des Niveaus von 1990 im Fall von Spanien, über das Ziel einer Stabilisierung der CO_2-Emissionen bis zum Jahr 2000 im Fall der USA, Großbritanniens, der Schweiz, Finnlands, Norwegens, Canadas, Luxemburgs und der Europäischen Union, bis hin zu 20% oder 30% Reduktionen bis zum Jahr 2005 im Fall der Bundesrepublik, Dänemarks oder Australiens. Tabelle 4 gibt einen Überblick über die bis April 1993 bekanntgegebenen Reduktionsziele der Industrieländer. Allerdings ist anzumerken, daß viele dieser Ziele nur für den Fall gelten, daß auch andere Industrieländer entsprechende Maßnahmen ergreifen. Kommt der Prozeß international zum Stillstand (z.B. könnten die USA von ihrem Ziel zurücktreten), so hätte dies unkalkulierbare Folgen, da sich andere Regierungen darauf zurückziehen könnten, daß die gestellten Bedingungen über gleichlaufende Aktivitäten wichtiger Konkurrenzländer nicht erfüllt seien.

Die in dieser Tabelle angegebenen Zahlen für die USA spiegeln nur die nationale Politik wieder. Gleichzeitig bemühen sich amerikanische Bundesstaaten wie Kalifornien um deutliche Reduktionen ihrer CO_2-Emissionen bis zum Jahr 2000 und darüber hinaus. So haben sich verschiedene Energieversorgungsunternehmen in Kalifornien dazu verpflichtet ihre CO_2-Emissionen bis zum Jahr 2000 um 10% und bis zum Jahr 2010 um weitere 10% gegenüber dem Stand von 1988 zu senken (vgl. California Energy Commission 1991, SP. 9).

Target	Country	Base year
Reductions in current levels of emission[a]		
25–30% by 2005	Germany	1987
20% by 2000	New Zealand	1990
20% by 2005	Australia[b]	1988
	Austria	1988
	Denmark	1988
3–5% by 2000	Netherlands[c]	1989/90
Stabilization by 2000		
	Canada[b]	1990
	European Community	1990
	Finland	1990
	Luxembourg	1990
	Norway	1989
	Switzerland	1990
	United Kingdom	1990
	United States[b]	1990
Per capita stabilization by 2000		
	France	N/A
	Japan[c]	1990
25% limitation of increase to 2000		
	Spain	1990

[a]Several of these nations have intermediate stabilization targets as well.
[b]Target includes non-CO_2 greenhouse gases.
[c]Other greenhouse gases are addressed separately.
N/A = not applicable.

Tabelle 4: Offizielle nationale Reduktionsziele verschiedener Industrieländer
Quelle: Fish und South 1994, SP. 20

Wie aus Tabelle 4 deutlich wird, verfolgt die EU lediglich das Ziel einer Stabilisierung der CO_2-Emissionen bis zum Jahr 2000 gegenüber dem Stand von 1990. Im Vergleich zu den von der Enquete-Kommission (1991, SP. 71) vorgeschlagenen Reduktionszielen von 20-25% bis zum Jahr 2005 und 80% bis zum Jahr 2050 greift dieses bisher verkündete Ziel viel zu kurz. Wenn man aber bedenkt, daß bisher nur die Bundesrepublik, Dänemark und die Niederlande überhaupt echte Reduktionsziele beschlossen haben, Luxemburg und Großbritannien lediglich eine Stabilisierung bis zum Jahr 2000 vorsehen, während Frankreich einen leichten Anstieg um 2% (pro Kopf Stabilisierung bei ca. 0,2% Bevölkerungswachstum pro Jahr) vorsieht und sich Spanien lediglich auf eine Beschränkung des Zuwachses auf 25% in zehn Jahren festlegt, so muß man realisieren, daß eine sachlich angemessene Position, wie sie von der Enquete-Kommission empfohlen wurde (1991, SP. 71), zur Zeit in der EU kaum mehrheitsfähig ist. Dennoch erscheint das von der Enquete-Kommission empfohlene Reduktionsziel sachlich angemessen zu sein, da es auch durch die neusten Erkenntnisse des IPCC bezüglich der erforderlichen Gesamtreduktionen bestätigt wird. Im folgenden werden daher die von der Enquete-Kommission entwickelten Ziele für die EU als Richtschnur notwendigen Handelns angesehen.

4. Strategien zur CO_2-Minderung

Strategien zur Minderung der CO_2-Emissionen sollten vor allem im Energiebereich ansetzen, da CO_2-Emissionen zum weit überwiegenden Teil aus der Verbrennung fossiler Energieträger stammen. Solche Reduktionsstrategien können verschiedene technische und organisatorische Möglichkeiten der Substitution von Kohlenstoff oder der besseren energetischen Ausnutzung des eingesetzten Kohlenstoffs in Energieumwandlungs- und -nutzungstechnologien umfassen. Daher wird im folgenden kurz die mögliche Spannweite dieser technisch- organisatorischen Optionen dargestellt. Sind die technischen Möglichkeiten zur Realisierung der notwendigen CO_2-Emissionsminderungen gegeben, so stellen ökonomische und politische Maßnahmen den Kern von CO_2-Emissionsminderungsstrategien dar. Es muß letztendlich politisch entschieden werden, welche durchsetzbaren Maßnahmenbündel am ehesten geeignet erscheinen, das angestrebte Minderungsziel möglichst effizient und treffsicher zu erreichen. Diese Strategien sind dann politisch durchzusetzen. Im folgenden wird die Palette möglicher technischer Optionen sowie ökonomischer und politischer Maßnahmen dargestellt und kurz diskutiert. Daran anschließend werden zur Zeit praktizierte nationale Minderungsstrategien und die Vorgehensweise der EU dargestellt.

4.1 Technische Optionen

Die möglichen technischen und organisatorischen Optionen zur Reduzierung der CO_2-Emissionen aus fossilen Brennstoffen reichen von organisatorischen Maßnahmen zur Erhöhung der Energieeffizienz, wie der Einführung von Energiebeauftragten im kommunalen Bereich, über die Substitution von fossilen Brennstoffen untereinander (z.B. Gas für Kohle), bis hin zum Einsatz der Sonnenenergie zur Stromerzeugung. Die wichtigsten Optionen werden im folgenden kurz vorgestellt.

4.1.1 Energieträgersubstitution

CO_2-Emissionen entstehen im Energiebereich durch Oxidation (Verbrennung) des in fossilen Energieträgern (Kohle, Öl, Gas) enthaltenen Kohlenstoffs. Dieser wurde vor allem im Erdzeitalter des Karbon im Laufe von ca. 70 Millionen Jahren durch pflanzliche Photosynthese gebunden und der damals sehr viel CO_2-haltigeren Atmosphäre entzogen. So entstanden besonders die Steinkohlevorkommen der Welt, die bei weitem den größten Teil unserer Ressourcen fossiler Energieträger ausmachen. Der Kohlenstoffgehalt der verschiedenen Energieträger pro Energieeinheit unterscheidet sich um bis zu Faktor 2 zwischen Braunkohle im schlechtesten und Erdgas im besten Fall. So wird vom Umweltbundesamt der CO_2-Emissionskoeffizient von Hartbraunkohle im Extremfall mit 110 t CO_2/TJ angegeben, während Steinkohle bei 92, schweres Heizöl bei 78, leichtes Heizöl bei 74 und Erdgas bei 56 t CO_2/TJ liegt. Gelingt es Braunkohle oder Steinkohle durch Erdgas zu substituieren, so könnten die spezifischen Emissionen um 49 respektive 39% gesenkt werden. Bei einem Kohleeinsatz von 115 Mtoe (1991) entsprechend 4815 PJ in der Bundesrepublik könnten die Emissionen durch den Einsatz von Erdgas anstelle der Kohle mindestens um 173 Mt CO_2 gesenkt werden. Hierbei wird zunächst einmal unterstellt, daß lediglich Steinkohle zum Einsatz kommt. Basis dieser Berechnung sind die Emissionen in der neuen Bundesrepublik von ca. 983 Mt in 1991 (vgl. Umweltbundesamt 1993, SP. 236). Die erreichbare Minderung entspräche damit gut 17% der Gesamtemissionen. In Abhängigkeit von der Qualität der in erheblichem Maße in der Stromerzeugung eingesetzten Braunkohle erhöht sich dieser Wert noch um bis zu 17 Mt. Aber auch die Substitution von Erdöl durch Erdgas ist eine weitere Emissionsreduktion möglich. In 1991 wurden 128 Mtoe Erdöl entsprechend 5353 PJ in der Bundesrepublik (neuer Gebietsstand) eingesetzt. Dies entspricht CO_2-Emissionen von ca. 400 Mt. Durch den Einsatz von Erdgas lassen sich diese Emissionen maximal auf 300 Mt senken, eine Reduktion um 100 Mt oder 25%. Insgesamt ließe sich durch eine vollständige Substitution von Erdöl und Kohle durch Erdgas eine Reduktion der CO_2-Emissionen um maximal 290 Mt pro Jahr erreichen. Dies entspräche einer Senkung um knapp 30%. Selbstverständlich ist dieses technische Potential nicht voll ausschöpfbar, es deutet aber vieles darauf hin, daß bei entsprechendem politischen Willen mittelfristig ausreichend Erdgas zur Verfügung gestellt werden könnte (so z.B. Aussagen von Vertretern des norwegischen Gas- und Ölproduzenten STATOIL, der über große Gasvorkommen in Norwegen verfügt, gegenüber dem Autor).

Ein Problem einer solchen Substitutionsstrategie ist allerdings, daß besonders bei Erdgasbezug aus den Ländern der ehemaligen Sowjetunion mit erheblichen Verlusten an Methan beim Erdgastransport durch schadhafte Leitungen gerechnet werden muß. Treten Verluste von mehr als 5% auf, so kompensieren die Methanemissionen aufgrund der höheren Klimaschädlichkeit von Methan die Emissionsverminderungen durch die günstigere Kohlenstoffbilanz von Erdgas. Über einen Betrachtungszeitraum von 100 Jahren rechnet die Enquete Kommission des Deutschen Bundestages (1995, SP. 34) mit einem elffach höheren spezifischen Treibauspotential von Methan im Vergleich zu CO_2. Dieser Umstand deutet darauf hin, daß jede Emissionsminderungsstrategie, die sich nur auf ein einzelnes Treibhausgas richtet, zu erheblichen Fehlsteuerungen in Bezug auf das Gesamtziel führen kann.

4.1.2 Energieeinsparung

Neben der Reduktion von CO_2-Emissionen durch Energieträgersubstitution kommt auf Dauer dem effizienteren Umgang mit Energie eine zentrale Rolle bei der Erreichung substantieller Reduktionsziele zu. Unabhängig davon, auf welcher Stufe der Energieumwandlung oder -nutzung die Maßnahmen angreifen, ist es generell das Ziel, die gleiche Energiedienstleistung (Transport vom Punkt a nach b oder Wohnen bei einer behaglichen Temperatur) mit einem geringeren Einsatz an Primärenergie zu erreichen. Die Enquete-Kommission schätzt insgesamt ein technisches Reduktionspotential von 35 bis 45% für die alten Bundesländer, daß durch Energieeinsparung erreicht werden kann (vgl. Enquete Kommission 1991, Band 2, SP. 162).

Erhöhte Umwandlungseffizienz

Zunächst lassen sich erhebliche Einsparungen im Bereich der Energieumwandlung erreichen. Als Beispiele sind hier die zentrale und dezentrale Wärme-Kraft-Kopplung bei der Stromerzeugung zu nennen. Heute wird der weit überwiegende Teil der Elektrizität in der Bundesrepublik ohne Nutzung der anfallenden Abwärme produziert. Diese macht in der Regel aber ca. 60% der gesamten eingesetzten Primärenergie aus. Gelingt es, diese Abwärme für Niedertemperaturzwecke (Heizung, Warmwasserbereitung) zu nutzen, so können erhebliche Emissionsreduktionen erreicht werden. Durch den Einsatz kleiner dezentraler Anlagen zur Wärme-Kraft-Kopplung (Blockheizkraftwerke oder BHKW) ist es möglich, die Übertragungsverluste bei der Verteilung der genutzten Abwärme möglichst gering zu halten und gleichzeitig das Abnahmepotential für die Abwärme zu maximieren. Zentrale Großkraftwerke sind für eine wirtschaftliche Nutzung ihrer Abwärme immer auf relativ große, dicht besiedelte Fernwärmegebiete angewiesen, die entsprechende Volumina von Abwärme abnehmen können. Damit lassen sich mit zentraler Wärme-Kraft-Kopplung insgesamt deutlich geringere Abwärmepotentiale nutzen, als bei zusätzlichen dezentralen BHKWs. Daneben lassen sich durch den Einsatz sogenannter GuD-Kraftwerke, die eine zweistufig Gas- und Dampfturbinenkombination benutzen, die reinen Wirkungsgrade der Stromerzeugung von heute ca. 40 - 45% auf deutlich über 50% steigern. Aber auch die Wirkungsgrade von Zentralheizungsanlagen auf Öl- und Gasbasis lassen sich durch den Einsatz sogenannter Brennwertgeräte und Absenkungen der Abgastemperatur auf über 90% erhöhen. Im Extremfall lassen sich beim Einsatz von Erdgas durch die Nutzung von Kondensationswärme aus den Verbrennungsabgasen mehr als 100% des Brennwertes des Gases nutzen.

Erhöhte Endverbrauchseffizienz
Auch im Bereich der Effizienz von Geräten des Endverbrauchs wie Waschmaschinen, Kühlschränken, Computern und anderen lassen sich nach Einschätzung der Enquete-Kommission (1991, Band 2 SP. 162) Senkungen der Verbrauchswerte um 30 bis 70% erreichen. Entsprechend verringern sich die CO_2-Emissionen der Stromerzeugung aus fossilen Brennstoffen. Im Verkehrsbereich werden Effizienzsteigerungen um 50-60% für möglich gehalten. Auch durch verbesserte Wärmedämmung von Gebäuden lassen sich erhebliche Reduktionen des Energieverbrauchs bei gleichbleibendem Komfortniveau realisieren. Die Enquete-Kommission schätzt für den vorhandenen Gebäudebestand die gesamten CO_2-Minderungspotentiale (verbesserte Heizung, reduzierter Wärmebedarf) auf 70 bis 90%. Auch im Bereich der Neubauten wurde das Minderungspotential von der Enquete-Kommission gegenüber dem Stand von 1987 auf 70 bis 80% geschätzt (Enquete-Kommission 1990, SP. 68).

Das Institut für Wohnen und Umwelt in Darmstadt hat am Beispiel von vier neu gebauten Reihenhäusern gezeigt, daß der jährliche Heizenergiebedarf für Wohngebäude ohne Komfortverzicht von heute ca. 250 kWh/m2 Wohnfläche auf knapp 12 kWh/m2 gesenkt werden kann. Dies entspricht weniger als 8% des angestrebten Wertes nach der Wärmeschutzverordnung von 1984, die auf eine Verbrauch von 150 kWh/m2 zielte (vgl. hierzu: Hessisches Ministerium für Umwelt, 1994, SP. 3 und 14).

4.1.3 Einsatz nicht fossiler Energieträger

Gelingt es, mit Energieträgersubstitution durch Gas, Mitteln des rationellen Energieeinsatzes und der Veränderung organisatorischer Strukturen (z.B. geänderter Modal-Split im Verkehrsbereich) die CO_2-Emissionen bei anhaltendem Wirtschaftswachstum um mehr als 50% zu senken, so wird man voraussichtlich erst zwischen dem Jahr 2020 und 2050 die Basis unserer Energieversorgung weitestgehend auf nicht fossile Energieträger umstellen müssen. Relativ unproblematisch ist der Einsatz von Technologien zur Nutzung regenerativer Energiequellen wie Windenergie, solar thermischer Systeme zur Wärmebereitstellung im Niedertemperaturbereich und zur Stromerzeugung, photovoltaischer Systeme zur direkten Erzeugung von Strom aus Sonnenlicht oder die Biogaserzeugung aus landwirtschaftlichen Abfällen. Im Fall der Biomassenutzung auf der Basis von Energiepflanzen muß im Einzelfall geklärt werden, welche anderweitigen Umweltfolgen mit der Energiebereitstellung verbunden sind.

Im Fall der Kernenergie kann langfristig aufgrund der beschränkten Uranvorkommen kein erheblicher Beitrag zur Entlastung auf der Basis der heute eingesetzten Reaktortechnologien erwartet werden. Bereits 1991 waren ca. 19% der geschätzten weltweit für bis zu 130$/kg abbaubaren Uranreserven verbraucht worden (ca. 780.000 von 4.900.000 t) (vgl. Atomwirtschaft 12/1986, SP. 614 ff und Bundesministerium für Wirtschaft 1992, SP. 76). Ob Brutreaktoren oder die Kernfusion hier auf Dauer erhebliche

Beiträge zur Energieversorgung leisten können, ohne ähnlich folgenschwere Probleme zu verursachen wie die Klimaveränderung durch CO_2-Emissionen, ist fraglich.

Zur Zeit erscheinen die Optionen im Bereich der regenerativen Energiequellen gegenüber der Kernenergie drei zentrale Vorteile zu haben. Sie haben ein sehr viel geringeres Unfallrisiko, sie greifen auf ein praktisch unerschöpfliches Energieeinkommen zurück, das den jährlichen Energiebedarf der Welt um ein vielfaches übersteigt, und sie sind im Vergleich zur Technologie nuklearer Brennstoffkreisläufe oder gar zur Kernfusion sehr viel weiter entwickelt. Nach Sörensen (1990, SP. 386 ff) beträgt das Gesamtangebot an Solarenergie auf der Erde ca. 90.000 TW. Er schätzt, daß 1.000 TW hiervon gut nutzbar sind, während zur Deckung des derzeitigen Weltenergieverbrauchs 70 TW ausreichen würden. Aus diesen Gründen geht der Autor davon aus, daß langfristig eine hoch effiziente Energienutzung zusammen mit einer Energiebereitstellung auf der Basis regenerativer Energiequellen das praktisch CO_2-freie Energiesystem der Zukunft darstellen wird. Es bedarf aus Gründen der Ressourcenverfügbarkeit daher keiner erheblichen Einschränkung der nachgefragten Energiedienstleistung auch bei Erreichung der gesteckten CO_2-Reduktionsziele. Dies heißt allerdings nicht, daß eine langfristig deutlich teurere Energieversorgung nicht doch zu Anpassungsprozessen führt, die einen Rückgang auch der Nachfrage nach Energiedienstleistungen zur Folge haben können.

4.1.4 Fixierung von CO_2 durch Photosynthese

Eine in den USA viel diskutierte Möglichkeit zur Reduzierung des CO_2-Gehalts der Atmosphäre ist die verstärkte Fixierung von CO_2 durch pflanzliche Photosynthese. Besonders Bäume können CO_2 aus der Luft nicht nur aufspalten und den Kohlenstoff in ihre Zellen einbauen, sondern diesen im Gegensatz zu einjährigen Pflanzen im Bereich der Stämme und Äste für Jahrzehnte einbinden. Entsprechend kann durch zusätzliche Aufforstung eine Vergrößerung der temporären CO_2-Senken erreicht werden. Im natürlichen CO_2-Kreislauf bedeutet dies allerdings nicht, daß das CO_2 der Atmosphäre auf Dauer entzogen wird, sondern daß es für einen Zeitraum von 50 bis 150 Jahren gebunden und anschließend wieder freigesetzt wird. Insofern sind Fixierungsstrategien kein Beitrag zur dauerhaften Lösung des Problems, sondern nur Strategien um Zeit für langfristige Anpassungsmaßnahmen zu gewinnen. Außerdem ist zu beachten, daß das notwendige Volumen von Aufforstungsvorhaben für eine erhebliche Entlastung (zusätzliche Senke für 50% der derzeitigen anthropogenen CO_2-Emissionen) für die nächsten hundert Jahre die Aufforstung eines Gebiets in der Größe von ganz Australien erfordern würde. Entsprechend teuer dürfte die Landbereitstellung für solche umfangreichen Aufforstungsmaßnahmen sein, da die Bodenpreise bei einer so massiven Zusatznachfrage sehr stark steigen dürften. Insgesamt ist es in jedem Fall besser das CO_2 durch sparsamen Energieeinsatz gar nicht erst zu emittieren, als es durch Aufforstung für eine gewisse Zwischenzeit zu fixieren und letztendlich doch freizusetzen. Für die nächsten dreißig bis fünfzig Jahre kann allerdings ein Teil der trotz ergriffener Einsparmaßnahmen noch zu hohen CO_2-Emissionen durch Aufforstungsmaßnahmen vorübergehend kompensiert werden.

4.1.5 Technische Rückhaltung von CO_2

Verschiedentlich wird auch vorgeschlagen, den Kohlenstoff aus fossilen Energieträgern nicht für die Energiegewinnung einzusetzen, sondern ihn bei der Erzeugung von Synthesegas zurückzuhalten. Andere Vorschläge laufen darauf hinaus, das CO_2 aus Verbrennungsabgasen durch Ausfrieren zurückzuhalten. Neben den schlechten energetischen Wirkungsgraden solcher Verfahren stellt vor allem die 'Entsorgung' des zurückgehaltenen CO_2 ein Problem dar. Vorschläge, das CO_2 in die Tiefsee einzubringen und darauf zu hoffen, daß es nicht wieder zum Vorschein kommt, sind allerdings beim heutigen Stand des Wissens um die Strömungen zwischen Tiefsee und Meeresoberfläche als risikoreiche Hypothek auf die Zukunft anzusehen. Sie erinnern sehr stark an die Vorstellungen, man könne ohne Gefahr für die Umwelt Atommüll im Meer 'verklappen'. Nach wenigen Jahren mußte man feststellen, daß man den Austausch zwischen Tiefsee und Meeresoberfläche unterschätzt hatte. Heute haben die Industrieländer entsprechende Verklappungen deshalb eingestellt. Anders sieht es bei der Lagerung von CO_2 in alten Erdgaslagerstätten aus. Gewinnt man aus dem ohnehin sehr wasserstoffreichen Erdgas reinen Wasserstoff und hält das CO_2 im Prozeß der Synthesegasherstellung zurück, so gelingt dies mit vergleichsweise hohem Wirkungsgrad. Das zurückgehaltene CO_2 läßt sich aufgrund seines geringeren Volumens ohne Probleme in ausgebeutete Gasfelder einbringen. CO_2 wird heute schon im Bereich der Sekundärförderung weitgehend ausgebeuteter Lagerstätten eingesetzt, um das verbliebenen Erdgas aus der Lagerstätte auszutreiben. Da CO_2 auch erheblich schwerer ist als Luft, bleibt es in den Lagerstätten, ohne wieder zu entweichen. Auf diese Weise ließen sich praktisch alle Erdgasvorkommen der Welt energetisch nutzen, ohne zusätzlich die CO_2-Bilanz der Erde zu belasten. Für das Einbringen des CO_2 aus der Verbrennung der anderen fossilen Energieträger reichen diese Lagerstätten allerdings nicht aus.

4.2 Ökonomische und umweltpolitische Optionen

Die technischen und organisatorischen Lösungen des CO_2-Problems, wie auch der zu reduzierenden anderen Treibhausgase, werden sich nicht von selbst einstellen, da die derzeitigen Marktpreise das Klimaproblem nicht widerspiegeln. Vielmehr wird es notwendig sein, diese Lösungen durch die Setzung entsprechender Rahmenbedingungen durchzusetzen. Die Möglichkeiten der umweltpolitischen Rahmensetzung reichen von positiven Anreizen für gewünschte Entwicklungen in Form vom Fördermaßnahmen, über negative ökonomische Steuerrungssignale für unerwünschte Aktivitäten wie CO_2-Steuern oder Abgaben, bis hin zu Ge- und Verboten wie der Setzung von Emissions- und Energieverbrauchsstandards, Emissionsmengenbegrenzungen oder dem Verbot bestimmter Emissionen oder Technologien.

4.2.1 Ökonomische Instrumente

Emissionszertifikate

Da es grundsätzlich darum geht mit relativ hoher Treffsicherheit vorgegebene Emissionsmengenziele zu erreichen, werden Maßnahmen im Zentrum der CO_2-Reduktionspolitik stehen müssen, die solche Mengenziele sicher erreichen lassen. Da eine derartig einschneidende Umstellung wie die Reduktion von CO_2-Emissionen um bis zu 80% erhebliche Kosten verursachen wird, sollte dieses Ziel auch ökonomisch möglichst effizient erreicht werden. Diese Forderungen ließen sich im nationalen Rahmen theoretisch am besten mit einer Zertifikatslösung erreichen. Man legt zunächst die Mengenziele für CO_2-Emissionen fest und gibt in diesem Volumen Emissionszertifikate aus. Man könnte diese Zertifikate z.B. an den inländischen Handel mit kohlenstoffhaltigen Brennstoffen koppeln, die nur gehandelt und damit eingesetzt werden könnten, wenn Emissionszertifikate entsprechend der Menge des im Brennstoff enthaltenen Kohlenstoffs erworben werden. Für solche handelbaren Zertifikate stellt sich über eine Zertifikatsbörse dann ein Preis ein, der die Kosten der CO_2-Emissionsverminderung widerspiegelt. Jedes Unternehmen oder jeder andere Akteur kann dann überprüfen, ob es günstiger ist seine CO_2-Emissionen zu verringern oder Zertifikate entsprechend der Menge der derzeitigen Emissionen zu erwerben.

Ein Problem einer solchen CO_2-Zertifikatslösung ist die Berücksichtigung anderer Treibhausgase. Wie könnte z.B. beim Erdgas die Emission von Methan, die stark nach dem Herkunftsland des Gases variiert, adäquat berücksichtigt werden. Wie könnten die gleichzeitig zu reduzierenden Stickoxide erfaßt werden, die je nach eingesetzter Verbrennungs- und Abgasreinigungstechnologie bei gleichem Energieeinsatz um Faktor 10 variieren können?

Internalisierung externer Kosten

Im Bereich ökonomischer Instrumente werden in den letzten Jahren verstärkt sowohl Maßnahmen zu Internalisierung externer Kosten als auch eine ökologisch orientierte Steuerreform diskutiert. Die Internalisierung externer Kosten auf der Basis bekannter Ursache-Wirkungs-Zusammenhänge und marginaler Schadenskosten muß im Bereich der anthropogenen Klimaveränderungen scheitern. Hier beginnen wir erst in Umrissen zu erahnen, welche Schadensfolgen unsere Emissionen von Treibhausgasen verursachen können. Wir sind aber noch weit davon entfernt, diese auch nur in ihrer absoluten Höhe richtig und vollständig zu erfassen. Eine Ermittlung marginaler Kosten, die eigentlich eine Voraussetzung für erfolgreiche Internalisierungsstrategien ist, ist aber auf lange Sicht unmöglich, wie allein die durchschnittliche Verweildauer von CO_2 in der Atmosphäre von 120 Jahren deutlich macht. Wer wollte heute einen möglichen Schaden in 120 Jahren genau ermitteln und ihm dann auch noch die in 120 Jahren für den Schaden anzusetzenden Kosten zurechnen?

Ökologische Steuerreform

Auch die zur Zeit viel diskutierte ökologische Steuerreform wird nicht die Lösung aller Treibhausgasprobleme bringen. Sie hat in der diskutierten aufkommensneutralen Form das Problem, daß das Steueraufkommen aus dem Umweltbereich bei erfolgreicher

Emissionsverringerung entweder sukzessive sinkt und die im Gegenzug reduzierten Steuern auf den Faktor Arbeit nicht wieder entsprechend steigen, oder die Höhe der Umweltsteuer bei gleichbleibender Entlastungshöhe für den Faktor Arbeit für die Betroffenen in ihrer Höhe als Planungsgrundlage unkalkulierbar wird. Variiert man die Entlastung des Faktors Arbeit bei gleichbleibender Energie- oder Umweltsteuer, so werden die Arbeitskosten unkalkulierbar. Insgesamt erscheint das Konzept gerade ohne die erzwungene Aufkommensneutralität ökologisch und ökonomisch sinnvoller als die zur Zeit diskutierte Form. Denkbar wäre im Sinne einer möglichst kostengünstigen CO_2-Minderungsstrategie eher, daß die Steuereinnahmen zur Förderung von technischen Anpassungsmaßnahmen zur Verringerung von CO_2-Emissionen verwendet werden. Die Steuerhöhe zur Erreichung eines bestimmten CO_2-Mengenziels könnte so voraussichtlich deutlich niedriger ausfallen. Allerdings würde sich in diesem Fall die Staatsquote weiter erhöhen, was derzeit auf erheblichen politischen Widerstand stoßen dürfte.

4.2.2 Ordnungspolitische Instrumente und Fördermaßnahmen

Fördermaßnahmen

Es ist absehbar, daß solche theoretisch bestechenden ökonomischen Instrumente in verschiedener Hinsicht ergänzt werden müssen, wenn sie denn eingesetzt werden sollen. Im Vorfeld der Einführung drastischer Verteuerungen von Treibhausgasemissionen ist es sicherlich hilfreich gerade im Bereich besonders hart betroffener Wirtschaftszweige und sozialer Schichten Fördermaßnahmen für die Einführung emissionsvermindernder Technologien durchzuführen. Dies kann im Industriebereich in Form von Sonderabschreibungen erfolgen. Im Fall privater Haushalte könnten Zuschüsse zu Investitionen in entsprechende Technologien gegeben werden. So wäre es möglich, daß sich diese Bereiche vor Einführung drastischer Maßnahmen durch Steigerungen der Energieeffizienz auf die Situation deutlich verteuerter CO_2-Emissionen einstellen. Die Mittel, die im Fall einer sofortigen Einführung ökonomischer Maßnahmen abgeschöpft würden, stünden so zunächst zur Finanzierung der Anpassung an veränderte Rahmenbedingungen bereit. Es könnten besondere Härten der Anpassung von vornherein vermieden oder zumindest erheblich abgemildert werden.

Verbrauchsstandards

Da im Bereich der Energienutzung laufende Verbräuche häufig durch Investitionsentscheidungen in Anlagen mit Lebensdauern von 10 bis 40 Jahren determiniert werden, kann es notwendig sein, gerade im Bereich von Neuinvestitionen Entscheidungen für nicht effiziente Technologien frühzeitig zu verhindern. In der Regel ist es dafür erforderlich, bestimmte Verbrauchsstandards zu schaffen, die nicht überschritten werden dürfen. Ein Beispiel hierfür ist die Festlegung von Wärmeverbrauchswerten (pro m^2) für Neubauten mit Hilfe der Wärmeschutzverordnung. Sind die gesetzlich vorgeschriebenen Normen in Hinblick auf die langfristigen CO_2-Reduktionsziele nicht ausreichend, so bedeutet dies, daß heute Häuser gebaut werden, die mit vergleichsweise geringem Aufwand auf einen niedrigeren spezifischen Wärmeverbrauch gebracht werden könnten. Die heute unterlassenen Dämminvestitionen können nachträglich nur mit sehr viel höherem Kostenaufwand durchgeführt werden. Solange also keine ökonomischen Instrumente greifen, die auch die langfristigen Kosten der CO_2-Emissionen beinhalten, werden bei entsprechend schlechtem Verordnungsstand ökonomische Fehlentscheidungen getroffen. Die gebauten Häuser werden voraussichtlich mehr als hundert Jahre im Bestand bleiben und einen entsprechend negativen Einfluß auf den Energieverbrauch und damit auf die CO_2-Emissionen haben.

Ein anderer Bereich, in dem nach Überzeugung des Autors eine normative Setzung von Verbrauchs- und Emissionsstandards notwendig sein wird, ist der Bereich des Straßenverkehrs. Es erscheint aufgrund der Erfahrungen der letzten Jahre unwahrscheinlich, daß allein über eine Verteuerung des im Kraftstoffs enthaltenen Kohlenstoffs eine drastische Reduzierung des CO_2-Gesamtausstoßes erfolgen wird. Es scheint vielmehr erforderlich zu sein, durch die Verordnung z.B. von kontinuierlich zu senkenden Flottenverbräuchen zu einer drastischen Reduktion des Energieverbrauchs und der CO_2-Emissionen zu kommen. Neben der Treffsicherheit in Bezug auf das angestrebte Reduktionsziel hat eine solche Vorgehensweise bei frühzeitiger Bekanntgabe der zu erreichenden Flottenverbräuche den Vorteil der Planungs- und Erwartungssicherheit für die Automobilindustrie. Dies ist eine zentrale Voraussetzung dafür, daß die Industrie in die entsprechende Technologie und Produktion investieren kann. Nach internen Aussagen von Industrievertretern gegenüber dem Verfasser sind im Bereich der spezifischen Verbräuche durchaus ambitionierte Ziele technologisch auch heute schon realisierbar, wenn politisch die entsprechenden Rahmenbedingungen vorgegeben werden.

Ausbau energiesparender Infrastruktureinrichtungen
Ein weiterer Bereich wichtiger politischer Rahmensetzungen betrifft den Ausbau bestimmter Infrastrukturbereiche. Hier ist vor allem eine Umstrukturierung des Verkehrsbereichs durch Ausbau des öffentlichen Personennahverkehrs (ÖPNV) und durch Ausweitung des schienengebundenen Personen- und Güterfernverkehrs zu nennen. Die heutigen CO_2-Emissionen pro Tonnenkilometer des Gütertransports per LKW liegen bei ca. 400% des Transports auf der Schiene (vgl. PLANCO AG, 1991), während der PKW-Verkehr ca. 430% des Schienenverkehrs pro Personenkilometer emittiert. Im Vergleich zum Transport mit Bussen im ÖPNV liegt der CO_2-Ausstoß des Pkws sogar bei knapp 500% der Emissionen pro Personenkilometer Beförderungsleistung.

Insgesamt stehen eine Vielzahl von ökonomischen und umweltpolitschen Optionen zur Verfügung, die in einem geschickten Instrumentenmix zu einer nationalen oder europäischen Strategie zur Erreichung der gesteckten Reduktionsziele eingesetzt werden können.

4.2.3 Joint-Implementation

Im Zusammenhang mit ökonomischen Instrumenten zur Erreichung der anzustrebenden Emissionsminderungsziele werden in letzter Zeit auch verstärkt sogenannte 'Joint-Implementation-Strategien' diskutiert. Hierunter versteht man, daß ein reiches Industrieland mit schon relativ hohen Standards im Bereich der Energieeffizienz Maßnahmen zur Verringerung der CO_2-Emissionen in Ländern Osteuropas oder der dritten Welt finanziert, um seinen eigenen Verpflichtungen zur Reduktion der CO_2-Emissionen nachzukommen. Ökonomisch sind solche Vorgehensweisen unmittelbar einleuchtend, da die marginalen Kosten der Emissionsreduktion in Ländern mit sehr viel ineffizienterer Energienutzung erheblich geringer sind, als in den finanzierenden Ländern. Schwierig wird die Situation vor allem dadurch, daß reiche Industrieländer Drittländern frühzeitig kostengünstige Emissionsreduktionsmöglichkeiten abkaufen, und diese selbst bei später steigenden Anforderungen an die eigene CO_2-Vermeidung Reduktionen nur sehr viel teurer erzielen können. Es müssen daher bei Zulassung solcher Joint-Implementation-Strategien Ausgleichsmechanismen geschaffen werden, die sicherstellen, daß eine gegenwärtige Mittelknappheit in den Vertragsstaaten nicht mittelfristig zu einer Benachteiligung durch eine zu günstige Überlassung von Reduktionspotentialen führt. Eine Ausrichtung an den langfristigen marginalen Reduktionskosten jener Potentiale erscheint angemessen, die diese Länder selbst auch langfristig nicht benötigen, um ihre eigenen Reduktionsziele zu erfüllen. Eine Orientierung an den kurzfristigen marginalen Kosten der günstigsten Reduktionsmaßnahme dürfte mit Sicherheit mittelfristig internationale Verteilungsprobleme verschärften. Wie Joint-Implementation-Maßnahmen langfristig gerecht ausgestaltet werden können, muß auf UN-Ebene diskutiert, vereinbart und überwacht werden, um hier zu befriedigenden Ergebnissen zu kommen. Bevor solche Rahmenvereinbarungen nicht existieren, sollten diese Maßnahmen nicht in größerem Umfang zur Entlastung der Industriestaaten eingesetzt und international anerkannt werden.

4.3 Nationale Strategien

Seit Ende der 80er Jahre haben vor allem verschiedene OECD Staaten nationale Strategien zur Erreichung ihrer CO_2-Reduktionsziele verabschiedet. Diese reichen von sehr vorsichtigen und häufig fast unverbindlichen Absichtserklärungen wie im Fall der USA oder Großbritanniens bis zu detailliert ausgearbeiteten Reduktionsplänen mit der Einführung schärferer Energieverbrauchs- und Treibhausgasemissionsstandards (vgl. Schmidt 1991). Oft werden nur Maßnahmen befürwortet, die sich ohnehin rechnen (no regrets options) und einschneidende Maßnahmen an die Bedingung gekoppelt, daß wichtige Konkurrenzländer entsprechende Maßnahmen ergreifen. So schreibt Schmidt (1991, SP. 310f) über die Position Großbritanniens, '.. *the British government indicated that the United Kingdom is prepared to set a target of returning CO_2 emissions to the 1990 level by the year 2005 if other countries take similar action'*. Gemessen an der von der letzten Enquete-Kommission des Bundestages für notwendig erachteten Reduktion der CO_2-Emissionen in wirtschaftlich starken Industrieländern, zu denen von der Kommission auch Großbritannien gezählt wird (Enquete-Kommission 1994, SP. 62), von 25% bis zum Jahr 2005 (Enquete-Kommission 1994, SP. 63) erscheint diese Formulierung geradezu grotesk unangemessen zu sein. Auf der anderen Seite haben z.B. Länder wie Dänemark oder die Niederlande detaillierte verbindliche Pläne vorgelegt, wie die angestrebten Reduktionsziele erreicht werden können. Beispielhaft seine hier die wichtigsten Elemente der dänischen Energie- und Verkehrsaktionspläne aufgelistet, die ähnliche Elemente enthalten wie die niederländische Strategie.

4.3.1 Das dänische Beispiel

Der dänische Energieaktionsplan (vgl. hierzu Schmidt 1991, SP. 296 f) ist ein umfassendes Programm, das sich auf vier Hauptbereiche konzentriert: Energieeffizienz und Energieeinsparung, Veränderungen und verbesserte Energieeffizienz in der Energieversorgung, verstärkte Nutzung umweltverträglicher Energiequellen und verstärkte Forschung und Entwicklung in relevanten Bereichen. Die spezifischen Maßnahmen umfassen:

- Veränderungen in der Energiebesteuerung, um langfristige Energie- und Umweltziele adäquat zu reflektieren
- revidierte und/oder neue Standards für Geräte, Gebäude und Energieanlagen; Energiemanagement in Gebäuden; Maßnahmen zur Finanzierung von Effizienzverbesserungen; sowie Energieberatungsprogramme;
- Förderung der Wärme-Kraft-Kopplung in Verbindung mit Nah- und Fernwärme, Ausweitung der industriellen Wärme-Kraft-Kopplung, Anschluß von Blockheizkraftwerkszentralen an das Erdgasnetz und Nah- und Fernwärmesysteme, verstärkter Einsatz von Erdgas im Bereich der Nah- und Fernwärmeerzeugung und Demonstrationsvorhaben im Bereich der Kohlevergasung (relativ günstige CO_2-Rückhaltung) und des Einsatzes von Brennstoffzellen;
- verstärkter Systemausbau und Nutzung von Erdgas und erneuerbarer Energiequellen, besonders der Windenergie, Sonnenenergie und Biomasse im Bereich der Stroh- und Holzhackschnitzelverbrennung;
- enge Zusammenarbeit mit der Industrie zur Unterstützung des Exports von Technologien zur effizienten Energienutzung und zur Nutzung erneuerbarer Energiequellen.

Der dänische Verkehrsaktionsplan umfaßt die folgenden Maßnahmen (vgl. Schmidt 1991, SP. 298):

- Einführung strengerer Standards für Schadstoffemissionen;
- Einsatz ökonomischer Anreize um die Entwicklung und den Einsatz energieeffizienter und umweltfreundlicher Verkehrssysteme zu fördern, einschließlich eines hohen Niveaus von Abgaben im Verkehrsbereich, soweit diese mit der Europäischen Union und den anderen Mitgliedsländern abstimmbar sind;
- Kampagnen zur Maximierung der Transporteffizienz im Bereich des LKW-Gütertransports;
- Kampagnen zur Verbesserung der Fahrgewohnheiten von Pkw-Fahrern und die Einbeziehung entsprechender Ausbildungsinhalte in die Führerscheinausbildung;
- Investitionen und Forschungsförderung zur Förderung sauberer und effizienterer Busse und Busbetriebssysteme;
- Förderung des Gütertransports auf der Schiene und Verstärkung der internationalen Zusammenarbeit der Bahnen in diesem Bereich; und
- Einführung strengerer internationaler Standards für Emissionen und Energieverbrauch im Bereich des Luftverkehrs.

Insgesamt werden in der dänischen CO_2-Reduktionsstrategie sowohl die verschiedenen technischen und organisatorischen Maßnahmen genutzt als auch die unterschiedlichen politischen Steuerungsinstrumente eingesetzt. Nur in wenigen Bereichen ist es hierbei erforderlich auf die Kooperation anderer Industrieländer zu warten. Die weit überwiegende Zahl der Maßnahmen kann und wird ohne die Bedingung der vorherigen internationalen Abstimmung jeder Einzelmaßnahme durchgeführt. Im Bereich des Exports von Technologien zur rationellen Energienutzung und zur Nutzung regenerativer Energiequellen wird entsprechend versucht, aus dem frühzeitigen Agieren auch entsprechende ökonomische Vorteile zu ziehen. Da die dänische Regierung überzeugt ist, daß die notwendigen zusätzlichen Investitionen im Energiesektor durch Einsparungen im Bereich des Energieverbrauchs und der allgemeinen Betriebskosten ausgeglichen werden können, können zusätzliche Exporterfolge die Gesamtstrategie trotz und wegen des Pioniercharakters der Vorgehensweise zu einem gesamtwirtschaftlichen Erfolg machen. Diese Bewertung gilt, ohne in irgendeiner Weise die langfristigen Umweltkostenentlastungen durch vermiedene Klimafolgeschäden zu berücksichtigen.

4.3.2 Nationale CO_2-Steuern

Da die Diskussion um ökonomische Instrumente und speziell um CO_2-Steuern unter Ökonomen eine besondere Bedeutung erlangt hat, soll an dieser Stelle etwas ausführlicher aufgezeigt werden, welche nationalen Aktivitäten im Bereich von CO_2- und/oder Energiesteuern bisher von verschiedenen Ländern durchgeführt oder vorgeschlagen wurden.

Zur Erreichung von CO_2-Emissionsreduktionszielen haben verschiedene Staaten bereits neue Kohlenstoff- oder Energiesteuern erlassen, die zu einer nicht unerheblichen Verteuerung fossiler Brennstoffe führen. Darüber hinaus haben die Europäische Union und die Schweiz angekündigt entsprechende Steuern erheben zu wollen. Tabelle 5 zeigt den Stand dieser Bemühungen Ende 1993. Allerdings zeigt die Entwicklung in der Europäischen Union, daß gerade Staatengemeinschaften große Schwierigkeiten haben, entsprechende Maßnahmen durchzusetzen. Trotz der erklärten Absicht der Kommission und des Europäischen Parlaments eine solche Steuer einzuführen, hat sich der Ministerrat auf Intervention verschiedener Mitgliedsstaaten wie z.B. Großbritannien darauf geeinigt, eine solche Steuer erst in Kraft zu setzen, wenn auch andere wichtige Industrieländer wie die USA und Japan vergleichbare Maßnahmen einführen. Hier zeigt sich, daß Staaten mit einem fortgeschrittenen Problemverständnis, wie die skandinavischen Länder, leichter national eine entsprechende Steuer einführen können, als ein Staatenbund wie die Europäische Union, der oftmals nur auf dem Niveau des zögerlichsten Mitgliedslandes handeln kann.

Country	Tax ($/tC)[a]	Commentary[b]
Enacted		
Denmark[c]	16[d] 8[e]	Based on integrated CO_2/energy tax, does not include existing energy taxes; full exemption for energy-intensive industries depending on their energy conservation efforts.
Finland	8	Includes 25% increase in 1993; motor fuels taxed separately at an effectively higher rate.
Netherlands[c]	25	Increased and restructured in 1992 as integrated CO_2/energy tax.
Norway	196	Gasoline and natural gas
	66	Diesel and fuel oil—sulfur tax also applied to these fuels
	47–70	Coal
Sweden	212[d] 53[e]	Exemptions include electricity sector and biofuels; for 1993, CO_2 tax on residential users increased, while for industry, CO_2 tax was cut by two-thirds and a regular energy tax eliminated; tax exemptions/ceilings for energy-intensive industry were also dropped or relaxed, but net effect was a 25–40% decrease in industry's energy tax bill. (Sulfur tax in effect.)
Proposed		
European Community	73 (final year)	Based on integrated CO_2/energy tax; escape clauses for energy-intensive industries; increase gradually from $22/tC over 7 years.
Switzerland	191	Gasoline/diesel (in June 1991) (Various forms under discussion in federal council and parliament.)
	84	Coal, fuel oil, natural gas

[a]The U.S. dollar figures per metric ton of carbon based largely on International Energy Agency estimates, and sensitive to the exchange rates that were used.
[b]Fuels are generally exempted for international transportation and for non-energy inputs to industrial processes.
[c]Member of the EC.
[d]Transportation and tertiary sectors.
[e]Industrial sector.

Tabelle 5: Kohlenstoff- und Energiesteuern (Stand 1993)
Quelle: Fisch und South 1994, SP. 23

Eine Kohlenstoffsteuer in der von der EU vorgeschlagenen Größe (73 US$/tC) würde sich bei der heutigen Elektrizitätserzeugungsstruktur der Bundesrepublik mit einer Kostensteigerung für Strom aus konventionellen Energieträgern von ca. 3 Pf/kWh bemerkbar machen und zu einer entsprechenden Verbesserung der Wettbewerbssituation nicht CO_2-emittierender Energiequellen führen. Zur Erreichung substantieller Reduktionsziele dürfte ein Anreiz in Höhe von vielleicht 10-20% der derzeitigen Energiekosten allein kaum ausreichen. Berechnungen des DIW zu einer ökologischen Steuerreform, die auf einer von 1995 von 9,- DM/GJ bis zum Jahr 2010 auf 24,83 DM/GJ steigenden Energiesteuer basiert, ergeben Emissionsreduktionen von gerade 20% bis zum Jahr 2010. Diese Steuer entspricht immerhin bei einem unterstellten Umwandlungswirkungsgrad von 0,4 (40%) einer Elektrizitiätsbesteuerung von 8,1 Pf/kWh in 1995 und 22,35 Pf/kWh im Jahr 2010 (vgl. hierzu DIW/Greenpeace 1994). Im Verbund mit anderen Instrumenten könnten aber so Anreize geschaffen werden, die privatwirtschaftlichen Kalküle so verändern könnten, daß sich verschiedene Maßnahmen im Bereich der effizienteren Energienutzung besser rechnen und daher zusätzlich durchgeführt werden. In Hinblick auf die langfristigen Reduktionsziele (50 und 80%) sind jedoch sehr viel einschneidendere Verteuerungen der Energie aus fossilen Energieträgern notwendig, da z.B. eine weitgehende Energieversorgung aus regenerativen Energiequellen bis zu Faktor 10 über den Gestehungskosten von leichtem Heizöl (Preis ohne Steuern 1988) liegen dürfte (vgl. hierzu Hohmeyer 1994, SP. 412 ff).

4.3.3 Die Situation in der Bundesrepublik

Für die Bundesrepublik sind nach einer Übersicht der Enquete-Kommission (1994, SP. 84 f) von der Bundesregierung bisher 12 Maßnahmen zur Reduzierung der CO_2-Emissionen umgesetzt worden. Dies sind:

1. Die Novellierung der Wärmeschutzverordnung im Gebäudebereich, die eine Energieeinsparung von ca. 30% bewirken soll. Allerdings ist an der Umsetzung der Verordnung und an teilweise unzureichenden Vorschriften erhebliche Kritik geäußert worden. Entsprechend hat der Bundesrat die Bundesregierung aufgefordert bis zum 1.1.1997 eine Novelle der Wärmeschutzverordnung vorzulegen, die diese Mängel behebt.
2. Die Novellierung der Heizungsanlagen- und Kleinfeuerungsanlagen-Verordnung mit einer Verschärfung der Auflagen bezüglich Emissionen und energetischer Effizienz.
3. Das 250 MW-Programm Wind, das erhebliche Zuschüsse zum Betrieb von Windenergieanlagen gewährt (4-8 Pf/kWh). Dem Fördervolumen steht ein um das Mehrfache höheres Antragsvolumen gegenüber. Außerdem gewährt der Bund Zuwendungen für Solarkollektoranlagen, geothermische Heizzentralen und Wasserkraftanlagen.

4. Das Stromeinspeisegesetz, daß die Elektrizitätsversorgungsunternehmen (EVU) zur Übernahme von Strom aus dezentralen privaten Anlagen im Bereich der regenerativen Energieträger verpflichtet. Es legt außerdem eine Mindestvergütung von 75% (Wasserkraft und Biomasse) bzw. 90% (Windenergie und Solarenergie) des durchschnittlichen Erlöses des EVUs für die verkaufte Kilowattstunde beim Tarifkunden fest. In Kombination mit dem 250 MW-Programm hat dieses Gesetz seit 1991 zu einer neu installierte Windenergiekapazität von ca. 650 MW in der Bundesrepublik geführt.
5. Die Einführung eines Bund-/Länderprogramms zur Förderung der Fernwärme in den neuen Bundesländern.
6. Die Förderung des rationellen Energieeinsatzes und der verstärkten Nutzung erneuerbarer Energiequellen durch günstige Kredite und Zuschüsse zur Instandsetzung und Modernisierung des Gebäudebestandes in den neuen Bundesländern. Im April 1995 wurde ein neues Förderprogramm auch für die alten Bundesländer von Seiten des Bauministeriums angekündigt.
7. Die Novellierung der Honorarordnung für Architekten und Ingenieure.
8. Das Förderprogramm Photovoltaik, in dem 2250 dachinstallierte Anlagen zur solaren Stromerzeugung bezuschußt wurden.
9. Die Einführung einer Steuerpräferenz für Kraft-Wärme-Kopplungsanlagen.
10. Das Programm zur Durchführung von Energiediagnosen im Gebäudebereich.
11. Die Beratung und ein Kreditprogramm für Energieeinsparungen in kleinen und mittleren Unternehmen.
12. Die Einführung des Umweltzeichens für sparsame Haushaltsgeräte und Heizungsanlagen.

Darüber hinaus soll möglichst die Wärmenutzungsverordnung umgesetzt werden. Obwohl die Novellierung des Energiewirtschaftsgesetzes, das besonders im Elektrizitätsbereich einen sparsamen Energieeinsatz behindert, von verschiedener Seite angemahnt worden ist und seit längerer Zeit ein Novellierungsentwurf der Opposition vorliegt, ist bisher noch keine Novellierung erfolgt. Auch hat die Bundesregierung bezüglich der ursprünglich angekündigten Absicht zur Einführung einer nationalen CO_2-Steuer für die Bundesrepublik einen Rückzieher gemacht. Zur Zeit wird lediglich angestrebt, im Zusammenhang der EU eine entsprechende Steuer einzuführen, die aber aufgrund der inzwischen auf EU-Ebene eingeführten Konditionalität (nur wenn andere wichtige OECD-Staaten gleiches tun) in weite Ferne gerückt ist. Gemessen an den verkündeten sehr ambitionierten Reduktionszielen erscheint es zweifelhaft, ob die bisherigen, oftmals halbherzigen Maßnahmen, wie die Verabschiedung einer weitgehend entschärften Wärmeschutzverordnung, die Erreichung der gesetzten Ziele gewährleisten können. Sowohl im Bereich der ökonomischen Instrumente wie Abgaben und Steuern auf, oder Zertifikate für Treibhausgasemissionen als auch im Bereich der einschlägigen Verordnungen und Normen erscheint noch ein erheblicher Handlungsbedarf über die bisher ergriffenen Maßnahmen hinaus gegeben zu sein.

4.4 Strategien auf der Ebene der Euroäischen Union

4.4.1 Der bisherige Stand der EU-Politik

Die Europäische Union hat sich mit Beschluß vom 29.10.1990 verpflichtet, ihre CO_2-Emissionen im Jahr 2000 auf dem Stand von 1990 zu stabilisieren (vgl. Enquete-Kommission 1994, SP. 83). Über weitergehende Reduktionen gibt es zur Zeit keine Beschlüsse. Das Reduktionsziel soll mit drei verschiedenen Maßnahmen erreicht werden. Dies sind die Einführung einer kombinierten CO_2-/Energiesteuer, ein Programm zur Förderung der Energieeinsparung (SAVE, Special Action Programme for Vigorous Energy Efficiency) und ein Programm zur Förderung der Nutzung regenerativer Energiequellen (ALTENER, Commercialisation of Alternative Energies).

Die geplante CO_2-/Energiesteuer soll zur einen Hälfte auf der Basis des Kohlenstoffgehalts und zur anderen Hälfte auf der Basis des Energiegehalts der verschiedenen Energieträger erhoben werden. Die Steuer soll von zunächst 22 US$/tC über sieben Jahre auf 73 US$/tC ansteigen (vgl. hierzu und zum folgenden: Fish und South 1994, SP. 22 f). Die Steuer soll aufkommensneutral erhoben werden, so daß in anderen Bereichen Steuersenkungen zur Kompensation vorgenommen werden. Sie ist nach langer Diskussion mit der Bedingung verknüpft worden, daß auch andere OECD-Mitgliedsländer entsprechend belastende Steuern einführen. Nach Scheitern der Bemühungen der Clinton-Regierung in den USA eine Energiesteuer (Btu tax) einzuführen, fürchten Beobachter, daß dieser Vorschlag faktisch beerdigt ist. So schreiben Fish und South (1994, SP. 22) *'an EC carbon/energy tax of significant proportion may be dead as well, for at least in the near term'.* Dies ist um so ärgerlicher, als die ursprünglichen Pläne für eine entsprechende deutsche Steuer mit dem Hinweis auf eine europaweite Steuer eingestellt worden waren. So wird der Verweis auf den anderen Akteur, der auch handeln muß, bevor man selbst entsprechende Schritte ergreift zu einer Vertagung auf den 'Sankt Nimmerleins Tag'.

Auch das fast reißerisch betitelte SAVE-Programme ('Vigorous Energy Efficiency') erweist sich bei genauem Hinsehen als ziemlich lahmer Vogel. Bisher hat der Rat der EU lediglich zwei Richtlinien über die Wirkungsgrade von neuen Warmwasserheizkesseln sowie über die Kennzeichnung des Verbrauchs von Haushaltsgeräten verabschiedet (vgl. Enquete-Kommission 1994, SP. 83). Zusätzlich sieht eine verabschiedete Rahmenrichtlinie sechs Maßnahmen vor, die die Mitgliedsstaaten im einzelnen durchzuführen haben. Dies sind:

- die Einführung von Energiepässen für Gebäude
- die Einführung der Abrechnung von Heizungs-, Klimatisierungs- und Warmwasserbereitungskosten nach dem tatsächlichen Verbrauch
- die Förderung der Drittfinanzierung von Energiesparvorhaben (dem sogenannten Contracting)
- die verbesserte Wärmedämmung von Neubauten
- die regelmäßige Überprüfung von Heizkesseln
- die Erstellung von Energiebilanzen in Unternehmen.

Die Mehrzahl dieser Maßnahmen sind in den fortgeschritteneren Mitgliedsländern der EU bereits implementiert, so daß es eher unwahrscheinlich ist, daß durch diese Maßnahmen die EU-weiten CO_2-Emissionen wie beabsichtigt um 2% sinken.

Auch das Programm zu Förderung der erneuerbaren Energien ALTENER scheint im Verhältnis zur Größe der zu lösenden Aufgabe eher mickrig ausgefallen zu sein. Für die fünf Jahre von 1993 bis 1997 stellt es lediglich Mittel in Höhe von 80 Millionen DM zur Verfügung (vgl. Enquete-Kommission 1994, SP. 83). Dies entspricht einem Volumen von ca. 1,3 Millionen DM pro Mitgliedsland und Jahr. Bedenkt man, daß hiermit Windenergie, Biomassenutzung, thermische Solarenergienutzung, Photovoltaik und geothermische Energie gefördert werden sollen, so entspricht das Volumen gerade einem zusätzlichen Forschungsvorhaben bescheidener Größe pro Technologiefeld, Land und Jahr. Es ist kaum wahrscheinlich, daß dies zu großen Durchbrüchen führen wird. Zum Glück messen die EU-Kommission und das Europaparlament der Problematik größere Bedeutung bei als der Ministerrat der EU. So gelang es Ende 1994 im Rahmen der Festlegung des Budgets für das neue Rahmenprogramm Energieforschung und -demonstration die Fördermittel für die regenerativen Energiequellen auf ca. 450 Millionen ECU (ca. 850 Millionen DM) für den Zeitraum von 1995 bis 1998 festzulegen. Ursprünglich war gefordert worden, für diesen Bereich Mittel in der gleichen Höhe wie für die nukleare Fussionsforschung (ca. 850 Millionen ECU) zur Verfügung zu stellen. Aber selbst der Vorschlag von Kommission und Europaparlament, 600 Millionen ECU für die regenerativen Energiequellen aufzuwenden, wurde vom Ministerrat auf 450 Millionen ECU gekürzt. Dieser Beschluß zeigt, daß zwar viele Beteiligte die Dringlichkeit der Problematik erfaßt haben, aber gerade auf der entscheidenden Ebene der Mehrheit der Regierungen der Mitgliedsländer noch in erheblichem Maße Ignoranz regiert.

4.4.2 Elemente einer möglichen CO2-Verminderungsstrategie der Europäischen Union

Nach Einschätzung der ersten Enquete-Kommission des Bundestages (Enquete-Kommission 1990, SP. 51) ist es notwendig, die CO_2-Emissionen der Europäischen Union bis zum Jahr 2005 um mindestens 20-25% und bis zum Jahr 2050 um mindestens 80% gegenüber dem Stand von 1987 zu reduzieren. Die neue Enquete-Kommission hat dieses Ziel für verschiedene Mitgliedsländer differenziert. Sie geht davon aus, daß die wirtschaftlich weniger starken Mitgliedsländer (Spanien, Griechenland, Portugal und Irland), die bisher pro Kopf Emissionen von 3 - 8 t C_{O2}/cap im Jahr aufweisen, bis zum Jahr 2000 ihre Emissionen um 20% steigern können, sie dann bis 2005 auf den Stand von 1987 zurückführen und bis zum Jahr 2050 um 70% gegenüber 1987 reduzieren. für alle anderen, wirtschaftlich starken Mitglieds- und Beitrittsländer wird eine Reduzierung der Emissionen um 9% bis 2000, um 25% bis 2005 und um 80% bis zum Jahr 2050 für erforderlich gehalten, um eine in etwa gerechte Lastverteilung bei der notwendigen globalen Emissionsreduktion zu gewährleisten. Um diese Ziele zu erreichen, wird es des

Einsatzes drastischer Maßnahmen bedürfen. Ein möglicher Maßnahmenkatalog könnte folgende Instrumente beinhalten:

1. Einsatz ökonomischer Instrumente und Maßnahmen
   - Bindung von CO_2-Emissionsrechten an den Erwerb von Emissionszertifikaten
   - Internalisierung bereits abschätzbarer externer Kosten der Klimaänderung in die Kosten fossiler Energieträger.
2. Brennstoffsubstiution
   - Brennstoffsubstitution von Kohle und Erdöl durch Erdgas
3. Reduzierung des Wärmebedarfs
   - Senkung des spezifischen Wärmebedarfs von Häusern auf 10-20 kWh/m^2*a durch erheblich verschärfte Wärmedämmstandards im Bereich des Neubaus
   - Senkung des Heizenergiebedarfs durch verschärfte Heizungsanlagenstandards
   - Senkung des Wärmebedarfs im Bereich der Altbauten durch Förderprogramme die mit verschärften Wärmedämmstandards zu koppeln sind
4. Verstärkter Einsatz von Kraft-Wärme-Kopplung
   - Senkung des Energiebedarfs für die Stromerzeugung durch Forcierung der Kraft-Wärme-Kopplung und Einspeisung in Nah- und Fernwärmenetze; Forcierung durch Fördermaßnahmen und Auflagen wie die Wärmenutzungsverordnung
   - Verbesserung der ökonomischen Bedingungen dezentraler und industrieller Kraft-Wärme-Kopplung durch Einbeziehung in Gesetze wie das deutsche Stromeinspeisegesetz bei gleichzeitiger Festlegung ausreichender Mindestvergütungen für den eingespeisten Strom
5. Senkung des spezifischen Elektrizitätsverbrauchs
   - Senkung des Elektrizitätsbedarfs für Endverbrauchsgeräte durch Einführung dynamischer Verbrauchsstandards bei gleichzeitiger Förderung besonders energieeffizienter Geräte
6. Verbesserung im industriellen Bereich
   - Verbesserung der industriellen Energienutzung durch erhebliche Verteuerung fossiler Energieträger (Kohlenstoffabgabe)
7. Verbesserungen im Verkehrsbereich
   - Senkung des Kraftstoffverbrauchs des Verkehrsbereichs durch Einführung von Höchstgeschwindigkeiten auf Autobahnen und Festlegung dynamisch sinkender mittlerer Flottenverbräuche für das Neuwagenangebot jedes Herstellers (z.B. Werte von 5 l/100 km im Jahr 2000, 4 l im Jahr 2005 und 3 l im Jahr 2010).
   - Ausbau des öffentlichen Personennahverkehrs um eine Verlagerung des Personennahverkehrs auf energieeffiziente Verkehrsmittel zu erreichen; eventuell Bezuschussung aus dem Aufkommen der Kohlenstoffabgabe
   - Ausbau des schienengebundenen Personen- und Güterfernverkehrs, um eine Verlagerung eines erhebliche Teils dieses Verkehrsaufkommens auf die um ca. Faktor 4 emissionsärmere Schiene zu ermöglichen
   - Senkung des spezifischen Treibstoffverbrauchs im Flugverkehr durch die internationale Durchsetzung entsprechender Verbrauchsstandards

8. Verstärkter Einsatz regenerativer Energiequellen
   - Erheblich verstärkte Förderung der Nutzung regenerativer Energiequellen auf der Basis vermiedener CO_2-Emissionen; z.B. Aufstockung des 250 MW-Windprogramms auf 2 GW, eine entsprechende Förderung der energetischen Nutzung von Abfallbiomasse aus der Landwirtschaft, ein Förderprogramm für die solare Brauchwasserbereitstellung und eine erhöhte Forschungsförderung in diesen Bereichen
9. Internationale Kooperation bei der Lösung des Klimaproblems
   - Internationale Aufforstungsprogramme zur gleichzeitigen Reduktion des Nettoeintrags von CO_2 in die Atmosphäre
   - Durchführung erster Joint-implementation-Programme, um die Wirksamkeit und Zuverlässigkeit dieser Ansätze zu ergründen
10. Erdgas als Energieträger des Übergangs zur Wasserstoffwirtschaft
    - Mittelfristige Rückhaltung des Kohlenstoffs aus Erdgas und Rückführung des CO_2 in alte Erdgaslagerstätten
    - Langfristige Umstellung von einer Erdgaswirtschaft auf eine Wasserstoffwirtschaft auf der Basis von Erdgas und regenerativen Energiequellen

Insgesamt stehen nach Auffassung des Autors bei entsprechendem politischen Willen alle notwendigen Maßnahmen und Instrumente zur Verfügung, um die von der Enquete-Kommission vorgeschlagenen Reduktionsziele zu erreichen.

5. Aussichten für eine erfolgreiche CO_2- Emissionsverminderung

Vor dem Hintergrund der bisherigen Erfahrungen aus der europäischen und internationalen Klimadiskussion erscheint es zweifelhaft, ob der politische Wille vorhanden ist, die notwendigen Maßnahmen in den nächsten Jahren einzuleiten. Es ist eher wahrscheinlich, daß die verantwortlichen Regierungen erst auf massiven Druck aus der Bevölkerung handeln werden. Dieser wird sich aber voraussichtlich erst aufbauen, wenn katastrophale Schadensereignisse mit Zehntausenden von Toten in Europa, Japan oder den USA stattgefunden haben, die sich in einen mehr oder weniger direkten Zusammenhang mit der anthropogen verursachten Klimaänderung bringen lassen. Da gerade solche Ereignisse aller Voraussicht nach noch mehr als 10 Jahre auf sich warten lassen dürften, schätzt der Autor die Möglichkeit frühzeitigen entschiedenen politischen Handelns als sehr gering ein. Zur Zeit sprechen alle Anzeichen dafür, daß die Regierungen der Welt intellektuell nicht in der Lage sind ein Problem mit der zeitlichen Reichweite der Klimaproblematik frühzeitig zu lösen. Muß es erst zur Katastrophe kommen, um entsprechendes Handeln anzustoßen, so wird jede notwendige Reaktion kurzfristig und einschneidend erfolgen müssen. Ökonomische Anpassungsprozesse, die eine entsprechende Umstellung des Kapitalstocks ohne erhebliche Kapitalvernichtung zulassen, sind bei spätem Handeln nicht mehr möglich, da Emissionsreduzierungen dann abrupt erfolgen müssen. Dies führt zu partiellem ökonomischem Zusammenbruch, wie nach der plötzlichen Einführung der DM in der ehemaligen DDR, und der privaten Anpassung über Konsum- und Komfortverzicht in den Industrieländern. Statt des langsam gesenkten Flottenverbrauchs für neue PKW kann es dann sehr schnell zu einem Verbot 'unnötiger' Privatfahrten kommen. Anstelle gleichen Wohnkomforts in besser gedämmten Gebäuden kann es zur Bewirtschaftung und Zuteilung fossiler Brennstoffe für den Hausbrand kommen, der dann nur mit einer drastischen Absenkung der Zimmertemperatur aufgefangen werden kann. Auch im Bereich des privaten Reiseflugverkehrs (Urlaubsreisen) sind im Krisenfall direkte Verbote zu erwarten. Insgesamt erscheint mit der heutigen personellen Ausstattung der Regierungen der Industrieländer besonders nach der letzten Wahl zum amerikanischen Kongreß ein Szenario der schockartigen Anpassung erst nach der Krise erheblich wahrscheinlicher als eine vorausschauende Problemlösung.

Literaturverzeichnis

ATOMWIRTSCHAFT (Aufsatz ohne Autorenangabe)(1986): Die Uranversorgung der Welt - Reserven, Produktion, Exploration - bisherige und erwartete zukünftige Entwicklung, in: Atomwirtschaft, Dezember 1986, SP. 614-617.

AYRES, R. U. UND T.W. WALTZ (1991): The Greenhouse Effect: Implications for Economic Development, in: Environmental and Resource Economics, vol. 1, Nr. 3, SP. 237-270.

BENNEWITZ, J. (1991): Energie für die Zukunft - Analyse des Energiebedarfs der Weltbevölkerung. Düsseldorf.

BUNDESMINISTERIUM FÜR UMWELT, NATURSCHUTZ UND REAKTORSICHERHEIT (HRSG.) (ohne Jahr): Umweltpolitik: Klimaschutz in Deutschland - Nationalbericht der Bundesregierung für die Bundesrepublik Deutschland im Vorgriff auf Artikel 12 des Rahmenübereinkommens der Vereinten Nationen über Klimaänderungen, Bonn.

BUNDESMINISTERIUM FÜR WIRTSCHAFT (BMWI) (1992): Energie Daten '91 - Nationale und internationale Entwicklung, Bonn.

BUFALINI, J. (1990): Impact of Climate Change on Air Quality, in: Potential Effects of Climate Change on the USA, SP. 485-525.

CALIFORNIA ENERGY COMMISSION (1991): Global Climate Change - Potential Impacts & Policy Recommendations, volume 1, document no. P500-91-007IV, Sacramento, Ca.

CONSTANZA, R., H.E. DALY AND J.A. BARTHOLOMEW (1991): Goals, Agenda and Policy Recommendations for Ecological Economics, in: Robert Constanza (Hrsg.): Ecological Economics - The Science and Management of Sustainability. New York, SP. 1-20.

DALY, H.E. (1991): Elements of Environmental Macroeconomics, in: Robert Constanza (Hrsg.): Ecological Economics - The Science and Management of Sustainability. New York, SP. 32-46.

DEUTSCHES INSTITUT FÜR WIRTSCHAFTSFORSCHUNG UND GREENPEACE DEUTSCHLAND (1994): Wirtschaftliche Auswirkungen einer ökologischen Steuerreform, Hamburg.

ENQUETE-KOMMISSION DES DEUTSCHEN BUNDESTAGES (1991): Protecting the Earth - A Status Report on the Enquete Commission of the 11th German Bundestag "Preventive Measures to Protect the Earth's Atmosphere", volume 1 und 2, Bonn.

ENQUETE-KOMMISSION 'SCHUTZ DER ERDATMOSPHÄRE' DES DEUTSCHEN BUNDESTAGES (Hrsg.) (1994): Mehr Zukunft für die Erde - Nachhaltige Energiepolitik für dauerhaften Klimaschutz. Schlußbericht der Enquete-Kommission 'Schutz der Erdatmosphäre' des 12. Deutschen Bundestages, Bundestagsdrucksache 12/8600, Bonn.

ENQUETE-KOMMISSION 'SCHUTZ DER ERDATMOSPHÄRE' DES DEUTSCHEN BUNDESTAGES (Hrsg.) (1995): Mehr Zukunft für die Erde - Nachhaltige Energiepolitik für dauerhaften Klimaschutz. Schlußbericht der Enquete-Kommission 'Schutz der Erdatmosphäre' des 12. Deutschen Bundestages, Bonn.

FISCH, A.L. UND D.W. SOUTH (1994): Industialized Countries and Greenhouse Gas Emissions, in: International Environmental Affairs, vol. 6, no. 1, SP. 14-44.

HAINES, A. UND C. FUCHS (1991): Potential Impact on Health of Atmospheric Change, in: Journal of Public Health Medicine, vol. 13, no. 2, SP. 69-80.

HAUF, V. (HRSG.) (1987): Unsere gemeinsame Zukunft - Der Brundtland-Bericht der Weltkommission für Umwelt und Entwicklung, Greven.

HESSISCHES MINISTERIUM FÜR UMWELT, ENERGIE UND BUNDESANGELEGENHEITEN UND INSTITUT FÜR WOHNEN UND UMWELT (HRSG.) (1994): Das Energiesparhaus der Zukunft - Passivhaus Darmstadt Kranichstein, 3. Auflage, Wiesbaden.

HOHMEYER, O. (1989): Soziale Kosten des Energieverbrauchs, 2. Auflage, Berlin, Heidelberg, New York.

HOHMEYER, O. UND M. GÄRTNER (1992): The Costs of Climate Change - A Rough Estimate of Orders of Magnitude, Fraunhofer-Institut für Systemtechnik und Innovationsforschung, Forschungsbericht, Karlsruhe.

HOHMEYER, O. UND M. GÄRTNER (1994): Die Kosten der Klimaänderung - Eine grobe Abschätzung von Größenordnungen, Greenpeace Österreich, Wien.

HULME, M. (1990): Global Warming, in: Progress in Physical Geography 15, 3, SP. 310-318.

INTERGOVERNMENTAL PANEL ON CLIMATE CHANGE (IPCC) (1990): Climate Change - The IPCC Scientific Assessment, Cambridge.

MEADOWS, D.L. (1972): Die Grenzen des Wachstums, Stuttgart.

MIMIKOU, M. UND Y. KOUVOPOULOS (1991): Regional Hydrological Effects of Climate Change, in: Journal of Hydrology, 123, SP. 119-146.

MINISTERIUM FÜR WIRTSCHAFT MITTELSTAND UND TECHNOLOGIE DES LANDES NORDRHEIN-WESTFALEN (HRSG) (1992): Klimabericht Nordrhein-Westfalen - Der Beitrag des Landes Nordrhein-Westfalen zum Schutz der Erdatmosphäre; Düsseldorf:

PASTOR, L. (1989): GEO Magazin, Heft 9/1989, SP. 84-92

PEARCE, D.W. UND R.K. TURNER (1990): Economics of natural resources and the environment, New York.

PETERS, R.L. (1990): Effects of Global Warming on Forests, in: Forest Ecology and Management, vol. 35, no. 1-2, SP. 13-33.

REIß, T. UND B. HÜSING (HRSG.) (1993): Biologische Wasserstoffgewinnung - Forschungsperspektiven und Technikfolgen, Köln.

RENNINGS, K. (1994): Indikatoren für eine dauerhaft-umweltgerechte Entwicklung. Erschienen als Materialien zur Umweltforschung herausgegeben vom Sachverständigenrat für Umweltfragen, Stuttgart.

SÖRENSEN, B. (1991): Renewable Energy - A Technical Overview, in: Energy Policy, vol. 19, no. 4, SP. 386-391

SRU (RAT VON SACHVERSTÄNDIGEN FÜR UMWELTFRAGEN) (1994): Umweltgutachten 1994 - Für eine dauerhaft-umweltgerechte Entwicklung, Wiesbaden.

UMWELTBUNDESAMT (1993): Daten zur Umwelt 1992/93, Berlin.

UMWELTBUNDESAMT (FACHGEBIET I 2.2 'WIRTSCHAFTSWISSENSCHAFTLICHE UMWELTFRAGEN') (1994): Die ökonomischen Konsequenzen des anthropogenen Treibhauseffekts - Ein Überblick, Berlin.

WETHERALD, R.T. (1991): Changes of Temperature and Hydrology Caused by an Increase of Atmospheric Carbon Dioxide as Predicted by General Circulation Models, in: Richard L. Wyman (ed.), Global Climate Change and Life on Earth, New York und London, SP. 1-17.

WIGLEY, T.M.L. (1990): The Greenhouse Effect: Scientific Assessment of Climate Change, in: Uranium and Nuclear Energy, vol. 14, SP. 92-115.

Kreislaufwirtschaft - Eine logistische Herausforderung

Von Prof. Dr. Gösta B. Ihde und Dipl.-Kfm. Eckart Dutz

Inhaltsübersicht

1. Kreislaufwirtschaft als logistische Aufgabe

2. Aufgabenbereiche und Problemfelder der Entsorgungslogistik

   2.1 Bestimmungsfaktoren entsorgungslogistischer Leistungen
   2.2 Grundzüge der Gestaltung entsorgungs- und kreislauflogistischer Systeme

3. Die Konzeptionierung von Rücknahmesystemen als Einstieg in die Kreislaufwirtschaft - dargestellt am Beispiel der Altfahrzeugverwertung

   3.1 Ziele und Inhalte der Altfahrzeugverordnung und deren Implikationen
   3.2 Neue logistische Aufgaben bei der Umsetzung differenzierter Verwertungskonzepte

4. Innovative Systeme für die Kreislauflogistik

Literatur

1. Kreislaufwirtschaft als logistische Aufgabe

Aus ökonomischer Sicht hat die Umwelt im wesentlichen zwei Funktionen. Einerseits stellt sie erneuerbare und nicht-erneuerbare Ressourcen bereit, die in Produktions- und Konsumtionsprozesse eingehen. Andererseits dient sie als Aufnahmemedium für Rückstände und Reststoffe aus diesen Prozessen. Beide Funktionen verknüpfen Ökonomie und Ökologie. Umweltschutz umfaßt alle Maßnahmen zur Aufrechterhaltung dieser Funktionalität der Umwelt. Im Hinblick auf die Grenzen der Ressourcenverfügbarkeit und der Assimilationsfähigkeit des ökologischen Systems wird die Weiterentwicklung der Abfallwirtschaft zu einer Kreislaufwirtschaft als entscheidender Schritt zur nachhaltigen Sicherung der Umweltfunktionen gesehen. Übersehen wird jedoch regelmäßig, daß die Kreislaufführung von Rückständen ihrerseits (umweltressourcen-) aufwendig ist. Die Organisation des Güterkreislaufs, d. h. die Logistik der Kreislaufwirtschaft, entscheidet, ob diese die Umweltbilanz verbessert.

Die Weiterentwicklung der Abfallwirtschaft zu einer Kreislaufwirtschaft führt zu einer umfassenden Rekonfiguration der Rückstands- und Reststoffströme der Wirtschaft. Denn Rückführung und erneute Nutzung von Stoffen setzen voraus, daß die physischen, räumlichen und zeitlichen Merkmale der Produktions- und Konsumtionsrückstände in Hinblick auf ihre Wiederverwendung gezielt verändert werden. In der Praxis vollzieht sich dieser Prozeß, durch den die Wertkette der Rückstandsentstehung mit der des Wiedereinsatzes verknüpft wird, in Form von Sammel-, Transport-, Behandlungs- und Aufbereitungstätigkeiten. Damit stellt die Kreislaufführung selbst eine Wertkette dar, mit der ein Ressourcenverzehr einhergeht (vgl. Dutz/Femerling, 1994, S. 224 - 228).

In der Vergangenheit kam der Verwertung im Vergleich zur Beseitigung (Deponierung) geringe Bedeutung zu, da in den meisten Fällen die durch den Verkauf der aufbereiteten Stoffe (Sekundärprodukte) erzielten Erlöse und die ersparten Ausgaben für die Beseitigung die zusätzlichen Verwertungsaufwendungen nicht deckten (vgl. Rat der Sachverständigen für Umweltfragen, 1991, S. 117 - 121).

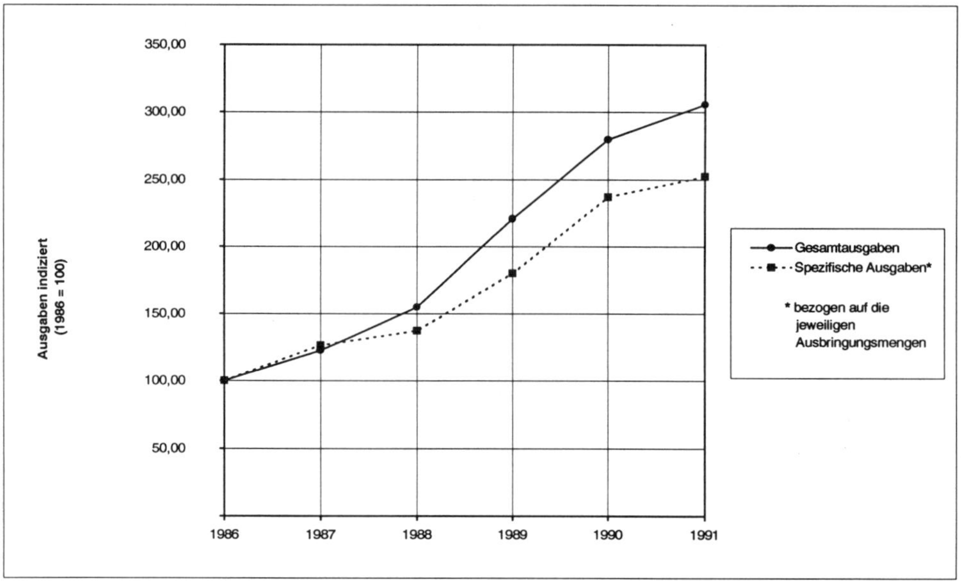

Abb. 1: Steigerung der Ausgaben für die Abfallentsorgung eines Unternehmens der Grundstoffindustrie

Daher erfolgte die Entsorgung vielfach undifferenziert auf unterschiedlichen und wechselnden Entsorgungswegen zu relativ geringen Kosten. Mit steigenden Deponierungspreisen stellte sich die Frage nach der Wirtschaftlichkeit anderer Verwertungsmaßnahmen. Abbildung 1 belegt diese Aussage am Beispiel eines Unternehmens der Grundstoffindustrie, für das sich im Zeitraum von 1986 bis 1991 die Ausgaben für die Abfallentsorgung real verdoppelten. Diese Kostensteigerungen führten nicht nur zu verstärkten Investitionen in neue Aufbereitungstechnologien, sondern marktseitig zu neuen Leistungsangeboten und Organisationsformen der Entsorgung.

Grundsätzlich sind der Ausschöpfung eines naturwissenschaftlich-technisch determinierten Verwertungspotentials (x_{NW}) ökonomische Grenzen gesetzt, da die Steigerung der Verwertungsquote mit einem progressiven Kostenanstieg verbunden ist. Dieser Zusammenhang kann insoweit als naturgesetzlich betrachtet werden, als der zweite Hauptsatz der Thermodynamik eine Antwort auf die Frage nach den Grenzen der Verwertung geben kann (vgl. Hüpen, 1983, S. 27). Demnach werden die in einem Wirtschaftsprozeß eingesetzten Stoffe mit zunehmender Wertschöpfung in einen Zustand geringerer Ordnung (höherer Entropie), d. h. höherer Durchmischung und zunehmender räumlicher und zeitlicher Unordnung (Verteilung), überführt. Durch die Verringerung des Reinheitsgrades der Stoffe wird die zukünftige Ressourcennutzung beeinträchtigt, die Wiedergewinnung erschwert.

Auf die Recyclingproblematik übertragen bedeutet dies, daß zuerst die Rückstände verwertet werden, bei denen die Wiedergewinnungskosten je Einheit am geringsten sind, und dann jeweils in der Reihenfolge abnehmender Zugänglichkeit und damit auch abnehmender ökonomischer Vorteilhaftigkeit (vgl. Hecht, 1991, S. 69 - 71). Für die einzelnen Kostenarten konkretisiert sich das wie folgt:

- Die Stoffe fallen in unterschiedlichen Konzentrationen an. Es werden zuerst die Stoffe verwertet, deren Rückgewinnungskosten am geringsten sind.
- Die Stoffe fallen in unterschiedlichen Mengen in der Fläche an. Es werden zuerst die Stoffe verwertet, deren Sammel- und Transportkosten am geringsten sind.
- Mit der Verwertung entstehen Kosten für die Anbahnung und Abwicklung von Austauschbeziehungen. Es werden zuerst die Stoffe verwertet, bei deren Realisierung des Austauschs die geringsten Transaktionskosten anfallen.

Die Frage nach der rationalen Verwendungsentscheidung des Rückstandsbesitzers läßt sich als mikroökonomisches Optimierungskalkül formulieren. Demnach wird genau die Menge verwertet, bei der die Grenzkosten der Verwertung gleich den Erlösen aus dem Verkauf der Sekundärprodukte und den eingesparten Aufwendungen für die Deponierung sind. Höhere Deponierungspreise erhöhen demnach die Verwertungsmenge, sinkende Sekundärprodukterlöse verringern die Ausschöpfung des Verwertungspotentials (s. Abb. 2).

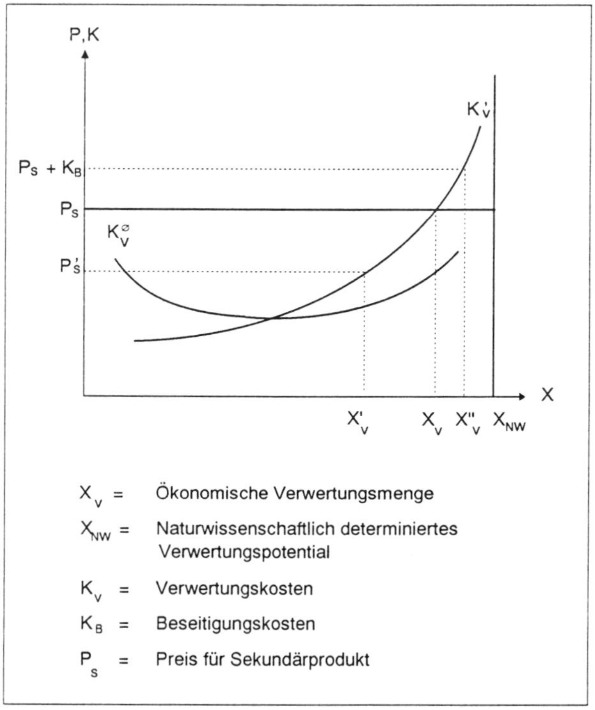

Abb. 2: Kostenoptimale Verwertungsmengen

Da diese grundlegenden ökonomischen Wirkzusammenhänge in einer offenen Volkswirtschaft nur zu begrenzten Verwertungsquoten führen und bestimmte Parameter kaum beeinflußt werden können, wie z. B. Preise für weltweit gehandelte Rohstoffe, wird aus umweltpolitischen Gründen versucht, bislang offene Stoffkreisläufe mit Hilfe einer entsprechenden Abfallgesetzgebung zu schließen. In diesem Kontext werden produktspezifische Verordnungen formuliert und sind teilweise schon verabschiedet worden, die eine Rückgabe und Verwertung von Produkten bzw. Verpackungen vorsehen. Da die Aufwendungen der Aufbereitung und Verwertung einschließlich der dabei entstehenden Erlöse für fast alle Produkte und Stoffarten immer noch höher sind als die Kosten der Beseitigung, legt der Gesetzgeber stoffbezogene Verwertungsquoten fest, um den mengenmäßigen Anteil der Verwertung zu erhöhen. Mit der im Kreislaufwirtschaftsgesetz formulierten Ausdehnung der Produktverantwortung der Hersteller auch auf die Rücknahme und Verwertung der von ihnen in den Verkehr gebrachten Produkte ist ein wesentlicher Schritt in die Kreislaufwirtschaft vollzogen worden (vgl. Michaelis, 1993, S. 51 ff.).

Für die Unternehmungen ergeben sich daraus technische, organisatorische und betriebswirtschaftliche Probleme, die die Errichtung und den Betrieb von Rücknahme- und Verwertungssystemen betreffen. In diesem Beitrag wird der inhaltliche Schwerpunkt auf die Behandlung logistischer Fragestellungen gelegt. Denn die Gestaltung und Steuerung von Rückstandsströmen, und darum geht es mit der Sammlung flächenhaft verteilter Produkte, ihrer teile- und stoffbezogenen Demontage und Aufbereitung und ihrer anschließenden Bereitstellung für eine erneute Nutzung umfaßt eine Vielzahl von Raumüberwindungs-, Zeitausgleichs- und Ordnungsleistungen, also logistische Aufgaben (vgl. Ihde, 1991, S. 1 - 2). M. a. W.: Die Einrichtung von Stoffkreisläufen ist eine logistische Herausforderung.

Bei dem Entwurf der Kreislauflogistik wird auch der Frage nachgegangen, inwieweit für die Entsorgung eine - vielfach als kostenlos unterstellte - Mitnutzung der Versorgungslogistik möglich ist. Hierzu werden die charakteristischen Prozesse und Aufgabenfelder der Ent- und Versorgung gegenübergestellt. Anhand eines konkreten Anwendungsbereiches, der Verwertung von Altfahrzeugen, erfolgt dann eine Diskussion der aus logistischer Perspektive zentralen Probleme.

2. Aufgabenbereiche und Problemfelder der Entsorgungslogistik

2.1 Bestimmungsfaktoren entsorgungslogistischer Leistungen

Entsorgungsprozesse lassen sich in Analogie zur Versorgung in Transformationsprozesse, bei denen die chemisch-physikalischen Eigenschaften der Stoffe verändert werden, und in Transferprozesse unterteilen, bei denen die räumlich-zeitliche Struktur bzw. die artmäßige Zusammensetzung der Güterströme verändert wird. Die Überbrückungsbedarfe resultieren aus der Tatsache, daß die Entstehung von Rückständen spezifische räumliche, zeitliche sowie Ordnungsmerkmale aufweist, deren Ausprägungen in einem engen Zusammenhang mit den zugrunde liegenden ökonomischen Basisprozessen stehen (s. Abb. 3). Verpackungen im Konsumbereich beispielsweise fallen in sehr vielen Raumpunkten, ungeplant, in kleinen Mengen, vermischt und teilweise mit Verbrauchsgüterresten kontaminiert an. Reaktionsrückstände in der Grundstoffindustrie hingegen, die auf eine nicht vollständige Umsetzung aller Einsatzstoffe zurückzuführen sind, entstehen demgegenüber an wenigen Orten, zeitlich ableitbar aus dem Produktionsplan, in sehr viel größeren Mengen und entsprechend der Reaktionsgleichung in einer definierten, vorgegebenen Zusammensetzung. Aus der Unterschiedlichkeit der Entstehungsprofile ergeben sich spezifische Anforderungen an die Sammelsysteme, mit denen die Rückstände aufgenommen und für eine ansbhließende Aufbereitung bereitgestellt werden (vgl. Stölzle, 1993, S. 239 ff.).

Auf der anderen Seite wirken die technologisch bedingten Bereitstellungsanforderungen des Wiedereinsatzes auf die Gestaltung des Überbrückungssystems. Verwertungsformen, die auf einer hohen Wertschöpfungsebene (vgl. die teilebezogene Aufarbeitung) stattfinden und deren Wiedereinsatz genau definierte Ausprägungen umfaßt, erfordern eine höhere prozeßbezogene Flexibilität (vgl. Schultheiß, 1978, S. 125) als verfahrenstechnische Aufbereitungsformen im Rahmen einer rohstofflichen oder werkstofflichen Verwertung, die wiederum eine höhere Mechanisierung und Automatisierung zum Ziel hat. Mit dem Automatisierungsgrad geht eine Investitionsintensität und damit eine Mindestanlagengröße einher, die ihrerseits die Größe des erforderlichen Einzugsgebietes determiniert. Entsprechend sind für Verwertungskreisläufe auf niedrigeren Wertschöpfungsstufen kapitalintensivere Anlagen mit größeren Durchsatzmengen anzutreffen, die auf eine kontinuierliche Versorgung angewiesen sind, während teile-und produktbezogene Aufarbeitungen in nach Werkstattprinzip organisierten Produktionsstrukturen vorgenommen werden, deren Stillstandskosten deutlich geringer sind (vgl. Steinhilper, 1985, S. 41 - 42).

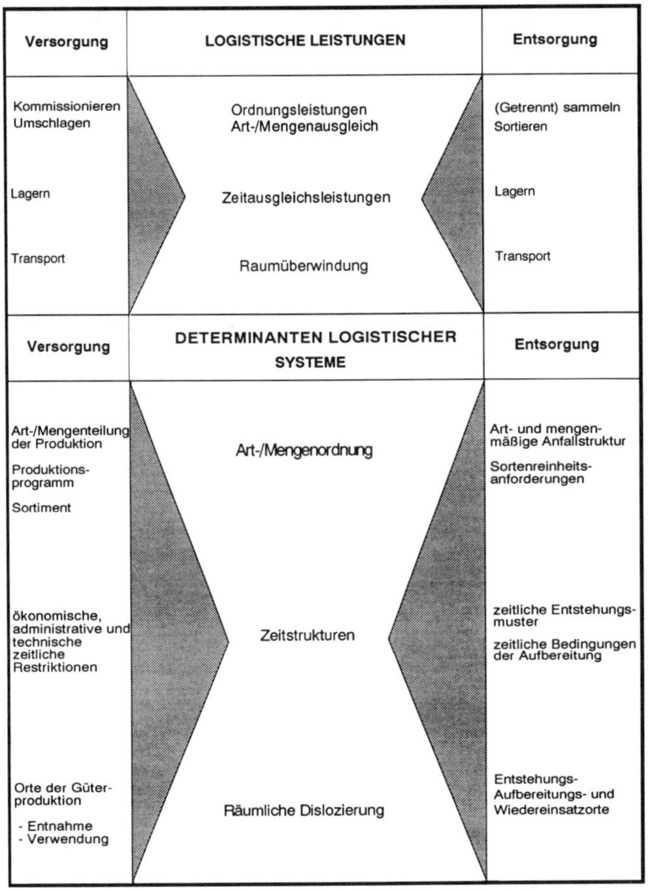

Abb. 3: Determinanten logistischer Leistungen in der Ver- und Entsorgung

In entsorgungslogistischen Systemen erfolgen Lager-, Umschlags- und Transportvorgänge, mit denen die Raum-Zeit-Koordinaten der Rückstände in Hinblick auf die Anforderungen der Aufbereitung und des Wiedereinsatzes abgestimmt werden. Dabei unterscheiden sich die Raumüberwindungs- und Zeitausgleichsleistungen, die im Rahmen eines Verwertungssystems zu erbringen sind, nicht grundsätzlich von denen in einer logistischen Versorgungskette. Der Vollzug von Ordnungsleistungen, mit denen die art- und mengenmäßige Zusammensetzung der Objekte verändert wird, stellt sich dagegen für Verwertungssysteme völlig anders dar als für Güterproduktions- und -verteilungssysteme. Dabei konkretisieren sich die Ordnungsleistungen einmal als Verteilungs- und Kommissionierungsprozesse, im anderen Falle als (Getrennt-) Sammel- und Sortierprozesse. Auf der einen Seite dominieren konvergierende, auf der anderen divergierende Güterprozesse.

Während bei der Güterproduktion und -distribution die art- und mengenmäßige Struktur der Güter aufgrund der aus den Bedarfen abgeleiteten Bereitstellungsanforderungen (vgl. Stücklisten und Sortimente) weitgehend vorgegeben ist, existieren im Rahmen der Verwertung ungleich mehr Freiheitsgrade. Dies ist auf zwei Aspekte zurückzuführen. Einerseits ergibt sich durch die verschiedenen Rückstandsentstehungsprozesse eine sehr große artmäßige Zustandsvielfalt, die sich in spezifischen stofflichen Zusammensetzungen, wechselnden Verunreinigungsgraden oder auf der Produktseite in unterschiedlichen Restnutzungspotentialen der Rückstände äußert. Damit stellt sich von vornherein die Frage, an welchen Punkten der logistischen Kette in welchem Ausmaß Ordnungsleistungen erbracht werden sollen, um die Aufbereitungs- und Regenerationseigenschaften der Stoffe zu verbessern (vgl. Ihde, 1991, S. 253). Auf der anderen Seite bestimmt die Sortenreinheit die Qualität des Rückstandes und damit auch seine potentiellen Verwendungsmöglichkeiten. Es existieren für einzelne Stoffe häufig mehrere Verwertungsoptionen, je nachdem in welche werttragenden Bestandteile diese aufgespaltet werden (vgl. Schmidt-Endrullis, 1993, S. 92 - 94). Mit den jeweiligen Alternativen gehen dann wiederum spezifische Trennungs- und damit Ordnungsvorschriften einher. Legt man dieser Thematik die funktionsübergreifende Perspektive der Logistik zugrunde, dann müssen auch die Transformationsprozesse in Hinblick auf ihre Auswirkungen auf die Anfallzusammensetzung mit einbezogen und Ansätze zu einer übergeordneten Gesamtkostenoptimierung gewählt werden. Konkret bedeutet dies beispielsweise die Änderung des Produktaufbaus, die Wahl verwertungsfreundlicherer Einsatzstoffe, die rechtzeitige Trennung von Stoffströmen, die Modifikation von Produktionsprozessen (vgl. Dutz/Femerling, 1994, S. 225 - 227). Mit diesen Maßnahmen können die Anfallmuster gezielt beeinflußt und damit die Voraussetzungen für eine Steigerung des Verwertungsumfanges geschaffen werden.

2.2 Grundzüge der Gestaltung entsorgungs- und kreislauflogistischer Systeme

Es wurde darauf hingewiesen, daß die Vorstellungen über entsorgungslogistische Systeme stark von den etablierten und in den letzten Jahren konsequent optimierten logistischen Versorgungssystemen geprägt sind, bis hin zu der Annahme einer möglichen Zusammenführung von Ver- und Entsorgung in einem (Kreislauf-) System. Schon die Untersuchung der grundlegenden Bestimmungsfaktoren der Rückstands- und Reststoffströme hat deutlich gemacht, daß keine Strukturgleichheit gegeben ist. Art- und Mengenstruktur des Aufkommens, räumliche und zeitliche Anfallmuster sind, soweit das übersehen werden kann, unähnlich, wenn nicht völlig unterschiedlich. Noch bedeutsamer für die wirtschaftliche, auch umweltwirtschaftliche Gestaltung der Kreislaufführung von Güterströmen sind die unterschiedlichen Zielfunktionen von Ver- und Entsorgung. Dies zeigt ein Blick auf die zentralen Aufgaben der (Versorgungs-) Logistik in den letzten Jahren. Durch die Gegenüberstellung mit den Aufgaben einer Entsorgungs- und Kreislauflogistik zeigt sich, inwieweit eine Übertragung möglich ist. Die wichtigsten Entwicklungslinien der logistischen (Re-) Strukturierung von Unternehmungen sind:

(1) Aufbau von bestandsarmen Systemen in Beschaffung, Produktion und Absatz, um neue Rationalisierungspotentiale zu erschließen.
(2) Internationalisierung der Wertschöpfungsketten, um bestehende Faktorpreisunterschiede auszunutzen.
(3) Qualifizierung aller Abläufe und Erhöhung ihrer zeitlichen Zuverlässigkeit, um Schlupfressourcen in der (über-) betrieblichen Wertschöpfungskette zu reduzieren.
(4) Abbau der Fertigungstiefe und Veränderung der zwischenbetrieblichen Arbeitsteilung, um Kosten- und Flexibilitätsvorteile zu realisieren.
(5) Beherrschung der zunehmenden Variantenvielfalt, mit der auf die immer differenzierteren Kundenbedarfe reagiert wird.

ad (1) Der hervorgehobene Stellenwert der Logistik zeigt sich besonders deutlich an der Umsetzung bestandsarmer Konzepte in Industrie und Handel. Das betrifft nicht nur die bedarfssynchrone Belieferung im Rahmen der Beschaffung (just-in-time), sondern auch Produktion und Distribution. Neben Bestandssenkungen entlang der gesamten logistischen Kette haben die Verkürzung der Durchlaufzeiten und die konsequente Verzögerung von Wertschöpfung und kundenbezogener Produktwidmung nicht nur verringerte Kapitalbindung möglich gemacht, sondern mehr noch kurze Marktreaktionszeiten.

Im Rahmen der Verwertung stellt die Bestandshöhe aus Kapitalbindungssicht demgegenüber eine untergeordnete Steuerungsgröße dar. Ursächlich hierfür ist die Geringwertigkeit der Stoffe. Möglicherweise existieren sogar inverse Preisstrukturen, d. h., für die Abgabe von werttragenden Rückständen muß noch ein Entgelt (gate-fee) gezahlt werden (vgl. Schmidt-Endrullis, 1993, S. 54). Letzteres legt sogar einen gezielten Bestandsaufbau nahe, zumal die Bestände nicht altern. Hinzu kommt, daß die zeitliche Konsolidierung, die zur Erzielung wirtschaftlicher Losgrößen oder zur Sicherstellung kontinuierlicher Verwertungsprozesse notwendig ist, vergleichsweise bestandsreichliche Systeme zur Folge hat.

ad (2) Globalisierungstendenzen von Märkten sind absatz-, aber auch beschaffungsseitig nicht zu übersehen. Im Zuge des Abbaus der Barrieren für die grenzüberschreitende Unternehmenstätigkeit werden bisherige Produktionsstandortstrukturen in Frage gestellt. In zunehmendem Maße entstehen standortteilige internationale Produktionsverbundsysteme, mit denen die Unternehmungen komparative Standortvorteile nutzen. Für die Logistik geht mit der Internationalisierung von Beschaffung, Produktion und Distribition nicht nur eine Vervielfachung der Verkehrsbeziehungen und Erhöhung der Transportweiten einher, vielmehr erfordert die gestiegene Komplexität der Wertschöpfungssysteme eine anspruchsvolle und aufwendige Steuerung.

Die Beseitigung, aber auch die Verwertung von Rückständen ist und wird auch in Zukunft auf nationaler Ebene erfolgen. Von politischer Seite wird das Primat der Entsorgung im eigenen Land betont und auch in entsprechenden supranationalen Vereinbarungen (z. B. Baseler Konvention über den Export gefährlicher Abfälle) festgeschrieben (vgl. Rat der Sachverständigen für Umweltfragen, 1991, S. 125 ff.). Auf der anderen Seite bestehen zwischen den verschiedenen Ländern beträchtliche Unterschiede in den nationalen Abfallgesetzgebungen, die auch erhebliche Auswirkungen auf die Entwicklung der Entsorgungsmärkte haben und auf diesem Wege eine internationale Arbeitsteilung behindern. Schließlich ist aus ökonomischer Sicht auf die hohe Transportkostenempfindlichkeit der vergleichsweise geringwertigen Stoffe hinzuweisen, die die räumliche Ausdehnung von Verwertungssystemen begrenzt (vgl. Ihde/Dutz, 1993, S. 202 - 205).

ad (3) Für die Logistik bedeutet die zunehmende Wettbewerbsintensität auf den Märkten die Notwendigkeit, die Qualität aller den betrieblichen Material- und Güterfluß betreffenden Prozesse zu sichern mit Ziel der Steigerung ihrer Zuverlässigkeit. Dies erfordert die ständige Überwachung und Kontrolle aller Güterprozesse (monitoring, tracking und tracing-Systeme).

Da der Einsatz der meisten Rückstände im Rahmen einer (roh-) stofflichen Verwertung auf einer sehr niedrigen Wertschöpfungsebene erfolgt, ist die Nachfrage weit weniger zeitkritisch, als dies bei konsumnahen Produkten der Fall ist. Obgleich die Logistik auch hier die zuverlässige Versorgung der in der Aufbereitung eingesetzten Anlagen garantieren muß, geschieht dies, wie schon ausgeführt, in stärkerem Maße durch Bestandspuffer als durch aufwendige Steuerungssysteme, deren Einsatz in Hinblick auf die Kostentragfähigkeit der Sekundärprodukte ohnehin nicht gerechtfertigt wäre. Aus Kostengründen kommt demnach der Sicherung der Auslastung der Verwertungsanlagen eine größere Bedeutung zu als der Verkürzung und Stabilisierung von Durchlaufzeiten.

ad (4) Seit Beginn der industriellen Produktion kann ein Trend zur Zunahme der Arbeitsteiligkeit beobachtet werden. Gegenwärtig wird diese Entwicklung durch den Abbau der Fertigungstiefe verstärkt. Das spiegelt sich in den Auslagerungsentscheidungen der Unternehmungen, die sich durch eine Konzentration auf ihre Kernbereiche eine Stärkung ihrer Wettbewerbsfähigkeit versprechen. Aus der zunehmenden Arbeitsteiligkeit resultieren steigende Anforderungen in bezug auf die Ordnung, die Raumüberwindung sowie den Zeitausgleich von Güterströmen.

Die für die Verwertung von Rückständen relevanten Märkte befinden sich noch in einer sehr frühen Entwicklungsphase, da in der Vergangenheit die Beseitigung als abfallwirtschaftliche Strategie dominierte. Aus transaktionskostentheoretischer Sicht begründen die hohe Marktdynamik und die Unsicherheit über zukünftige rechtliche und technische Entwicklungen die Vorteilhaftigkeit der vertikalen Integration im Vergleich zu einer marktlichen Koordination der Austauschprozesse und damit vergleichsweise geringer Arbeitsteilung. Des weiteren spielt die Erzielung kritischer Aufkommensmengen zur Auslastung kapitalintensiver Aufbereitungsanlagen auch in diesem Zusammenhang eine bedeutende Rolle. Dies erfordert speziell bei der Produktverwertung den Aufbau von flächendeckenden Sammelsystemen, deren Errichtung und Betrieb eine Mindestgröße determiniert (Netzeffekte).

ad (5) Der hohe Wettbewerbsdruck auf den Absatzmärkten hat die Unternehmungen verstärkt zur Entwicklung kundenspezifischer Produktvarianten veranlaßt. Dem Angebot unterschiedlicher Varianten bei langlebigen Gütern steht bei kurzlebigen Verbrauchsgütern mit begrenzter Lebensdauer die Staffelung nach unterschiedlichen Restlaufzeiten (vgl. Endverbrauchsdaten) gegenüber, die eine aufwendige Warenverteilung zur Folge hat.

Im Rahmen der Verwertung kommt der Leistungsdifferenzierung eine zu vernachlässigende Bedeutung zu, da über Differenzierung keine hervorgehobene Position im Wettbewerb möglich ist. Es herrscht im Gegenteil aufgrund der unzureichenden Wirtschaftlichkeit von Verwertungsmaßnahmen ein erheblicher Kooperations- und Konsolidierungsdruck, da nur so wesentliche Größeneeffekte zu erzielen sind. Schließlich entsprechen Varianten- und Sortenvielfalt nicht den Erfordernissen der Verwertung, da die Sortenreinheit eine wesentliche qualitätsbestimmende Größe für die Regeneration von Stoffen und Produkten darstellt.

Zusammenfassend läßt sich festhalten, daß die Gestaltung der Versorgungskette aus logistischer Sicht anderen ökonomischen Rahmenbedingungen unterworfen ist als die Konzeption von Rückstandsverwertungssystemen. Aufgrund der unterschiedlichen Ausprägungen zentraler logistischer Merkmale (Art, Menge, Raum, Zeit, Wert) der Güter müssen die entsorgungslogistischen Systeme notwendigerweise ein anderes Aussehen haben als die Versorgungssysteme. Dies bedeutet aber nicht, daß die grundlegenden logistischen Gestaltungsprinzipien für die Fragen der Verwertung irrelevant sind. Vielmehr können, wie nachfolgend gezeigt wird, nur in Kenntnis dieser Zusammenhänge ökonomisch tragfähige Lösungen gefunden werden.

3. Die Konzeptionierung von Rücknahmesystemen als Einstieg in die Kreislaufwirtschaft - dargestellt am Beispiel der Altfahrzeugverwertung

3.1 Ziele und Inhalte der Altfahrzeugverordnung und deren Implikationen

Mit der fünften Novellierung des Abfallgesetzes, das sich nunmehr Kreislaufwirtschafts- und Abfallgesetz (KrW/AbfG) nennt, hat der Gesetzgeber einen wichtigen Schritt hin zu einer stärkeren Wiederverwertung insbesondere von Produktrückständen getan. (Die bisherigen Verordnungen wurden nach § 14 AbfG erlassen. Im KrW/AbfG (5. Novellierung) sind die Rücknahmepflichten in § 24 festgelegt.) Ihren materiellen Niederschlag findet die hierin festgelegte Ausdehnung der Produktverantwortung in der Formulierung produktspezifischer Rücknahmeverordnungen, die an die Maßgabe einer stofflichen Verwertung geknüpft werden. In der jüngsten Vergangenheit wurde diesbezüglich die Verpackungsverordnung verabschiedet, für Produktrückstände, Altfahrzeuge und Elektronikschrott liegen bereits seit geraumer Zeit Entwürfe vor. Des weiteren akzeptiert die Politik auch freiwillige Selbstverpflichtungen der Industrie zur Rücknahme und Verwertung. Für die Verwertung von Batterien und Altpapier liegen entsprechende Vereinbarungen vor (s. Tab. 1).

Rückstandsart	*Gesetzliche Regelung*
Getränkeverpackungen aus Kunststoff	PET-V (1988) Verordnung über die Rücknahme und Pfanderhebung von Getränkeverpackungen aus Kunststoffen
Gebrauchte halogenierte Lösemittel	HKWAbfV (1989) Verordnung über die Entsorgung gebrauchter halogenierter Lösemittel
Gebrauchte Batterien	Selbstbindung der Industrie (1989) Freiwillige Rücknahme durch den Handel und die Industrie
Transport-, Um- und Verkaufsverpackungen	VerpackV (1991) Verordnung über die Vermeidung von Verpackungsabfällen
Altfahrzeuge	AltautoV (Entwurf 1992) Verordnung über die Vermeidung, Verringerung und Verwertung von Abfällen aus der Kraftfahrzeugentsorgung
Elektronische Geräte (weiße und braune Ware, PC's)	ElektronikschrottV (Entwurf 1992) Verordnung über die Vermeidung, Verringerung und Verwertung von Abfällen gebrauchter elektrischer und elektronischer Geräte
Altpapier	Selbstbindung der Industrie (1995) Freiwillige Verpflichtung der Industrie, die Verwertungsquote von 53 % stufenweise auf 60 % im Jahr 2000 zu erhöhen

Tab. 1: Produktspezifische Rücknahme- und Verwertungsverpflichtungen

Die Entsorgung von Altfahrzeugen erfolgte in der Vergangenheit und teilweise auch noch heutzutage über ca. 3.000 Altfahrzeugverwerter, die je nach Fahrzeugzustand ein Entgelt bezahlt oder einen Kostenbeitrag erhoben haben (vgl. Ihde/Dutz, 1993; Kurth, 1994). Diese Verwerter entnehmen den Altfahrzeugen funktionstüchtige Teile und Komponenten, deren Verkaufserlöse die entstehenden Aufwendungen ausgleichen. Danach wird die gepreßte Restkarosse einem Shredderbetrieb übergeben, der diese zusammen mit anderem Sammelschrott zerkleinert. Im wesentlichen entstehen dabei drei Fraktionen: rund 74 % Shredderschrott, der wieder in der Stahlproduktion eingesetzt werden kann, rund 3 % NE-Metalle, die, durch Trennverfahren gewonnen, ebenfalls problemlos Einsatz finden, und rund 27 % Shredderrückstände, die ein Gemisch aus Kunststoff, Glas, Gummi, Holz, Textilien und anderen Stoffen darstellen.

In den letzten Jahren mußten bei einem jährlichen Altfahrzeugaufkommen von zwei Mio. Altfahrzeugen mehr als 500.000 t dieser Shredderleichtfraktion deponiert werden. Mittlerweile gelten diese Rückstände als besonders überwachungsbedürftige Abfälle, da sie, mit Betriebsflüssigkeiten kontaminiert, eine beträchtliche ökologische Gefahr darstellen. Ursächlich hierfür ist die unvollständige Entnahme von Benzin, Ölen, Bremsflüssigkeiten u. a. m. durch den Altfahrzeugverwerter, was sowohl auf ein noch nicht stark ausgeprägtes Umweltbewußtsein als auch den unzureichenden Vollzug gesetzlicher Vorschriften zurückzuführen ist. Aus diesem Grund versucht der Gesetzgeber, durch die Altfahrzeugverordnung das quantitative Problem und mit Hilfe der Shredderrückstandsverordnung die qualitativen Probleme der Altfahrzeugverwertung aus abfallwirtschaftlicher Sicht einer besseren Lösung zuzuführen.

Hinsichtlich der Shredderleichtfraktion lassen sich für die Zukunft zwei Entwicklungen feststellen, die einen erheblichen Mengenanstieg begründen. Auf der einen Seite steigt das Altfahrzeugaufkommen von derzeit zwei Mio. bis auf mehr als drei Mio. Fahrzeuge im Jahr 2000. Dies ist aus den heutigen Bestandszahlen schon zweifelsfrei abzuleiten. Andererseits erhöht sich der Anteil der Nichtmetallfraktion insbesondere durch den zunehmenden Einsatz immer leistungsfähigerer Kunststoffe. Daraus folgt ein progressiver Anstieg (s. Abb. 4) der zu deponierenden Shredderleichtfraktion, falls keine strukturelle Veränderung der Verwertung erfolgt.

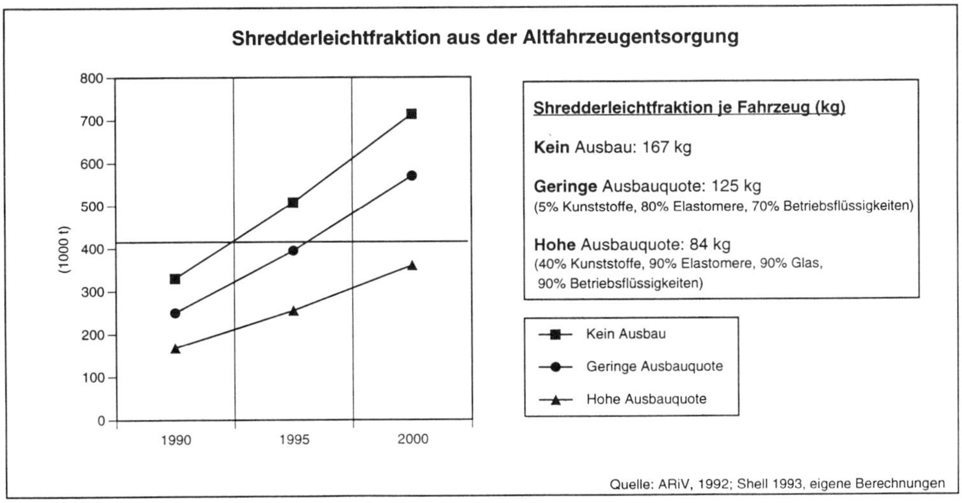

Abb. 4: Die mengenmäßige Entwicklung der Shredderleichtfraktion aus der Altfahrzeugverwertung

Aus diesen Gründen hat der Gesetzgeber eine Altfahrzeugverordnung (vgl. Entwurf vom 27.01.1994) entworfen, mit der folgende abfallwirtschaftlichen Ziele angestrebt werden:

- Sicherstellung einer langen Lebensdauer
- Förderung einer recyclinggerechten Konstruktion
- Kennzeichnung der Materialien
- Wiederverwendung von demontierten Teilen
- Stoffliche Verwertung und Wiedereinsatz im Automobilbau

Konkrete Aussagen werden im Verordnungsentwurf nur zu dem letzten Punkt in Form von anzustrebenden Verwertungsquoten gemacht. Für die Kennzeichnung von Materialien existiert jedoch schon eine VDA-Richtlinie. Die Organisation einer zukünftigen Altfahrzeugverwertung wird in der Verordnung durch folgende Punkte angesprochen:

- Kostenlose Rücknahme der nach dem Inkrafttreten der Verordnung zugelassenen Fahrzeuge (ansonsten nicht kostenfrei)
- Errichtung von Rücknahmestellen (mindestens eine pro Kreis)
- Stillegung des Fahrzeuges nur mit entsprechendem Verwertungsnachweis möglich

Diese Vorgaben lassen sich mit dem derzeitigen Entsorgungssystem nicht erfüllen. Daher ist eine Demontage bestimmter Komponenten und Stoffe notwendig, die, in größeren Mengen gesammelt, den jeweiligen Betrieben für eine Aufbereitung zur Verfügung gestellt werden (s. Abb. 5). Die bisherige Altfahrzeugverwertung ist für die meisten Teile und Stoffgruppen nicht wirtschaftlich, da die mit der Wiederherstellung der Nutzungseigenschaften verbundenen Aufwendungen höher sind als die einer Neuproduktion (vgl. Kurth, 1994, S. 37 ff.). Des weiteren entstehen die Rückstände am Ende einer im Durchschnitt zwölfjährigen Nutzungsdauer. Zu diesem Zeitpunkt sind Nachfolgemodelle, möglicherweise sogar schon deren Nachfolger auf dem Markt, die aus technischer Sicht erhebliche Weiterentwicklungen erfahren haben, so daß eine Verbauung der durch die Demontage und Aufbereitung gewonnenen Teile und Komponenten nur in einem sehr begrenzten Umfang möglich ist. Der Verkauf von Komponenten trifft aufgrund der zeitlichen Verschiebung des Angebotes auf eine vergleichsweise geringe Nachfrage, da sich der noch in Nutzung befindliche Bestand schon stark verringert hat.

Aus den skizzierten Aspekten ergibt sich aus heutiger Sicht für eine den Verordnungsvorgaben entsprechende Altfahrzeugzerlegung und -verwertung ein Deckungsbedarf je nach Fahrzeugtyp und -zustand in Höhe von 200 bis 500 DM (vgl. Initiativkreis Ruhrgebiet, 1992, S. 53). Unterstellt man eine marktwirtschaftliche Umsetzung der Verordnung, bei der die für die PKW-Entsorgung entstehenden Kosten auf die einzelnen Marktstufen übergewälzt werden können, dann muß der Letztbesitzer eine Zahlung in der genannten Größenordnung bei Abgabe seines Fahrzeuges leisten. Insofern ergibt sich ein ökonomischer Anreiz, das Fahrzeug in das benachbarte Ausland auszuführen, solange die Entsorgungskosten dort deutlich geringer sind. Dies kann zumindest EU-weit aus rechtlichen Gründen nicht untersagt werden, da freier Warenverkehr besteht.

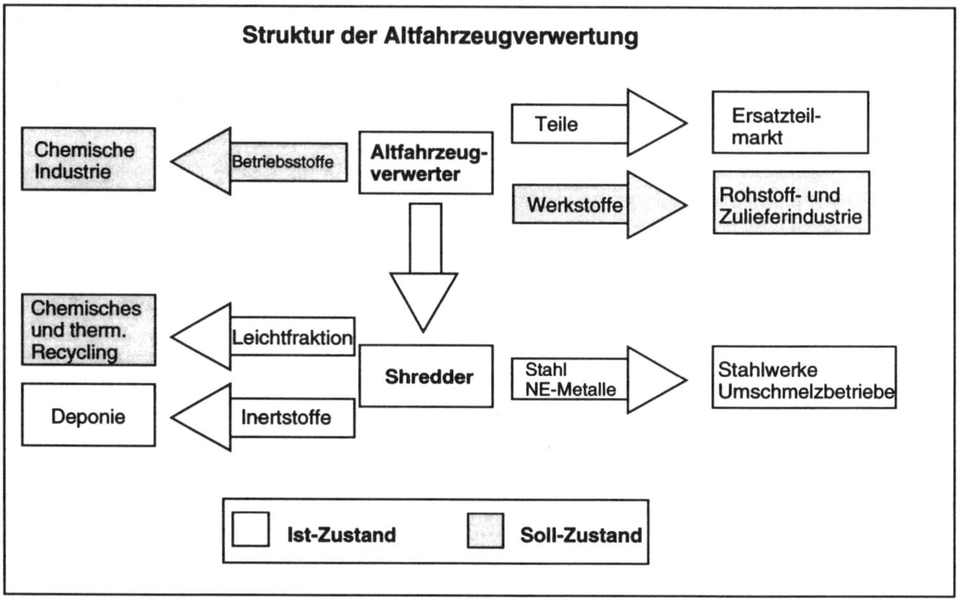

Abb. 5: Derzeitige und zukünftige Struktur der Altfahrzeugverwertung

3.2 Neue logistische Aufgaben bei der Umsetzung differenzierter Verwertungskonzepte

Die Verpflichtung zur Rücknahme mit der Maßgabe der stofflichen Verwertung von Altfahrzeugen wird einen tiefgreifenden Umstrukturierungsprozeß zur Folge haben. Mit dem bisherigen Entsorgungssystem lassen sich die in der Verordnung festgelegten Verwertungsziele nicht erreichen, da eine Trennung der Shredderleichtfraktion in die einzelnen Fraktionen technisch noch nicht darstellbar ist. Daher ist die vorherige Demontage von Komponenten und Teilen sowie deren artreine Sammlung und Getrennthaltung notwendig. Dies bedeutet eine erhebliche Ausdehnung der bislang ausgeführten Demontageumfänge, was zu völlig neuen technischen und logistischen Anforderungen an die Gestaltung der Prozesse führen muß (s. Abb. 6).

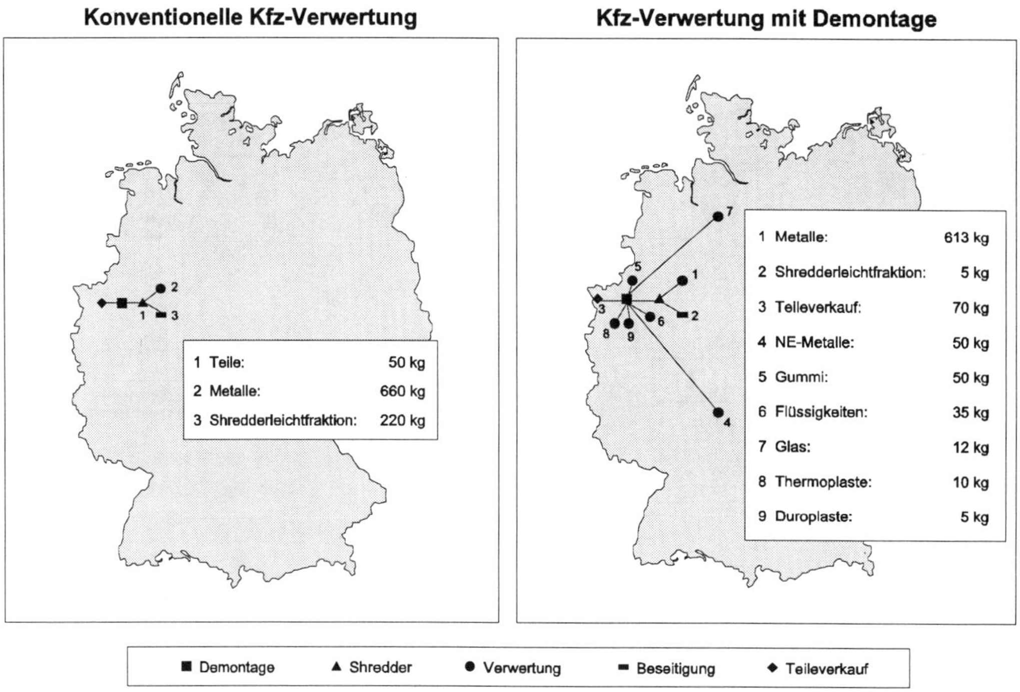

Abb. 6: Stoffströme der Altfahrzeugverwertung

Ohne auf die Einzelheiten der technischen Umsetzung einzugehen, ist es offensichtlich, daß viele der derzeit am Markt agierenden Altfahrzeugverwerter hierfür weder die notwendige Qualifikation noch eine ausreichende Betriebsgröße aufweisen. Insofern wird der Restrukturiererungsprozeß zu einer umfassenden Marktbereinigung führen, der die Anzahl der Verwerterbetriebe von 3.000 auf ca. 250 bis 400 reduziert (vgl. Ihde/Dutz, 1993, S. 201). Dieser Prozeß konkretisiert sich in folgenden Punkten:

- Auslastung der technischen Hilfsmittel und Gebäude
  Bislang erfolgte die Entnahme der Teile weitgehend in werkstattmäßigem Maßstab mit nur geringem Einsatz von technischen Hilfsmitteln. Zukünftig sind umfassendere infrastrukturelle Voraussetzungen notwendig, zu denen entsprechende Gebäude und Lagerflächen, Fördermittel, technische Hilfsmittel zur Unterstützung der Entnahmeprozesse, Prüf- und Analyseinstrumente gehören. Die Kapitalintensität der Demontage steigt, so daß deren kontinuierliche Auslastung sichergestellt sein muß.

- Unterstützung der Abläufe durch EDV
  Die administrativen Prozesse wurden bisher kaum durch den Einsatz von EDV unterstützt. Mit steigenden Durchsatzzahlen und einem weitaus größeren Teilespektrum, das verwaltet werden muß, sind manuelle Lösungen nicht mehr tragbar.

- Einsatz qualifizierten Personals
  Da aus heutiger Sicht eine hersteller- oder typspezifische Spezialisierung der Demontagebetriebe wirtschaftlich nicht sinnvoll ist, muß eine Vielzahl unterschiedlicher Fahrzeugtypen in verschiedenen Nutzungszuständen bewältigt werden. Die daraus resultierenden Anforderungen an Flexibilität und Vielseitigkeit sind nur durch qualifiziertes Personal zu erfüllen.

- Erzielung eines Mindestaufkommens für bestimmte Fraktionen
  Die Sortenreinheitserfordernisse der Verwertung führen bei der Stoffvielfalt der Fahrzeuge zu einer sehr starken Fraktionierung und Aufsplittung der Stoffströme. Um für bestimmte Stoffe wirtschaftliche Mengen sammeln zu können, ist ein Mindestdurchsatz erforderlich.

Mit der Restrukturierung der Transformationsprozesse verändert sich das logistische Netz, das sich von dem Anfallort als Güterquelle zu den Verwertungsorten als Gütersenken erstreckt. Somit ergeben sich aus der Restrukturierung neue logistische Planungsaufgaben, die unter Berücksichtigung nun neuer Rahmenbedingungen einer Lösung zugeführt werden müssen, die folgende Inhalte berücksichtigen muß:

- Horizontale Standortstruktur: Anzahl, Größe, räumliche Lage und Einzugsgebiete der Demonatagebetriebe
- Transportorganisation: Sammlung der Altfahrzeuge
Abfuhr der Fraktionen
- Bestandsführung: Planung der Abholmenge und -zeitpunkte

Daneben sind noch eine Reihe vor allem technischer Fragen zu klären, wie beispielsweise der typspezifische Zerlegungsumfang, der innerbetriebliche Material- und Transportfluß, die Gestaltung der technischen Hilfsmittel für Demontage, Lagerung und Transport sowie ein DV-Konzept für die Datenerfassung und -verarbeitung.

Die Größe der einzelnen Demontagebetriebe und deren Anzahl wird durch den trade-off zwischen Transportkosten und Größenersparnissen der Zerlegung determiniert. Kostendegressionen sind mit zunehmender Durchsatzmenge gegeben, ab einer Mindestbetriebsgröße jedoch nur noch in einem geringen Umfang, da die weitgehend manuelle Ausführung der Demontage keine Größeneffekte begründende Automatisierung zuläßt. Auf der anderen Seite wird die Größe des Betriebes durch die Ausdehnung des Sammelgebietes begrenzt, denn dem Letztbesitzer kann für die Abgabe seines noch fahrtauglichen Fahrzeuges nur eine begrenzte Transportstrecke zugemutet werden. Auch für die Sammlung nicht fahrtüchtiger Fahrzeuge würden zu hohe Transportkosten entstehen.

Aus der räumlichen Verteilung der Demontagebetriebe ergibt sich die Struktur des gesamten Verwertungssystems. Dabei interessiert auch hier die Frage, ob sich dieses logistische System als Umkehrung der Fahrzeugproduktion und -distribution darstellen läßt mit der Möglichkeit, bewährte Ansätze auf die Gestaltung des Rücknahmesystems übertragen zu können oder durch eine Verknüpfung bestimmter Prozesse die Kostenposition der Altfahrzeugverwertung nachhaltig zu verbessern (s. Abb. 7). Ein Vergleich der räumlichen Strukturen von Fahrzeugproduktion und -verwertung belegt schon auf den ersten Blick die unterschiedlichen Versorgungsgebiete. Europäische PKW-Hersteller produzieren in Verbundsystemen häufig art- und mengenteilig pro Standort Durchsatzmengen/a von 300.000 bis über 1,5 Mio. Fahrzeugen (vgl. hierzu Klippel, 1993). Die Beschaffung der Teile und Komponenten und die Verteilung der Fahrzeuge erfolgt weltweit. Die Verwertungsbetriebe hingegen weisen einen Sammelradius von höchstens 50 km auf, beschränken sich demnach auf eine regionale Beschaffung. Die Durchsatzmengen/a liegen derzeitig bei ca. 1.000 Fahrzeugen und werden auch zukünftig bei einem größeren Demontageumfang 10.000 Fahrzeuge nicht übersteigen. Die Verwertung der einzelnen Fraktionen und Teile wird überwiegend national durchgeführt. Genauere Aussagen können zum jetzigen Zeitpunkt noch nicht getroffen werden, da in der jüngsten Vergangenheit 30 bis 40 % der Altfahrzeuge im Ausland verwertet wurden.

Ein Ansatzpunkt für eine kostenmindernde Verbindung von Ver- und Entsorgung könnte die Kopplung der Neuwagendistribution mit der Altfahrzeugsammlung darstellen, wodurch sich die Auslastung der Transportmittel erheblich erhöhen ließe, denn die ausschließlich für den Fahrzeugtransport eingesetzten LKWs können nach Abladung der PKWs beim Fahrzeughändler i. d. R. keine Ladung für die Rückfahrt aufnehmen, wodurch sich ein beträchtlicher Leerfahrtenanteil ergibt. Eine Überprüfung der Sendungsstrukturen muß zeigen, ob es sich um unterschiedliche Ausprägungen handelt, zumal für diese Organisationsform die Sammlung der Fahrzeuge durch den Vertragshändler vorausgesetzt werden muß. Diese Aufgabe ist für den Fahrzeughändler aufgrund des geringen Erlöses jedoch wenig attraktiv, insbesondere wenn sich an die Altfahrzeugabgabe kein Neukauf oder Erwerb eines höherwertigen Gebrauchtwagens anschließt.

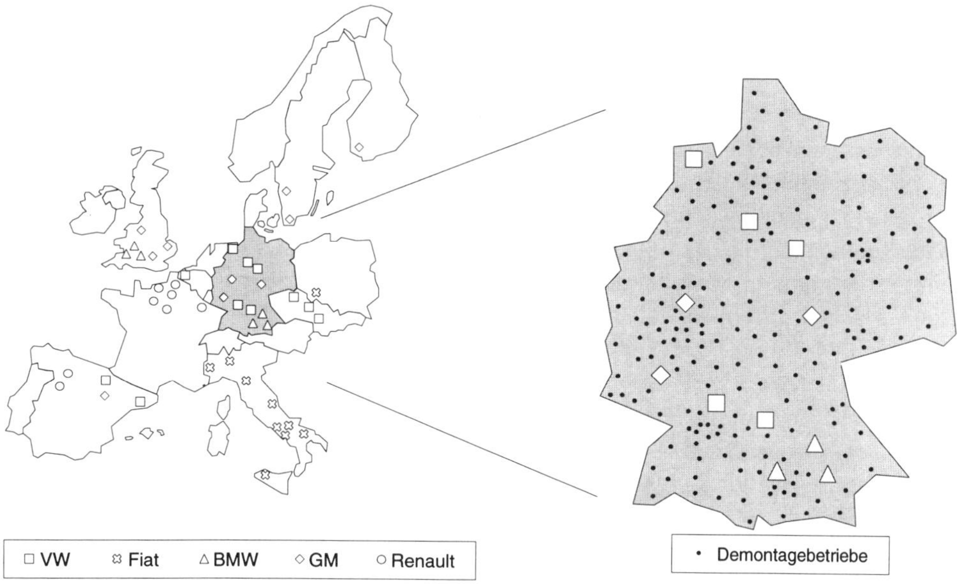

Abb. 7: Räumliche Verteilung der Fahrzeugproduktion und der -verwertung

Die Neuwagendistribution erfolgt von den Werken bzw. bei Importfahrzeugen vom Einfuhrort zu einem geringen Teil über den Binnenwasser-, ansonsten über den Schienen- bzw. Straßenweg gebündelt zu Umschlagspunkten in räumlicher Nähe zu den Absatzgebieten (vgl. Müller/Hartmann, 1994, S. 94 ff.). Von dort aus werden im Rahmen der Feinverteilung entweder empfängerreine Pendeltouren oder andernfalls mehrere Abladestellen umfassende Touren gebildet. Je nach Zufahrtsbedingungen bei den Händlern können große, acht bis neun Fahrzeuge fassende Lastzüge häufig nicht eingesetzt werden, sondern nur kleinere mit einer geringeren Ladekapazität.

Ein Transport von Altfahrzeugen zum Demontagebetrieb ist nur dann notwendig, wenn diese nicht mehr fahrtauglich sind. Anderenfalls dürfte sich der Letztbesitzer in den meisten Fällen aus Kostengründen für eine Selbstanlieferung entscheiden. Damit ist das Transportaufkommen schon von vornherein bei der erwarteten Selbstanlieferungsquote um ca. 40 % niedriger. Das Einzugsgebiet eines Demontagebetriebes wird nicht mit dem des Auslieferungsgebietes eines Umschlagspunktes einer Neuwagenspedition identisch sein, so daß bei einem Rückstransport von Altfahrzeugen in jedem Fall Umwege entstehen würden. Ebenso ergeben sich abweichende zeitliche Muster bei der Auslieferung im Vergleich zu den Sammelmengen (z. B. Werksferien der Automobilproduzenten, Unfallspitzen im Winterhalbjahr u. a. m.). Die Mengendisparitäten würden die Bildung von Bestandspuffern erforderlich machen, die aus Platzgründen aber nur in geringem Umfang tragbar wären. Hinzu kommen noch weitere Aspekte, die auf die spezifischen Verwertungsmarktverhältnisse zurückzuführen sind. Demontagebetriebe sind insbesondere an der Beschaffung junger und damit hochwertiger Unfallfahrzeuge interessiert, mit denen durch den Verkauf funktionstüchtiger Komponenten und Fahrzeugteile noch erhebliche Erlöse erzielt werden können. Bei diesen Fahrzeugen besteht zwischen den einzelnen Demontagebetrieben eine Beschaffungskonkurrenz, die dazu führt, daß diese die PKWs mit eigenen Sammelfahrzeugen vom Letztbesitzer am Unfallort selbst abholen. Somit verbleibt nur ein geringeres Restpotential vorwiegend sehr alter und geringwertiger Fahrzeuge. Für diese Fahrzeuge sind vielfach zusätzliche technische Hilfsmittel zur Beladung oder als Schutz vor dem Austritt von Betriebsflüssigkeiten notwendig. Die Wirtschaftlichkeit der Kopplung von Neuwagendistribution und Altfahrzeugsammlung sinkt zudem in dem Maße, in dem durch eine geschickte Routenoptimierung die zeitliche Auslastung im Rahmen der Neuwagenverteilung kontinuierlich erhöht werden kann (vgl. von Oldenburg, 1994, S. 723 ff.).

Für die ausgangsseitige Transportgestaltung der Demontagebetriebe, mit denen die Fraktionen zu den Orten ihrer weiteren Aufbereitung oder ihres Wiedereinsatzes gebracht werden, stellen sich die art- und mengenmäßigen sowie räumlichen Voraussetzungen ebenfalls anders als bei der Neufahrzeugproduktion dar. Hierzu ist eine Unterscheidung in eine stoffliche und eine produktbezogene Verwertungsform zu treffen. Letztere, die komplexen Komponenten wie Motor, Getriebe, Anlasser, Lichtmaschine betreffende Wiederherstellung der bisherigen Nutzungseigenschaften unterscheidet sich in ihren Grundzügen nur unwesentlich von der Aufbereitung von Tauschteilen im Rahmen der Gebrauchsphase des Fahrzeuges. Trotzdem ist die Prüfung und Aufarbeitung von der Neuproduktion der entsprechenden Teile getrennt, da hierzu andere technische Anlagen benötigt werden und andere Arbeitsinhalte auszuführen sind, die einen gemeinsamen Vollzug der Produktion und der Aufarbeitung nicht zweckmäßig erscheinen lassen. Die hohe Arbeitsintensität der Teileaufarbeitung begünstigt vielmehr kleinere, werkstattorientierte Produktionsorganisationen oder, was für die Zukunft erwartet werden kann, die Ausführung dieser Prozesse in Ländern mit wesentlich geringeren Lohnkosten, z. B. den Staaten des ehemaligen Ostblocks. Somit ergeben sich andere, von der primären Wertschöpfung abgekoppelte Teileströme, deren im Vergleich zu den Neuteilen geringer Wert vor der Aufarbeitung eine stärkere Bündelung nahelegt, die durch größere Sendungslose Transport- und Handlingkosten erspart.

Für den Großteil der in einem Fahrzeug eingesetzten Bestandteile kommt nur eine stoffliche Verwertung in Frage, bei der die ursprüngliche Form und Zusammensetzung der Teile aufgelöst wird mit dem Ziel einer möglichst sortenreinen Gewinnung von Werkstoffen (Metalle, Kunststoffe, Glas, Betriebsflüssigkeiten). Von daher können diese dem Fahrzeug entnommenen Teile auch zur Erhöhung der Schüttdichte gepreßt oder zerkleinert werden. Damit nehmen sie nicht zuletzt aufgrund ihrer Geringwertigkeit bzw. ihres negativen Wertes aus logistischer Sicht den Charakter von Massengütern an, deren Transportkostenempfindlichkeit die Bildung von großen Transportlosen und damit eine umfassende Konsolidierung erforderlich macht. Die Tatsache, daß nur zu einem sehr geringen Teil die im Rahmen der stofflichen Verwertung gewonnenen Sekundärprodukte wieder im Fahrzeug eingesetzt werden können, begründet zudem eine andere räumliche Verteilung der Empfangsorte als die der Neuproduktion.

Die skizzierten Zusammenhänge machen deutlich, daß das logistische Netz der Fahrzeugproduktion sich nur in einem sehr geringen Maße mit dem einer nach zukünftigen Maßstäben vollziehenden Altfahrzeugverwertung überschneidet. Die wesentlichen Bestimmungsfaktoren der Gestaltung logistischer Prozesse, die räumlichen und zeitlichen sowie die art- und mengenmäßigen Merkmale der Objekte besitzen jeweils unterschiedliche Ausprägungen, was andere Strukturen, Abläufe und Organisationsformen begründet.

4. Innovative Systeme für die Kreislauflogistik

Mit dem Einstieg in die Kreislaufwirtschaft ergeben sich logistische Aufgaben, für die neue Systeme entwickelt werden müssen. Es ist deutlich geworden, was häufig übersehen wird, daß Kreislaufwirtschaft logistisch aufwendig ist und ihre Umsetzung im Vergleich zur einfachen Deponierung zusätzliche Ressourcen, auch ökologische, beansprucht. Dies um so mehr, als aufgrund der gegenüber der Versorgung abweichenden Anforderungen eigenständige Logistiksysteme aufgebaut werden müssen. Dabei kommen wegen der spezifischen Güterstromstrukturen sowie der vorherrschenden Kosten- und Erlösfunktionen hersteller- oder gar produktbezogene Systeme nicht in Frage. Größeneffekte in Verwertung und Wiederaufbereitung und Bündelungseffekte in der Logistik machen unternehmensübergreifende Lösungen mit frühzeitiger Zusammenführung der Rückstands- und Reststoffströme erforderlich. Dennoch wird es gegenüber der verbrauchsnahen Deponierung umfangreiche zusätzliche Verkehre geben. Dies gilt nicht nur für Nahverkehre im Hinblick auf die Entsorgung der Fläche, sondern auch für Langstreckenverkehre. Erinnert sei nur an die stark gestiegenen europäischen Altpapier- und weltweiten Schrotttransporte. Diese stehen ersparten Rohstofftransporten gegenüber. Eine Beurteilung der ökologischen Vorteilhaftigkeit der Verwertung setzt somit die Kenntnis der Gesamtbelastung, d. h. auch der aus den Transporten resultierenden zusätzlichen Emissionen und Engergieverbräuche, voraus. Dies wird im übrigen auch von Gesetzesseite (§ 5 KrW/AbfG) gefordert. Insgesamt ist mit steigenden Verkehrsaufkommen und mehr noch -leistungen (tkm) zu rechnen. Bedeutsam für die Umweltbilanz der Kreislaufwirtschaft ist dabei der Umstand, daß ein Großteil dieser zusätzlichen Verkehrsarbeit nur vom Straßenverkehr übernommen werden kann, da die geringe Netzbildungs- und Flächenbedienungsfähigkeit von Eisenbahn und Binnenschiffahrt deren Einsatzmöglichkeiten angesichts des flächenhaften Aufkommens der Entsorgungsgüter begrenzen.

Literaturverzeichnis

DER RAT VON SACHVERSTÄNDIGEN FÜR UMWELTFRAGEN (1991): Abfallwirtschaft, Sondergutachten September 1990, Stuttgart 1991.

DUTZ, E./FEMERLING, CHR. (1994): Prozeßmanagement in der Entsorgung, in: Die Betriebswirtschaft, 54. Jg. (1994), S. 221 - 245.

HECHT, D. (1991): Möglichkeiten und Grenzen der Steuerung von Rückstandsmaterialströmen über den Abfallbeseitigungspreis, Berlin 1991.

HÜPEN, R. (1983): Ökonomische Theorie des Recycling, Frankfurt 1983.

IHDE, G. B. (1991): Transport, Verkehr, Logistik, 2. Auflage, München 1991.

IHDE, G. B./DUTZ, E. (1993): Die Gestaltung von Rücknahmesystemen als logistische Aufgabe - dargestellt am Beispiel der Altfahrzeugentsorgung, in: Zeitschrift für angewandte Umweltforschung, 6. Jg. (1993), S. 197 - 209.

INITIATIVKREIS RUHRGEBIET (HRSG.) (1992): ARiV - Automobil-Recycling im Verbund, Essen 1992.

KLIPPEL, B. (1993): Raumsysteme der europäischen Automobilindustrie, München 1993.

KURTH, H. (1994): Integriertes Konzept zur wirtschaftlichen Demontage und Verwertung von Altautos, Wiesbaden 1994.

MICHAELIS, P. (1993): Ökonomische Aspekte der Abfallgesetzgebung, Tübingen 1993.

MÜLLER, E./HARTMANN, H. (1994): PKW im Schiff und Waggon unterwegs, in: Logistik Heute, 16. Jg. (1994), Heft 9, S. 94 - 98.

OLDENBURG, K. VON (1994): Automobilrecycling - eine logistische Herausforderung? Berichtsband BVL-Kongreß 1994, S. 722 - 733.

SCHMIDT-ENDRULLIS, P. (1993): Markterschließung für Industrieabfälle, Diss. Bochum 1993.

SCHULTHEIß, B. (1978): Umweltschutz- und Rohstoffprobleme in der Unternehmensplanung, Berlin 1978.

STEINHILPER, R. (1988): Produktrecycling im Maschinenbau, Berlin 1988.

STÖLZLE, W. (1993): Umweltschutz und Entsorgungslogistik, Berlin 1993.

Grundlagen und Hauptprobleme des internationalen Umweltrechts

Von Prof Dr. Eibe Riedel

Inhaltsübersicht

1. Der Hintergrund des internationalen Umweltrechts

2. Die Umwelt im Völkerrecht

3. Die Bedeutung von Institutionen und Einzelfallentscheidungen für die Fortentwicklung des Umweltvölkerrechts

4. Der „Rio-Prozeß“

5. Schluß

Literatur

1. Der Hintergrund des internationalen Umweltrechts

Ein Dritteljahrhundert ist vergangen, seit *Rachel Carsons* mit ihrem Bestseller "Silent Spring" 1962 die Welt aufrüttelte und ein neues Rechtsgebiet beflügelte: das Umweltrecht. Suchte man anfangs vergeblich nach rechtlich greifenden Anknüpfungspunkten in Verfassungstexten, einzelnen Gesetzen oder internationalen Normierungen, ist diesem Mangel seit Beginn der 70-er Jahre abgeholfen worden. Ein engmaschiges Netz von Umweltschutznormen auf internationaler, regionaler, bilateraler und nationaler Ebene legte sich auf die Rechtsordnungen und scheint immer dichter zu werden. Daraus zu schließen, daß es mit dem Umweltschutz gut stünde, hieße jedoch, die tatsächliche Lage gründlich verkennen. Bei näherem Hinsehen erweisen sich viele Normen als bloße Bekenntnisse, Appellnormen und Programmsätze, die hehre Ziele formulieren, effektive Durchsetzung von Umweltschutznormen aber kaum bewerkstelligen. Fast scheint es, als sei die Fülle der angebotenen rechtlichen Normierungen geradezu Beleg für das Fehlen greifender Umweltschutzregeln: Je mehr Regeln, desto geringer der tatsächliche Schutz!

Dabei zeigt sich, daß auf nationaler Ebene vergleichsweise stärkerer Schutz als auf internationaler Ebene garantiert wird. Von ganz wenigen Ausnahmen abgesehen, besteht die Tendenz, daß Schutznormen mit stärkerer Internationalisierung zwar inhaltlich umfassender, jedoch zugleich abstrakter und damit in ihrer Durchsetzbarkeit schwächer werden. Hier spiegelt sich die generelle Schwäche des Völkerrechts: Die Vorherrschaft souveräner Nationalstaaten bleibt ungebrochen. Lockere Formen der *Kooperation*, aber nur wenige Ansätze von *Integration* kennzeichnen die internationale Ordnung. Und so können die Normen des Völkerrechts auch nicht effektiver sein, als es die dieses System tragenden Staaten zulassen.

Wenn die normative Fülle des internationalen und regionalen Umweltrechts auch durchaus beachtlich zu sein scheint, so ist der Hintergrund, vor dem sich die Bemühungen um umweltschützende Nomen abspielt, ernüchternd genug. Ständig zunehmende Meeresverschmutzung, Grundwasserverseuchung und Eutrophierung stehender Gewässer, Waldsterben und Bodenversauerung, saurer Regen und globale Klimaveränderungen, Ozonlöcher durch FCKW-Emissionen, der Treibhauseffekt, das Verschwinden tropischer Regenwälder mit ihrer Luftreinigungskraft, die Überweidung von Savannen mit nachfolgender Desertifikation („Ver-Wüstung“ im ureigensten Wortsinn!), dazu Umweltkatastrophen in immer kürzeren Abständen summieren sich immer mehr und nähern sich dem "point of no return". Ich will nicht den ernst zu nehmenden Weltuntergangspropheten das Wort reden, die meinen, es sei längst zu spät - allenfalls könne der Untergang unseres Biotops noch verlangsamt und damit hinausgezögert werden, doch müssen drastische und bislang kaum realisierte Umweltschutzmaßnahmen umgesetzt werden, wenn die Welt in 20 Jahren noch lebenswert sein soll[1]. Die Tatsache allein, daß seit der ersten großen Erdölkatastrophe, ausgelöst durch das Bersten der Öltanks des gestrande-

[1] Sehr lesenswert: *E. U. v. Weizsäcker*, Erdpolitik, 3. Aufl. (1992).

ten liberianischen Tankers "Torrey Canyon" 1967 vor der britischen Küste, zahlreiche weitere Tanker- und Bohrinselunfälle zu beklagen waren, gibt Anlaß zu höchster Beunruhigung. Zu denken ist etwa an den Tanker Amoco Cadiz 1978 vor der bretonischen Küste, die Ekofisk-Leakage 1975, die monatelang Millionen Tonnen Erdöl ins Meer strömen lassende Pemex Bohrinsel Ixtoc I im Golf von Mexico 1979, oder die Tankerkatastrophe vor der Küste Alaskas im April 1989 und die drohende Verseuchung der marokkanischen Küste und einer der reichsten Fischgründe der Welt vor den kanarischen Inseln 1990, um nur einige spektakuläre Unfälle herauszugreifen. Zu denken ist ferner an die Umweltverschmutzung in antarktischen Gewässern, deren Regenerationsfähigkeit nach hochgradiger Verseuchung viel geringer und langsamer erfolgt als in den übrigen Regionen der Welt, oder an die Dioxin-Giftkatastrophe von Seveso im Jahre 1976 und die Phosgenkatastrophe von Bhopal 1984 sowie an das durch menschliches Versagen ausgelöste Schmelzen des Reaktorblocks in Tschernobyl im April 1986 und an die Sandoz-Brandkatastrophe in Schweizerhalle im November 1986, bei der durch Löschwasser eine starke Rheinvergiftung eintrat[2]. Die Liste ließe sich zwanglos verlängern. Neben diese durch technische Fehler und menschliches Versagen verursachten Schäden treten immer wieder Umweltverseuchungen, die auf dem bewußten Kalkül des Schädigers beruhen. Genannt seien das Verklappen in ohnehin hochverschmutzten Küstenmeeren wie der Nordsee oder die Praxis der Reinigung von Leertanks auf See mit ihren erheblichen Verschmutzungsfolgen.

Nach fast jeder der größeren Umweltkatastrophen gab es Bemühungen, auf eiligst einberufenen Staatenkonferenzen und im Rahmen von internationalen Organisationen Abhilfe in Form von verbindlichen Abkommen zu schaffen, von denen hier die wichtigsten Vereinbarungen zum Schutz der Meere genannt sein sollen.
An erster Stelle steht das nach der *Torrey Canyon-Katastrophe* beschlossene *Internationale Übereinkommen über Maßnahmen auf hoher See bei Ölverschmutzungs-Unfällen* (1969). Verabschiedet wurde daneben ein Haftungsabkommen für Ölverschmutzung nebst Protokoll (1976), dem bis heute weit über 50 Staaten beigetreten sind. Im Jahre 1973 wurden das *Marpol*-Übereinkommen zur Verhütung der Meeresverschmutzung durch Schiffe und 1978 ein Protokoll zu diesem Übereinkommen verabschiedet, das inzwischen von 39 Staaten ratifiziert worden ist. Flankiert wurden diese Maßnahmen durch regionale Abkommen zum Schutz der Nordsee, der Ostsee, des Mittelmeeres, der Karibik und des Persischen Golfs. Allen diesen Regelungskonvoluten ist allerdings gemeinsam, daß sie erst beschlossen wurden, nachdem sich eine von der Wissenschaft längst diagnostizierte und permanent drohende Gefahr sich in einem Schadensfall verwirklichte. Und doch ist es für solche Schadensverhütungsmaßnahmen jedenfalls dann nicht zu spät, wenn die Schadensbekämpfung an der Wurzel des Übels ansetzt und sich nicht lediglich mit ihren Folgen beschäftigt[3].

---

[2] Zur völkerrechtlichen Dimension einiger dieser Katastrophen vgl. *F. Zehetner*, Tschernobyl - zur völkerrechtlichen Problematik grenzüberschreitender technisch-industrieller Umweltkatastrophen, in: Umwelt und Planungsrecht 1986, S. 201 ff.; *A. Rest*, The Sandoz Conflagration and the Rhine Pollu tion, in: German Yearbook of International Law 1987, S. 160 ff.; *A. Rest/R. Leinemann*, The Envi ronmental Catastrophe of the Coast of Alaska, in: Environmental Liability Law Review 1990, S. 13 ff.

[3] Zu den vielfältigen Bemühungen zur Schaffung eines umfassenderen Umwelthaftungsrechts vgl.: *S. Erichsen*, Der ökologische Schaden im internationalen Umwelthaftungsrecht (1992) sowie *A. Rest*,

Solange Reeder nationalen Umweltschutzauflagen durch Ausflaggen und Anheuerung von ungeschultem, aber billigem Personal sowie durch Registrierung in Billigflaggenstaaten entgehen können, werden kaum noch seetüchtige "Seelenverkäufer" die Weltmeere verunsichern und die Umwelt bedrohen. Die Einsicht wächst jedenfalls, daß kausale, nicht nur symptomatische Maßnahmen erforderlich sind, um größeren Schaden abzuwenden. Strikte Anlandeverbote, obligatorische Inspektionen in Häfen und Erzwingung von Sicherheitsstandards im Interesse aller wären denkbare Durchsetzungsmittel, die bislang erwogen, aber nicht beschlossen worden sind.
Bei einer drastisch steigenden Weltbevölkerung (6,1 Mrd. bis 2000; 8,2 Mrd. bis 2025; 10,5 Mrd. ab 2110; andere sprechen gar von 20 Mrd.) potenzieren sich die Wasser-, Boden- und Luftveränderungen durch Einwirkungen der Menschen dramatisch, wenn nicht bald und durchgreifend globale Veränderungen im Umweltverhalten erreicht werden. Vor diesem Hintergrund sollen im Folgenden einige Entwicklungen des internationalen Umweltrechts betrachtet werden.

2. Die Umwelt im Völkerrecht

Auf universeller Ebene beginnt die Problematik damit, daß schon über den relevanten Begriff des "völkerrechtlichen Umweltschutzes" gestritten wird. Legt man einen weiten Begriff zugrunde, der das ganze junge Rechtsgebiet abdeckt, so kann man ihn als "Inbegriff aller Völkerrechtsnormen definieren, die den Umweltschutz zum Gegenstand haben".
Dies bedeutet, daß - unabhängig von der rechtlichen Normqualifizierung - sämtliche vertrags- und gewohnheitsrechtlichen sowie alle sonstigen Rechtsquellen des Völkerrechts herangezogen werden dürfen. Völkerrechtlich relevant sind daher auch Resolutionen und Deklarationen - wie etwa die Stockholmer Umweltdeklaration von 1972 - oder Empfehlungen der Organisation für wirtschaftliche Zusammenarbeit und Entwicklung (OECD) und des Umweltprogramms der Vereinten Nationen (UNEP), über deren konsensbildende, maßstabsetzende Funktion kein Streit besteht, deren Rechtsgehalt jedoch umstritten bleibt. Kritiker an diesem weiten Umweltbegriff sehen hierin eine Aufweichung von Rechtsnormativität. Das verwendete "soft law" mache dieses Rechtsgebiet unnötig unsicher, umstritten und dissensträchtig, noch ehe es zu substantiellen Fortschritten bei der inhaltlichen Ausgestaltung gekommen ist[4].
Andere, zu denen ich mich rechne, sehen hierin keine Gefahr, sondern eine *Chance* des internationalen Rechts und speziell des Umweltrechts. Im Geflecht der internationalen Beziehungen erfüllen rechtlich zunächst unverbindliche Normen (wie Empfehlungen, Deklarationen, Richtlinien, Standards) *Maßstabsfunktionen*, die die Entwicklung des Völkerrechts maßgeblich beeinflussen: Sie können zunächst als *Interpretationshilfen* für bestehende Normen des "hard law" verwendet werden; daneben können sie als *Verhaltenskodizes* Selbstbindungsmechanismen auslösen und über indirekte Sanktionen eine

Ökologische Schäden im Völkerrecht - Die internationale Umwelthaftung in den Entwürfen der International Law Commission, in: Natur und Recht 1992. S. 155 ff.

[4] Vgl. beispielhaft *A. Bueckling*, Normative Erschöpfung im universellen Völkerrecht - ein Beitrag zur rechtlichen Archaik, in: Bayerische Verwaltungsblätter 1984, S. 614 ff.

Quasi-Verbindlichkeit erreichen[5]; zusätzlich wirken sich *Standards* auf die Fortentwicklung des allgemeinen Völkerrechts (z.B. bei den Menschenrechten und im internationalen Wirtschaftsrecht) aus. Die genannten Funktionen können ferner als *Kombinationsstandards*, als sog. "Zebras" dienen. Diese *Kombinationsstandards* beschreiben die zunehmende Tendenz der internationalen Praxis, verbindliche und unverbindliche Normen gleichermaßen zu verwenden. Hierauf ist noch zurückzukommen.
Die Funktion der zunächst unverbindlichen Normen besteht demnach in einer Kanalisierung von Einzelentscheidungen. Die zu fällenden Entscheidungen, die auf „harten" Rechtsnormen *basieren*, werden durch die Anwendung der "weicheren", unverbindlicheren Normen in eine Richtung fortentwickelt, die in aller Regel deutlich über das geltende Recht hinausweist.

Angesichts des geringen Integrationsgrades des internationalen Systems (vergleicht man es mit dem innerstaatlichen Rechtssatzmodell mit Sanktionsdrohung oder Gewohnheit der Regelbefolgung), mußte das Völkerrecht flexiblere und abgestufte Regelungsangebote machen. In Anbetracht der Komplexität der internationalen Beziehungen stellt dies keine Schwäche dar, sondern macht gerade die Stärke des Völkerrechts aus. Der geringere Normdurchsetzungsapparat und die größere Dissensträchtigkeit der auf völkerrechtlicher Ebene zu diskutierenden Probleme - man denke nur an die vielfältigen Wertgegensätze im Nord-Südgefälle und im Ost-West-Verhältnis - führte zwangsläufig zu einer sensiblen und flexiblen Annäherung an die Ziele, deren Durchsetzung nur unter Anpassung an vorgegebene Strukturen zu erreichen ist. Ein "Weniger" an Normdichte, ein "Mehr" an Appellnormen, an Programmsätzen und politisch-moralischen Zielvorstellungen konnte so die politischen Akteure der Staatenwelt gerade im Bereich des Umweltrechts erheblich beeinflussen, aufrütteln, anspornen und mahnen. Letztlich spielt es *politisch* keine so große Rolle, ob Nachbarstaaten schädigendes Verhalten an einer völkerrechtlich unstreitig geltenden Rechtsnorm oder (nur) an einem politisch überzeugenden, rechtlich jedoch noch wenig verbindlichen Grundsatz festgemacht wird, wenn darin Konsens artikuliert und Selbstbindung erreicht wird. Läßt sich dem geltenden Völkergewohnheitsrecht oder dem Vertragsrecht darüber hinaus ein normativer Anknüpfungspunkt entnehmen, hat der Verletzerstaat in aller Regel große Rechtfertigungsprobleme vor dem „Forum des Weltgewissens" - etwa den Vereinten Nationen - und in der Praxis scheuen es die Staaten, vor internationalen Gremien an den Pranger gestellt zu werden! Insoweit spielt das Fehlen von „Hartrechtsnormen" eine vergleichsweise geringe Rolle, zumal die *rechtliche* Konfliktlösung ja ohnehin nur *ein* probates Mittel friedlicher Streitbeilegung in den internationalen Beziehungen *neben anderen* Konfliktlösungsstrategien darstellt. Hierauf weist übrigens auch Kapitel VI der UN-Charta und insbesondere der zentrale Artikel 33 hin, wenn es dort heißt:

> „Die Parteien einer Streitigkeit, deren Fortdauer geeignet ist, die Wahrung des Weltfriedens und der internationalen Sicherheit zu gefährden, bemühen sich zunächst um eine Beilegung durch Verhandlung, Untersuchung, Vermittlung, Vergleich, Schieds-

---

[5] Zu denken ist etwa an den Südafrika-Verhaltenskodex von EG-Tochtergesellschaften gegen das Apartheid-System.

spruch, gerichtliche Entscheidung, Inanspruchnahme regionaler Einrichtungen oder Abmachungen oder durch andere friedliche Mittel eigener Wahl."

Angesichts dieser Sachlage bereitet das Fehlen eines präzisen Begriffs des völkerrechtlichen Umweltschutzes nicht so große praktische Schwierigkeiten, wie es zunächst den Anschein hat.
Die meisten internationalen Umweltschutzabkommen beschränken sich darauf, ihr geographisches Anwendungsgebiet und die Maßnahmen zu definieren, die sie verbieten, ohne eine Inhaltsbestimmung des Umweltbegriffes vorzunehmen. In diesem Zusammenhang bekennt sich die *Stockholmer Umwelterklärung* von 1972 zu dem denkbar weitesten Umweltbegriff, der die Umwelt des Menschen in der natürlich vorgefundenen und von ihm geschaffenen Form umfaßt (Punkt 1). Dazuzurechnen sind nach der Erklärung die folgenden Umweltmedien:
- Boden, Gewässer einschl. Grundwasser, eisbedeckte Polregionen, Landschaft insgesamt;
- Atmosphäre einschließlich des Weltklimas;
- der hoheitsfreie Weltraum und Himmelskörper ("celestial bodies") sowie
- Flora und Fauna.

Von dieser Definition nicht erfaßt wird freilich der sozialwissenschaftliche Umweltbegriff, der auch psychische und soziale Umweltfaktoren berücksichtigt, ähnlich dem Gesundheitsbegriff der Weltgesundheitsorganisation (WHO), der von perfektem psychosozialem und physischem Wohlbefinden ausgeht.

Das Völkerrecht beschränkt sich in seinen bisherigen Regelungen noch weitgehend auf einen *anthropozentrischen* Umweltbegriff. Erfaßt wird die Umwelt als die den Menschen umgebende Lebenssphäre. Nur selten wird hingegen ein *ökozentrischer Umweltbegriff* zugrundegelegt, in der der Mensch nur ein Systemteil darstellt, das nach den Eigengesetzlichkeiten seiner Mitwelt verfährt. Diese Vorherrschaft des anthropozentrischen Weltbildes, das nicht nur im Umweltrecht zu beobachten ist, hat im Völkerrecht dazu geführt, daß nach normativen Vorstellungen die Umwelt nur dann schützenswert ist, wenn ein Bezug zum Menschen hergestellt werden konnte. Das Verhältnis von Mensch und Umwelt wurde nur durch eine Orientierung auf den Abbau und die Nutzung von Ressourcen erreicht. Die Natur ob ihrer selbst wurde hingegen nur selten als schützenswertes Subjekt betrachtet. Ökozentrische Ansätze gibt es lediglich in Teilbereichen des völkerrechtlichen Umweltschutzes, beispielsweise im Washingtoner Artenschutzabkommen oder im internationalen Kulturgüterschutz, der sogar im humanitären Völkerrecht - dem Recht in bewaffneten Konflikten - seine Verankerung erfahren hat.
Unter Zugrundelegung dieses nutzungs- und ressourcenorientierten Umweltbegriffes formulierte die Stockholmer Deklaration von 1972 in Grundsatz 21 folgendes:

"Die Staaten haben nach Maßgabe der Charta der UN und der Grundsätze des Völkerrechts das souveräne Recht zur Ausbeutung ihrer eigenen Hilfsquellen nach Maßgabe ihrer eigenen Umwelt-Politik sowie die Pflicht, dafür zu sorgen, daß durch Tätigkeit innerhalb ihres Territoriums oder Kontrollbereichs der Umwelt in anderen Staaten oder in Gebieten außerhalb ihres nationalen Hoheitsbereichs kein Schaden zugefügt wird".

Dieses Konzept, vorgezeichnet bereits in den sog. *Helsinki Rules* der Internationalen Juristenkommission von 1966, betont die wirtschaftlichen Ausgleichsaspekte miteinander konkurrierender volkswirtschaftlicher Systeme und bekennt sich zum Grundsatz des "equitable and reasonable share", der vernünftigen und gleichmäßigen Nutzung gemeinsamer Güter.
Erstmals jedoch enthält die Stockholmer Erklärung Parameter, die die "wirtschaftsbetonende" Funktion der Umwelt relativiert. Im Grundsatz 2 heißt es dazu unmißverständlich:

> "Die natürlichen Hilfsquellen der Erde einschließlich der Luft, des Wassers, des Bodens, der Pflanzen- und Tierwelt ... müssen *zum Nutzen gegenwärtiger und künftiger Generationen* durch sorgfältige Planung und Bewirtschaftung geschützt werden."

und in Grundsatz 3 heißt es:

> "Die Fähigkeit der Erde, lebenswichtige erneuerungsfähige Hilfsquellen hervorzubringen, muß erhalten und nach Möglichkeit wiederhergestellt oder verbessert werden".

Es ist dies der Gedanke der Nachhaltigkeit (sustainability), der die schonendste Nutzung vorhandener Ressourcen gebietet. Damit bekennt sich die Deklaration bereits 1972 unmißverständlich zum Schutz- und Vorsorgeprinzip, das fortan die internationale - aber auch die regionale europäische Umweltschutz-Politik bestimmt.

3. Die Bedeutung von Institutionen und Einzelfallentscheidungen für die Fortentwicklung des Umweltvölkerrechts

Es ist an dieser Stelle nicht der Raum, die zweite Schiene völkerrechtlicher Regelung, die die institutionelle Förderung des internationalen Umweltschutzes betrifft, näher zu analysieren[6]. Seit langem wird im Rahmen der Vereinten Nationen versucht, durch Bereitstellung von Einrichtungen mit Handlungskompetenzen - notfalls auch mit ungeschriebenen Handlungsbefugnissen, sogenannten "implied powers", - eine flankierende Säule neben das "Norm- und Standardsetting" zu setzen, um so zu stärkerem Umweltschutz zu gelangen. Natürlich gilt auch für dieses im Rahmen des UNEP geschaffene institutionelle Geflecht die eingangs gemachte Einschränkung, daß internationale Organisationen nur so effektiv sein können, wie es die Staaten als Träger solcher Organisationen und Programme zulassen. Mit dieser Einschränkung kann jedoch gesagt wer-

[6] Siehe dazu im Einzelnen *M. Kilian*, Umweltschutz durch internationale Organisationen (1987), S. 396 ff. und passim.

den, daß die vielfältigen normativen und institutionellen Bemühungen auf internationaler Ebene den Umweltschutz entscheidend verändert haben, - zumindest was den erzieherischen Effekt solcher Einrichtungen betrifft -, vor allem dann, wenn diese universellen Bemühungen durch regionale und vor allem durch nationale Maßnahmen untermauert wurden. Neben hunderten von bi- und multilateralen, sektoralen, regionalen und punktuellen Abkommen, die zumeist eng umgrenzte nutzungsorientierte Zielrichtungen verfolgen, werden darüber hinaus im grenzüberschreitenden Kontext Informations- und Konsultationspflichten vorgesehen - wie etwa die beiden Konventionen der Internationalen Atomenergieorganisation (IAEO) von 1986 im Gefolge der Tschernobyl-Katastrophe.

Nicht nur flankierende Funktionen übernehmen einige Grundsätze des Völkergewohnheitsrecht und allgemeine Rechtsgrundsätze i.S.d. Art. 38 (1) (b) und (c) IGH-Statuts. Vielmehr können sie das Umweltvölkerrecht im Einzelfall entscheidend beeinflussen - obgleich eine wohl noch herrschende Meinung die Relevanz der dazu ergangenen Judikatur herabzuspielen trachtet, um es auf reines Nachbarrecht und internationales Flußrecht zu reduzieren. Dem ist aber entschieden zu widersprechen: Zwar sind es hauptsächlich solche nachbarrechtlichen Streitigkeiten, die das internationale Umweltrecht in seiner Entwicklung geprägt haben[7]. Indes haben diese Entscheidungen, in Kombination mit späteren präzisierenden, für sich allein noch rechtlich unverbindlichen Umwelt-Standards, in Form von Erklärungen, Entschließungen und Empfehlungen eine erhebliche Bedeutung. Dies gilt vor allem dann, wenn die Staatenpraxis keine entgegenstehenden Vorfälle bieten kann, die einer einheitlichen, nachweisbaren Rechtsüberzeugung der Staaten entgegenstehen. Als Rechtsüberzeugungen (opiniones juris) sind solche Erklärungen internationaler Organisationen allemal *prima facie* heranzuziehen. Zwar bedarf es noch des Nachweises, daß es sich dabei nicht um Zufallsmehrheiten oder Gelegenheitsabstimmungen in diesen Gremien, sondern um den Ausdruck des dahinter stehenden konkreten Staatenwillens handelt; ein solcher Nachweis läßt sich aber regelmäßig führen.

Im Völkergewohnheitsrecht werden zumeist vier Präzedenzfälle genannt, die, abgesehen von Differenzierungserfordernissen im Detail, gemeinsame Strukturen des internationalen Umweltschutzes aufzeigen.

(1) Im *Trail Smelter-Fall (1941)* ging es um eine Zink- und Bleischmelze, die in 11 - 18 Kilometer Entfernung von der amerikanisch-kanadischen Grenze in der Ortschaft Trail am Columbia-Fluß in der kanadischen Provinz British Columbia in einem engen, von Nord nach Süd reichenden Tal lag. Von der Schmelze wurden große Mengen Schwefeldioxyd abgelassen. Rückstände der Rauchschwaden verpesteten die Luft am Unterlauf des Columbia-Flusses und rieselten als giftige Nebelschwaden auf zahlreiche Bauernhöfe in den USA. Hierdurch kam es zu großen Ernteausfällen und zu Langzeitbodenverseuchung. Eine von den USA und Großbritanien, das damals noch für seine kanadischen „dominions" eintrat, alsbald eingesetzte gemischte Schiedskommission

[7] Vgl. *M. Vogelsang*, Vom Nachbarrecht zum Umweltrecht: Der Wandel des Umweltvölkerrechts, in: Umwelt und Planungsrecht 1992, S. 419 ff.

sprach den USA Schadensersatz in Höhe von US-$ 330.000,- zu - obgleich dies nur einen Teil der immensen Schäden abdeckte - und begründete den Schiedsspruch wie folgt:

> "Kein Staat ist berechtigt, sein Gebiet so zu nutzen oder den Nutzen zu dulden, daß durch Abgase das Gebiet eines anderen Staates, das Eigentum der Bewohner dieses anderen Staates oder diese selbst schwer geschädigt werden, falls die Angelegenheit ernsthafter Natur ist und der Schaden klar und überzeugend nachgewiesen wird."

Allerdings wurden diese Äußerungen nur am Rande gemacht, waren *obiter dicta*, und gehörten damit nicht zu den tragenden Entscheidungsgründen. Jedoch können diese Ausführungen für künftige Fälle in ihrer Bedeutung nicht überschätzt werden.

(2) Im *Korfu Kanal-Fall (1949)* wurde anläßlich eines anderen Klagebegehrens, das keine territorialen oder umweltrechtlichen Fragen, sondern Rechte Großbritanniens an britischen Kriegsschiffen und freien Durchfahrtsrechten durch die verminte Meerenge betraf, immerhin festgehalten, daß - entsprechend dem *Trail-Smelter*-Grundsatz - kein Staat sein Territorium für Aktivitäten benutzen darf, die Rechte anderer Staaten verletzen: "every state's obligation not to allow knowingly its territory to be used for acts contrary to the rights of other states".

Dieser Fall vor dem Internationalen Gerichtshof in Den Haag zeigt deutlich, daß eine enge nachbar- und flußrechtliche Reduzierung der Umweltbelange völkergewohnheitsrechtlich heute nicht mehr vertreten werden kann. Der *Korfu-Kanal*-Fall normiert als Völkergewohnheitsrecht bereits 1949 jedenfalls schon allgemein für das Umweltrecht anerkannte Informations- und Konsultationspflichten, die es den Staaten zur Pflicht machen, ihren jeweiligen Nachbarstaaten umweltschädigende Ereignisse, die von ihrem Territorium ausgehen, so schnell wie möglich mitzuteilen und die Nachbarstaaten gegebenenfalls in den Problemlösungsprozeß einzubeziehen.

(3) Dieser Grundsatz wurde im *Lac Lanoux-Streit (1957)* zwischen Frankreich und Spanien um grenzüberschreitende Wassernutzungen am *Lanoux*-See verfestigt und dahingehend ausgebaut, daß kein Staat sein Territorium in einer Weise nutzen darf, durch welche in einem anderen Staat ein erheblicher Schaden entsteht. In einem Gebiet großer Trockenheit kommt den gemeinsamen Wassernutzungen von sogenannten Ober- und Unterliegern besonderes Gewicht zu. Zwar enthält der Schiedsspruch ansonsten lediglich Ausführungen zum sogenannten *pactum de negotiando*, d.h. zur Verpflichtung über die Vornahme von Verhandlungen und verneint darüber hinausgehende Pflichten zum Abwarten bis zur einvernehmlichen Nutzungsabsprache der betroffenen Staaten, weil andernfalls durch Verhandlungstaktik die souveräne Nutzungsmöglichkeit des „Oberliegerstaates" effektiv vereitelt werden könnten; die größte Bedeutung dieses Falles liegt jedoch in der Fortentwicklung des Völkergewohnheitssatzes, wie er im *Trail Smelter*-Fall und im *Korfu Kanal*-Fall vorgezeichnet worden war.

(4) Der daneben noch gelegentlich genannte und in der Literatur als zusätzliche Leitentscheidung zum Umweltrecht erörterte *Gut Dam*-Fall (1968) ist in seiner umweltrechtli-

chen Dimension weniger bedeutsam. Die in diesem Fall zu entscheidenden Rechtsfragen betrafen eine spezifische Sondersituation. Im Mittelpunkt des Sachverhalts steht ein Staudamm am unteren Ontariosee, der auf kanadischem und amerikanischem Territorium gelegen ist. In einem bilateralen völkerrechtlichen Vertrag hatten die beiden betroffenen Staaten festgelegt, daß bei künftigen Schadensfällen Entschädigung und Schadensersatz zu leisten seien. Es kam dann zu einem Dammbruch, bei dem Schäden in Höhe von ca. US-$ 1,3 Mill. geltend gemacht wurden. Eine vertraglich vorgesehene „mixed claims commission“, eine gemischte Schiedskkommission, unterbreitete dann einen salomonischen Entscheidungsvorschlag, der von dem Schädigerstaat Kanada und dem Betroffenen, den USA, auch angenommen wurde. Statt der von betroffenen Bürgern geltend gemachten US-$ 1,3 Mill. wurden lediglich US-$ 300.000.- zugesprochen. Es oblag dann dem geschädigten Staat, diese Summe unter den betroffenen Geschädigten aufzuteilen. Interessant war der Fall vor allem deshalb, weil die gemischte Kommission die Kausalitätsfrage bei ihrer Entscheidung bewußt ausklammerte und weil in diesem Fall der allgemeine Rechtsgrundsatz des „Estoppel“ bekräftigt wurde. Nach diesem Grundsatz wird ein Staat an sein vorangegangenes Tun gebunden, wenn der andere Staat darauf längere Zeit vertraute, selbst wenn dadurch der erste Staat ein ihm prinzipiell zustehendes Recht verliert. Im *Gut Dam*-Fall hatte Kanada es nämlich versäumt, den Geltungsumfang des amerikanisch-kanadischen Vertrages durch Einlegung von Protesten rechtzeitig zu bestreiten. Von Interesse ist dieser Fall nicht zuletzt deshalb, weil in ihm die Pflicht eines Staates zur Leistung von Schadensersatz gegenüber Bürgern eines anderen Staates direkt angesprochen wurde, während es im Völkerrecht vorrangig um Rechte und Pflichten von Staaten, nicht jedoch von Bürgern *in* Staaten geht. Zu diesen vier Fällen des Völkergewohnheitsrechts, die sicherlich nur einen spärlichen Bezug zum internationalen Umweltschutz-Recht aufweisen, treten eine Reihe von unstreitig geltenden allgemeinen Rechtsgrundsätzen, die teilweise als Rechtsquelle im Sinne des Artikels 38(1) (c) des Statutes des Internationalen Gerichtshofs, teilweise selber als Völkergewohnheitsrecht anerkannt sind. Dazu können gerechnet werden:

1. „Verhalte Dich so, daß Du andere nicht schädigst“ (*Sic utere tuo ut alienum non laedas*). Aus diesem Satz wird die klassische Gefahrenabwehr abgeleitet.

2. Auch den umfassenden *Kooperations-, Informations-, Konsultations- und Verhandlungspflichten* widerspricht im Grundsatz niemand (nicht einmal die damalige Sowjetunion nach der Tschernobylkathastrophe). Doch stellen solche Verpflichtungen nur eine zweitrangige Lösung dar: ihr Verpflichtungsgrad ist viel weniger greifend; der Verletzerstaat kommt in aller Regel glimpflich davon. Der Umwelt als solcher dienen diese Maßnahmen nur wenig, allenfalls als vorbeugende Maßnahmen oder wenn sie mit vollverbindlichen Sanktionen verbunden werden.

3. Das „*Prinzip der gerechten und schonendsten Nutzung*“, der "*equitable und reasonable utilization*" bei gemeinsamer Ressourcennutzung. Die Einzelheiten hierzu sind allerdings äußerst umstritten[8].

---

[8] Ausführlich: *A. Reinicke*: Die angemessene Nutzung gemeinsamer Naturgüter (1991).

4. Der *Grundsatz der optimalen statt maximalen Nutzung*: Es ist dies ein „*Grundsatz im Werden*“, hinter dem der Gedanke der Nachhaltigkeit, der „sustainability“, wie er später auf dem Rio-Umweltgipfel ausgefächert wurde, steht.

5. Das „*Prinzip der guten Nachbarschaft*“.

6. Die Regeln der „*Beweislastumkehr*“ im Schadensfalle.

7. Hinzuweisen ist schließlich auf das Interventionsverbot, das Prinzip der Nichteinmischung in die inneren Angelegenheiten eines anderen Staates und andere Prinzipien der UN-Charta, wie sie in der Präambel und den Artikeln 1 und 2 der Charta niedergelegt sind.

Alle diese Völkerrechtsgrundsätze und Rechtssätze können als verbindliche, konkretisierende Maßstäbe herangezogen werden. Im Einzelfall mögen die Standards bei der Auslegung unbestritten geltender "offener Normen" durchaus ein Ergebnis entscheidend beeinflussen. Oft dienen sie auch der Vorstrukturierung regionaler und nationaler Gesetzgebungsmaßnahmen. Wichtig erscheint vor allem der Grundsatz des "equitable and reasonable share" des "gerechten und billigen Anteils", der in den 1966 verabschiedeten *Helsinki Rules* für bestimmte Bereiche näher präzisiert wurde. Insbesondere fallen hierunter:

- alle relevanten Faktoren eines Falles bezogen auf nicht-navigatorische Wassernutzungen (all relevant factors of a case);
- die Geographie des Wassereinzugsgebietes (geography of the basin);
- die Wasserbeschaffenheit und das Wasservokommen (hydrology);
- die Klimaverhältnisse des Wassereinzugsgebietes (climate affecting basin);
- die traditionellen Wassernutzungsarten in dem Gebiet (past utilization of basin);
- die gegenwärtigen, tatsächlichen Wassernutzungen (existing utilization of basin); sowie die
- ökonomisch-sozialen Bedürfnisse der anliegenden Nutzerstaaten (economic and social needs of user states);
- Bevölkerungsbedürfnisse (population needs);
- komparative Kosten alternativer Bedürfnisbefriedigung (comparative costs of alternative means of satisfying needs);
- das Vorhandensein alternativer Ressourcen (availability of other resources) und die
- Müllvermeidung (voidance of waste).

Dazu heißt es dann, daß alle diese Faktoren im Rahmen einer billigen und gerechten Nutzung so gewichtet und gleichermaßen berücksichtigt werden sollten und das Ergebnis nur aufgrund einer solchen „ganzheitlichen“ Problemerörterung gefunden werden muß.

Beispielhaft sollen diese - zugegebenermaßen schmächtigen - Maßstäbe des Umweltvölkerrechts an einen Fall des internationalen Umweltrechts aus jüngster Zeit angelegt werden. Bei dem türkisch-syrisch-irakischen Streit geht es um die Errichtung und Inbetriebnahme des *Atatürk-Staudammes* am Euphrat in Südostanatolien an, durch den für einige Monate das Wasser des Euphrat auf ein Viertel seines Volumens reduziert wurde (statt 500 nur noch 120 Kubikmeter pro Sekunde). Dem folgte ein erheblicher landwirtschaftlicher Schaden am Unterlauf des Flusses, wobei Bewässerungsmaßnahmen großer Trockengebiete der Unterliegerstaaten ausschließlich von diesem Fluß abhängig sind. Anhand der oben vorgestellten rechtlichen Instrumente kann meines Erachtens festgestellt werden, daß die Türkei gleich in mehrfacher Hinsicht eindeutig gegen das Völkerrecht verstoßen hat:

(1) Weder wurde der Grundsatz der gerechten Nutzung (equitable utilization) beachtet,
(2) noch wurden die umfassenden Kooperations-, Konsultations-, Informations- und Verhandlungspflichten mit den betroffenen Nachbarstaaten erfüllt, soweit hierüber berichtet wurde;
(3) darüber hinaus wurde der Grundsatz der Schadensvermeidung definitiv verletzt - zumindest insoweit, als
(4) der allgemein anerkannte *Grundsatz der Verhältnismäßigkeit* nicht hinreichend beachtet wurde, wonach eine weniger einschneidende, das Staudammziel gleichfalls, nur etwas langsamer erreichende Lösung nahegelegen hätte, die allen Interessen der Anliegerstaaten gerecht geworden wäre.

Mangels greifender überstaatlicher Streitschlichtungs- und Durchsetzungsinstrumente wird es zahlreicher, nur auf dem Verhandlungswege zu erreichender Vermittlungsbemühungen durch die Vereinten Nationen oder anderer in Artikel 33 der UN-Charta vorgezeichneter Mittel bedürfen, ehe hier eine befriedigende Lösung erzielt werden kann.

Das internationale Umweltrecht gebietet völkergewohnheitsrechtlich jedenfalls schon jetzt, Lösungswege zu finden, die nicht lediglich im nachhinein Schadens- und Entschädigungsfolgen bemessen, sondern vorbeugende Maßnahmen nach dem Vorsorgeprinzip treffen. Im Umwelthaftungsrecht wird das *Vorsorge-* und *Verursacherprinzip* (daß der die Umwelt Nutzende verschuldensunabhängig selbst für alle Folgekosten verantwortlich ist) zunehmend verrechtlicht und als Entscheidungsmaßstab in regionale und nationale Gesetzesnormierungen mit aufgenommen[9].

Neben alle diese das moderne Umweltvölkerrecht umgestaltenden und grundlegend verändernden Maßstäbe tritt in jüngster Zeit die aus dem System des internationalen Menschenrechtsschutzes entstammende Diskussion um sogenannte "Drittgenerationsrechte". Dazu gehören beispielsweise das Recht auf Frieden, Entwicklung, Selbstbestimmung, Partizipation und Solidarität als Grundsätze eines möglicherweise schon bestehenden völkerrechtlichen Sozialstaatsprinzips und nicht zuletzt *das Recht auf eine lebenswerte Umwelt* sowie das Prinzip des gemeinsamen Menschheitserbes („common heritage of mankind“).

[9] Hierzu *H.J. Peters*, Ökologische Vorsorgeorientierung, in: Zeitschrift für Umweltrecht 1994, S. 67 ff; *H. Hohmann*, Präventive Rechtspflichten und -prinzipien des modernen Umweltrechts (1992).

Allen diesen „Synthese-" und „Dachrechten" gemeinsam ist die Vorstellung, daß anstelle einer nur nutzen- und ressourcenorientierten Lebensgestaltung in egoistischer Perspektive, sei es individual-, gruppen- oder völkerschaftsgerichteter Normen, ein einheitliches, ganzheitliches Systemdenken tritt, das die Interrelation und Wechselbezüglichkeit aller Menschen - und Umweltschutznormen realisiert.
An anderer Stelle habe ich dafür plädiert, diese neuen Dachrechte nicht gleich damit abzutun, daß sie Bürger- und Individualrechte verwässern könnten und anstelle von absoluten Minderheitsschutzgrenzen mehrheitsorientierte Politikdimensionen der Menschenrechte in den Vordergrund der Betrachtung stellen. Vielmehr gilt es ihre positiven Aspekte in den Vordergrund zu stellen. Menschenrechte der „dritten Generation" dienen nicht als Ersatz für Menschenrechte der ersten und zweiten Dimension, sondern sind als komplementäre Ergänzungen zu begreifen, die neue Problemsichten eröffnen[10]. In dem Maße nämlich, wie international und national Ziel- und Programmsätze mit umweltrechtlichem Schwerpunkt als neue, zusätzliche Maßstäbe entwickelt werden, können neue Herausforderungen auch adäquater eingefangen werden als bisher.

4. Der „Rio-Prozeß"

Wohl den größten Einfluß auf die künftige Entwicklung des internationalen Umweltrechts übte der Erdgipfel von Rio de Janeiro vom 3. - 14.6.1992 aus. 178 Staaten trafen sich dort zur Weltkonferenz über Umwelt und Entwicklung. Die Konferenz verabschiedete 5 wechselbezügliche Dokumente, darunter 2 völkerrechtliche Verträge, 2 Deklarationen und ein über 600 Seiten umfassendes Aktionsprogramm, die „Agenda 21". Das „Rio-Paket" folgt dem Muster neuerer Völkerrechtsnormierung („Standardsetting"), nämlich der Verbindung von rechtlich verbindlichen mit rechtlich unverbindlichen Normen. Hierdurch erreicht man, daß die allgemein und oft vage klingenden, aber voll verbindlichen Normen durch rechtlich unverbindliche, aber großen politischen Konsens findende Standards näher interpretiert oder zumindest appellativ eingesetzt werden. Diese Standards bilden Maßstäbe, die man anlegen *kann*, aber nicht anlegen *muß*. Neu am Rio-Prozeß ist auch, daß man die voll verbindlichen Normen sehr vage hält, um möglichst viele Staaten vertraglich einzufangen, in der Hoffnung, daß sich dieses scheinbar lockere Normennetz allmählich verdichtet und die widerspenstigen Nationalstaaten letztlich doch einfängt. Rechtstechnisch geschieht dies durch Formulierung von Rahmenkonventionen - etwa die Weltklima-Rahmenkonvention 1992 - der später Protokolle folgen sollen, die einzelne Verpflichtungen dann näher ausformulieren. Dieses Modell wurde in der Wiener Ozonschutzkonvention 1985 und dem Montrealer Protokoll von 1987 oder auch in der Genfer Konvention über weiträumige Luftverschmutzung von 1979 nebst Protokollen von 1984, 1985, 1988 und 1991 erprobt und erwies sich als sehr zweckmäßig: auf leisen, unverbindlichen Sohlen schleicht sich eine Rechtsverpflichtung mit geringen Kostenfolgen heran. Die schmerzlicheren, weil kostenträchtigeren Konkretisierungen werden erst später, nach eingehenden Spezialberatungen verabschiedet und separat angenommen. So entsteht dann ein immer dichterer

[10] *E.H. Riedel*, Menschenrechte der dritten Dimension, in: Europäische Grundrechte-Zeitschrift 1989, S. 9 ff.

„Flickenteppich“ verbindlicher Regelungen, zu denen die Staaten zunächst nur vertraglich, häufig dann aber auch durch neu entstehendes Gewohnheitsrecht oder allgemeine Rechtsgrundsätze verpflichtet werden. Rahmenkonventionen können aber auch - wie der Name sagt - den generellen Rahmen abstecken und auf spezielle Umsetzung der lockeren Verpflichtungen im voll verbindlichen innerstaatlichen Recht verweisen. Die Normsetzung ist dann international, ihre Umsetzung und Durchsetzung national. Diesem Muster folgt die Klimakonvention von 1992, die inzwischen von über 120 Staaten unterzeichnet worden ist. Auch Deutschland gehört dazu. Die erste Staatenkonferenz zur Überprüfung der Klimakonvention fand bekanntlich im März/April 1995 in Berlin statt. Es wurden über 5000 Delegierte aus 180 Staaten erwartet. Die Klimakonvention institutionalisiert eine Staatenkonferenz (Art. 7) sowie ein ständiges Sekretariat (Art. 8), ferner einen nachgeordneten Ausschuß über wissenschaftliche und technologische Beratung (Art.9).

Die Bedeutung der Klimakonvention von Rio liegt in ihrer dynamischen Entwicklungsmöglichkeit. Die Mitgliedstaaten haben sich verpflichtet, Monitor-Systeme und nationale Datenbanken zu schaffen und wollen sich einem ausgefeilten Berichtssystem unterwerfen, wie es etwa im UNO-Menschenrechtsbereich seit langem üblich ist. Ein großes Manko der Klimakonvention ist es jedoch, daß in Rio keine konkrete Festlegung auf bestimmte Emissionswerte erreicht werden konnte. Nach den Art. 2(a) und 2(b) soll jedoch bis zum Ende des Jahrtausends eine Rückkehr zu den Werten von 1990 erreicht werden. Hierüber wurde in Berlin erneut verhandelt. Allerdings kam es dort noch nicht zur Verabschiedung eines solchen Protokolls, das diese Werte festschriebe. Es wurde lediglich ein Verhandlungsmandat über einen Zeitplan verabschiedet[11].

Die 2. „Rio-Konvention über die Erhaltung der Artenvielfalt von 1992“ sieht ebenfalls nationale Monitorsysteme über die Erhaltung der Artenvielfalt vor. Genaue Messdaten sind hier unbedingt erforderlich. Die Mitgliedstaaten verpflichten sich dann zu - für sich allein betrachtet - wenig verbindlichen nationalen Plänen, Strategien und Programmen zum Schutz der „biologischen Diversität“. In großem Maßstab werden „Checklisten“ zur Verhinderung negativer Auswirkungen auf die Artenvielfalt als Staatenverpflichtung formuliert, die ähnlich der Umweltverträglichkeitsprüfung (UVP) im UVP-Gesetz und in den Richtlinien der Europäischen Union konzipiert sind. Daneben verpflichten sich die Staaten zu sog. *in situ-* und *e situ-*Konservierungsmaßnahmen zur Arterhaltung - z.B. Fischfarming statt Überfischung, Aufzucht oder Rückzucht der vom Aussterben bedrohten Büffelherden Amerikas, oder der Fortpflanzungsversuche von Pandabären in Zoos. Auch hierbei wird wiederum das klassische obligatorische Berichtsystem, die Einrichtung einer Staatenkonferenz und eines ständigen Sekretariats vorgesehen. Auf die Probleme der materiellen Vorschriften dieser Konvention kann hier nicht näher eingegangen werden. Doch obgleich diese Konvention keine Rahmenkonvention darstellt, folgt sie doch inhaltlich dem Muster aller neueren Umweltkonventionen: um möglichst viele Staaten zu involvieren, verpflichtet man nur zu Anerkennung von „weichen“ Normen, die erst später zu „härteren“ Normen erstarken, wenn das Bewußtsein geschärft und die Bereitschaft zum Handeln gewachsen ist.

---

[11] Vgl. Bulletin der Bundesregierung Nr. 33 vom 28. April 1995, S. 277.

Die westlichen Staaten hatten gehofft, auf dem Erdgipfel eine Waldkonvention zu verabschieden. Dies scheiterte am Widerstand der betroffenen Entwicklungsländer, die einen „Ökoimperialismus“ und horrende Kosten befürchteten. In der gleichfalls verabschiedeten Agenda 21 - mit über 600 Seiten Aktionsprogramm - wurden Kosten in Höhe von über 500 Milliarden US-Dollar errechnet, wenn alle Agenda 21-Maßnahmen tatsächlich durchgeführt würden. Bewilligt wurde aber nur ein Betrag von jährlich zwei Milliarden US-Dollar, von denen die Bundesrepublik immerhin 240 Millionen Dollar übernahm. Diese „*global environmental facility*“ hat aber ein generelles Umdenken der Entwicklungsländer und der Industrieländer eingeleitet und zeigt erstmals, daß die Umweltprobleme nur gemeinsam mit Wirtschafts-, Sozial- und Kulturmaßnahmen sowie mit Infrastrukturmaßnahmen unter Beteiligung der Industriestaaten zu lösen sind. Die Einsicht wächst, daß es im wohlverstandenen, ureigensten Interesse der Industriestaaten liegt, den Entwicklungsländern jetzt zu helfen, um künftigen Generationen weltweit die Lungen der Erde, die tropischen Regenwälder, zu erhalten. Gegenwärtig wird jährlich eine Fläche von fast der Hälfte des Territoriums der Bundesrepublik gerodet. Die Dringlichkeit dieses Themas muß nicht näher erläutert werden. Auf der Rio-Konferenz 1992 gelang es aber nur, die Grundsätze einer Walderhaltungs- und Reforrestationspolitik zu formulieren. Konkretere Maßnahmen müssen folgen.

Im Bereich des Desertifikationsschutzes - des Schutzes vor Wüstenbildung - ist 1994 eine zusätzliche Konvention verabschiedet worden, die dieses Schema fortschreibt.
Als Dach über dem „Rio-Prozeß“ kann schließlich die Rio-Erklärung über Umwelt und Entwicklung von 1992 angesehen werden, die inzwischen von UN-General- Sekretär *B. Butros Ghali* in seiner neuen „Agenda für Entwicklung“ von 1994 konkretisiert worden ist. Diese Erklärung greift das Prinzip 21 von Stockholm auf und ergänzt das Schadensverhinderungs- und Begrenzungskonzept. Neu ist die Verkoppelung von Entwicklung und Umwelt, das Bekenntnis zur Vorsorgephilosophie - aber noch ohne Verbindlichkeit (!) - die Verpflichtung der Staaten zu UV-Prüfungen, die Wünschbarkeit eines „offenen und unterstützenden Weltwirtschaft-Systems“ - d.h. Anerkennung marktwirtschaftlicher Strukturen als Entwicklungsvoraussetzung, das Recht des Einzelnen auf Information über Umweltbelange, wie dies die europäische Umweltinformationsrichtlinie vorsieht, sowie das generelle Bekenntnis zu Partizipationsmöglichkeiten des Einzelnen in Entscheidungsprozessen mit Umweltrelevanz als unverzichtbarer Bestandteil einer „nachhaltigen Umweltentwicklung“. Auf Einzelheiten muß hier wiederum verzichtet werden.

Allerdings lesen und interpretieren die Industriestaaten die Erklärung anders als die Entwicklungsländer: Während die Industrieländer *Umweltschutz vor Entwicklung* betonen, geht es den Entwicklungsländern vorrangig um *Entwicklung vor Umweltschutz*. Beide Gruppen erkennen aber an, daß eine Wechselwirkung besteht.

Indes wollten die USA zunächst alles dem freien Markt überlassen. Erst seit dem Regierungswechsel zu Präsident *Bill Clinton* und vor allem beeinflußt durch das Buch seines Vizepräsidenten *Al Gore* „Earth in the Balance“ scheint sich ein Umdenken auch in den

USA anzubahnen. Längerfristig kann erwartet werden, daß die Rio-Erklärung mit ihren zunächst nur als Programmsätzen de lege ferenda formulierten weichen Verpflichtungen sich zunehmend verrechtlicht, die Herausbildung neuen Völkergewohnheitsrechts beflügeln und als Interpretationshilfe bei zahlreichen konkreten Konventionen auf globaler, regionaler und nationaler Gesetzgebungsebene dienen wird. Schon heute zeichnet sich ab, daß die Rio-Erklärung ähnliche Breitenwirkung wie seinerzeit Korb III (Menschenrechte) der KSZE-Schlußakte von Helsinki (1975) haben wird, lange bevor der Menschenrechtsschutz im damaligen Ostblock Realität wurde. Größter Konsens besteht jedenfalls schon heute darüber, daß erstmals „Bodensatz-Prinzipien“ zum Verhältnis Entwicklung und Umwelt in aller Klarheit formuliert wurden: Die Abkehr von isolierter Wachstumsideologie sowie das Bekenntnis zur Notwendigkeit nachhaltiger Entwicklung sind heute von einem erstaunlich großen Konsens der Staatengemeinschaft getragen. Aber viel bleibt zu tun, damit es nicht bei hehren Vorsätzen bleibt. Wie heißt es doch so schön in einem Sprichwort: Einsicht ist der erste Weg zur Besserung. Die Einsicht ist da, die Besserung aber noch lange nicht in Sicht. Wer hat etwas anderes erwartet? Das Völkerrecht spannt ein normatives Dach über der Staatenwelt und hält damit den Staaten einen Spiegel vor. Nichts hindert die Staaten jedoch, den Spiegel nicht anzuschauen und sich wegzudrehen - außer der Angst als mächtigem Impulsgeber davor, daß unser Nichtstun den Untergang unserer Zivilisationen bewirken kann.

5. Schluß

Ich komme zum Schluß meiner nur punktuellen Betrachtung der völkerrechtlichen Situation. Nachdem innerstaatlich, regional und global das Umweltproblem in allen seinen Aspekten erkannt worden ist und auch die verschiedenen Dimensionen der Thematik bewußt geworden sind - das Dreieck „Umwelt-Mitwelt-Nachwelt“ hat die Universitäten und Umweltschutzvertreter nachhaltig beschäftigt -, kehrt philosophisch eine gewisse Beruhigung ein. Unter Tausenden von Deklarationen, Prinzipien, Konventionen und Selbstbindungskodizes ist der Streit um die anthropozentrische oder ökozentrische Weltsicht verblaßt, erstickt oder marginalisiert worden: Der Mensch und seine Umwelt, die in seinem Interesse schützenswert und für die Nachwelt zu erhalten ist, bildet nach wie vor den zentralen Bezugspunkt. Die Umwelt muß nicht eigenständig, treuhänderisch verwaltet werden können, um das menschliche Handeln umwelt- und mitweltschonend zu prägen. Dafür reichen die Instrumente der anthropozentrischen Sicht. Sie müssen international, regional und national nur konsequent angewendet und umgesetzt werden.

Literaturverzeichnis

AUER, M. (1994): Für die Erhaltung der Arten und ihrer Lebensräume. Das Übereinkommen der UN über die biologisches Vielfalt, in: Vereinte Nationen, S. 168-172.

BEYERLIN, U. (1994): Rio 1992 - Beginn einer neuen globalen Umweltrechtsorganisation? in: Zeitschrift für ausländisches öffentliches Recht und Völkerrecht, S. 128-149.

BRYDE, B.-O. (1994): Umweltschutz durch allgemeines Völkerrecht? in: Archiv des Völkerrechts 1994, S.1-12.

BUNDESMINISTERIUM FÜR UMWELT, NATURSCHUTZ UND REAKTORSICHERHEIT (HRSG.) (1993): Dokumente - Konferenz der Vereinten Nationen für Umwelt und Entwicklung: Klimakonvention, Konvention über die biologische Vielfalt, Rio-Deklaration, Walderklärung, Bonn.

ERICHSEN, S. (1993): Der ökologische Schaden im internationalen Umwelthaftungsrecht, Frankfurt a.M. u.a.

HOHMANN, H. (1992):Präventive Rechtspflichten und -prinzipien des modernen Umweltvölkerrechts. Zum Stand des Umweltvölkerrechts zwischen Umweltnutzung und Umweltschutz, Berlin.

HOHMANN, H. (1993):Ergebnisse des Erdgipfels von Rio Weiterentwicklung des Umweltvölkerrechts durch die UN-Umweltkonferenz von 1992, in: Neue Zeitschrift für Verwaltungsrecht, S. 311-319.

KILIAN, M. (1987):Umweltschutz durch Internationale Organisationen. Die Antwort des Völkerrechts auf die Krise der Umwelt? Berlin.

KISS, A./SHELTON, D. (1991): International Environmental Law, London.

KLOEPFER, M. (1989): Umweltrecht, München.

LANG, W. (1985): Die Verrechtlichung des internationalen Umweltschutzes. Vom „soft law" zum „hard law", in: Archiv des Völkerrechts, S. 283-305.

LANG, W. (1994): Auf der Suche nach einem wirksamen Klima-Regime, in: Archiv des Völkerrechts, S. 13-29.

LANG, W. (1989): Internationaler Umweltschutz: Völkerrecht und Außenpolitik zwischen Ökonomie und Ökologie, Wien.

REST, A. (1992): Ökologische Schäden im Völkerrecht. Die internationale Umwelthaftung in den Entwürfen der UN International Law Commission und der ECE Task Force in: Natur und Recht, S. 155-164.

RIEDEL, E.H. (1989): Menschenrechte der dritten Dimension, in: EuGRZ, S. 9-21.

RIEDEL, E.H. (1986):Gentechnologie und Embryonenschutz, in: EuGRZ, S. 469-478.

RUBLACK, S. (1993): Der grenzüberschreitende Transfer von Umweltrisiken im Völkerrecht, Baden-Baden.

RUFFERT, M. (1994): Ergebnisse der Rio Umweltkonferenz, in: Jahrbuch des Umwelt und Technikrechts, S. 191-207.

SAND, P.H. (1985): Internationales Umweltrecht im Umweltprogramm der Vereinten Nationen, in: Natur und Recht, S. 170-173.

SCHWARZE, J./V. SIMSON, W. (1994): Völkerrechtliche Verfügungsbeschränkungen gegen Mißbrauch von Rohstoffen, in: Archiv des Völkerrechts, S.153-170.

TOLBAM, M.K./BRUNDTLAND, G.H./EHRLICH, P. UND A /SIMONIS, U.E./SCHREIBER, H. (1989): Die Umwelt bewahren. Die globale Umweltkrise als neue Dimension von Sicherheitspolitik. Ökologische Argumente für eine Wende in der internationalen Politik, Bonn.

v. WEIZSÄCKER, E.U. (1990): Erdpolitik. Ökologische Realpolitik an der Schwelle zum Jahrhundert der Umwelt, 2. Aufl., Darmstadt.

WOLFRUM, R. (1991): Purposes and Principles of International Environmental Law, in: German Yearbook of International Law, S. 308-330.

ZEHETNER, F. (1986): Tschernobyl - zur völkerrechtlichen Problematik grenzüberschreitender technisch-industrieller Umweltkatastrophen, in: Umwelt und Planungsrecht, S. 201-205.

Die Umwelt als Determinante des Gesundheitszustands

Von Prof. Dr. Eberhard Wille und Dr. Walter Ried

Inhaltsübersicht

1. Die Gesundheitsausgaben nach Trägern und Leistungsarten

2. Zum Gesundheits- und Umweltbegriff

3. Gesundheits- und Umweltziele

4. Die Beziehungen zwischen Umweltschutz und Gesundheitszustand

5. Der Einfluß der Umweltbedingungen auf die Gesundheit

6. Ausgewählte empirische Ergebnisse

7. Umweltschutz, steigende Lebenserwartung und Gesundheitsausgaben

Literatur

1. Die Gesundheitsausgaben nach Trägern und Leistungsarten

Nach Einschätzung der Bundesbürger gehören sowohl der Schutz der Umwelt als auch das Gesundheitswesen zu den Lebensbereichen, die für das eigene Wohlbefinden mit die größte Bedeutung besitzen. Dabei rangiert das Gesundheitswesen im Zeitablauf konstant an erster Stelle und der Schutz der Umwelt nahm im Jahre 1993 die vierte Position ein (vgl. Statistisches Bundesamt, 1994a, S. 441). Zwischen dem Gesundheitswesen und dem Schutz der Umwelt bestehen insofern enge Beziehungen, als der Umweltschutz im Rahmen der Gesundheitspolitik neben den Wohn- und Arbeitsverhältnissen, den Verkehrsbedingungen sowie dem individuellen Gesundheits- und Ernährungsverhalten einen wichtigen Bestandteil der *primären Prävention* darstellt (vgl. ENQUETE-KOMMISSION Demographischer Wandel, 1994, S. 277 ff.; Rosenbrock et al., 1995). Diese zielt darauf ab, über Vorsorgemaßnahmen das Auftreten von Krankheiten zu vermeiden, d.h. es geht ihr weniger um die Heilung von Krankheiten als um die Erhaltung der Gesundheit. Im Unterschied dazu erstreckt sich die sekundäre Prävention auf die Früherkennung von Krankheiten und möchte auf diese Weise eine bessere Voraussetzung für eine frühzeitige und gezielte Therapie schaffen (vgl. Pflanz, 1971, S. 468; Schicke, 1977, S. 16).

Die primäre Prävention steht als Gesundheitsvorsorge in engem Zusammenhang mit der Gesundheitsförderung, wobei die Grenzen zwischen diesen beiden Kategorien teilweise zerfließen. Die Gesundheitsförderung umfaßt Maßnahmen, die im Rahmen einer unspezifischen Vorbeugung den allgemeinen Gesundheitszustand und das gesundheitliche Wohlbefinden verbessern und auf diese Weise die Krankheitsresistenz steigern. Maßnahmen der primären Prävention dienen dagegen vornehmlich dazu, den Eintritt von Krankheitsfällen durch gezielte Maßnahmen zu verhindern oder zu verzögern (vgl. Sachverständigenrat für die Konzertierte Aktion im Gesundheitswesen, 1994, S. 114). Umweltschutzprojekte tragen in der Regel sowohl zur allgemeinen Gesundheitsförderung als auch zu einer spezifischeren Gesundheitsvorsorge bei, so daß dieser Unterschied im Rahmen der folgenden Überlegungen keine besondere Rolle spielt. Der Schutz der Umwelt gehört im Rahmen der Primärprävention jedoch eindeutig zur *Verhältnisprävention*, die im Gegensatz zur Verhaltensprävention auf technische und soziale Bedingungen abstellt, die den individuellen Gesundheitszustand zwar beeinflussen, sich aber dem unmittelbaren Einfluß des einzelnen Bürgers entziehen.

Die gesamten Gesundheitsausgaben beliefen sich im Jahre 1992 in Deutschland bzw. im früheren Bundesgebiet auf 429,1 Mrd. DM bzw. 369,2 Mrd. DM, was einem Anteil von 14,1 % bzw. 13,2 % am Bruttosozialprodukt entspricht (vgl. Statistisches Bundesamt, 1994b, S. 7 u. 13). Unter Abzug der Einkommensleistungen, die als reine Transfers nicht in die eigentliche gesundheitliche Leistungserstellung fließen und bei internationalen Vergleichen in der Regel keine Berücksichtigung finden (vgl. OECD, 1993), reduziert sich diese Quote auf 10,7 % bzw. 10 % . Im pluralistischen deutschen Gesundheitssystem verteilen sich die gesamten Ausgaben auf mehrere *Träger*, von denen die Gesetzliche Krankenversicherung (GKV) mit 207,6 Mrd. DM - bzw. mit 174,1 Mrd.

DM für das frühere Bundesgebiet - fast die Hälfte aller Gesundheitsausgaben finanziert. Wie Tabelle 1 ausweist, nahm der Anteil der GKV-Ausgaben an den gesamten Gesundheitsausgaben zwischen 1970 und 1992 trotz zahlreicher sog. Kostendämpfungsmaßnahmen bzw. Gesundheitsreformen von 35,5 % auf 47,2 % zu.

Ausgabenträger / Jahr	1970	1975	1980	1985	1990	1992
(1) Öffentliche Haushalte	14,2	13,6	13,5	13,2	13,3	13,3 (13,7)
(2) Gesetzliche Krankenversicherung	35,5	44,5	45,9	47,0	46,0	47,2 (48,4)
(3) Rentenversicherung	9,4	8,3	6,1	6,7	6,6	6,2 (6,8)
(4) Gesetzliche Unfallversicherung	3,6	3,3	3,3	3,4	3,0	3,4 (3,1)
(5) Private Krankenversicherung	5,2	4,6	4,6	5,2	5,7	5,7 (5,0)
(6) Arbeitgeber	23,7	19,2	19,7	16,6	17,6	16,6 (15,6)
(7) Private Haushalte	8,5	6,5	7,0	8,0	7,8	7,7 (7,5)

Tab. 1: Anteile an den gesamten Gesundheitsausgaben nach Ausgabenträgern (in %, zusammengestellt aus: Statistisches Bundesamt, 1994b, S. 8)

Bei einer Klassifikation der Gesundheitsausgaben nach globalen Leistungsarten erscheinen die *Aufwendungen für Gesundheitsförderung und Prävention* innerhalb der vorbeugenden und betreuenden Maßnahmen. Letztere umfassen die Gesundheitsdienste, die Gesundheitsvorsorge und Früherkennung sowie die betreuenden Maßnahmen, die ihrerseits die Mutterschaftshilfe und die Pflege einschließen. Wie Tabelle 2 belegt, stieg der Anteil der Ausgaben für vorbeugende und betreuende Maßnahmen im Beobachtungszeitraum zwar von 5,3 % auf 7,2 % an, die Aufwendungen für Gesundheitsvorsorge und Prävention, d.h. die Ausgaben für die Gesundheitsdienste sowie für Gesundheitsvorsorge und Früherkennung, nahmen jedoch von 1970 bis 1980 von 3,0 % auf 2,6 % ab und verharren seitdem auf diesem Niveau. Dies bedeutet, daß im Jahre 1992 bezogen auf das frühere Bundesgebiet von 369,2 Mrd. DM an Gesundheitsausgaben nur 9,5 Mrd. DM in die Gesundheitsförderung und Prävention flossen. Auch unter diesem Aspekt liegt die Vermutung nahe, daß in Deutschland trotz eines hohen Niveaus an Gesundheitsausgaben im Bereich von Gesundheitsförderung und Prävention noch erhebliche

Versorgungsdefizite und damit ein gesundheitspolitischer Handlungsbedarf bestehen (vgl. Sachverständigenrat für die Konzertierte Aktion im Gesundheitswesen, 1994, S. 114 ff.).

Jahr / Leistungsart	1970	1975	1980	1985	1990	1992
(1) vorbeugende und betreuende Maßnahmen	5,3	6,3	5,7	6,2	6,5	7,2
darunter: Gesundheitsdienste, Gesundheitsvorsorge und Früherkennung	3,0	3,3	2,6	2,6	2,6	2,6
(2) Behandlung	50,9	56,4	57,7	60,1	58,7	59,1
(3) Krankheitsfolgeleistungen	38,0	31,5	31,1	27,2	28,5	27,2
(4) Ausbildung und Forschung	1,4	1,5	1,6	1,7	1,8	1,7
(5) Nicht aufteilbare Ausgaben	4,4	4,4	3,9	4,8	4,5	4,8

Tab. 2: Anteile an den gesamten Gesundheitsausgaben nach globalen Leistungsarten (in %, zusammengestellt und berechnet aus: Statistisches Bundesamt ,1994b, S. 20-23)

2. Zum Gesundheits- und Umweltbegriff

Von einem sehr *weiten Gesundheitsbegriff* geht z.B. die Weltgesundheits-Organisation (1946, S. 14) aus, die unter Gesundheit "a state of complete physical, mental and social well-being and not merely the absence of disease or infirmity" versteht. Nach dieser weiten begrifflichen Fassung bedeutet jede Belastung oder Bedrohung des menschlichen Wohlbefindens in physischer, psychischer und sozialer Hinsicht eine Einschränkung der Gesundheit. Leitvorstellung dieses Gesundheitsbegriffs bildet offensichtlich das Ideal eines Lebens ohne Todesbedrohung, Funktionsverluste und Befindlichkeitsstörungen. Dieser weite Gesundheitsbegriff besitzt den Vorzug, bereits auf die verschiedenen Dimensionen der Gesundheitsziele und ihre sektorübergreifenden Bezüge, wie z.B. die Abhängigkeit vom Umweltschutz, hinzudeuten. Andererseits läuft dieses Begriffskonzept Gefahr, in ökonomischer und medizinischer Hinsicht unrealisierbare Ansprüche zu wecken und die Gesundheitsversorgung vor allem bei chronisch Kranken und älteren Menschen zu überfordern (vgl. Wille, 1989, S. 13).

Der *engere Gesundheitsbegriff* orientiert sich an einer altersgemäßen biologischen Norm und wertet nicht jede Einschränkung der Funktionsfähigkeit und der Belastbarkeit sowie jede Befindlichkeitsstörung als Verlust an Gesundheit. Referenzsystem für den Gesundheitsbegriff stellt nicht der "jugendliche Held" dar, der sich im Vollbesitz seiner geistigen und körperlichen Leistungsfähigkeit und in permanenter seelischer Hochstimmung befindet, sondern eine altersübliche Funktionsfähigkeit und Befindlichkeit. Als Einschränkungen der Gesundheit gelten mit zunehmendem Alter insofern nur Funktionsverluste und Befindlichkeitsstörungen, die ein altersbezogenes Niveau übersteigen (vgl. Sachverständigenrat für die Konzertierte Aktion im Gesundheitswesen, 1994, S. 37). Dieses engere Gesundheitskonzept bietet einen geeigneteren, weil realistischeren Ansatz für die gesundheitspolitische Zielbildung und Kontrolle.

Nach dem *weiten Umweltbegriff*, den z.B. auch die Systemtheorie und -analyse verwendet, grenzt sich die Umwelt von dem System ab, das im Mittelpunkt der Betrachtung steht. Die Fragestellung bzw. das jeweilige Erkenntnisinteresse zieht dann die Grenze zwischen System und Umwelt. In diesem Sinne umfaßt die Umwelt unter Wohlfahrtsaspekten alle Phänomene bzw. Lebensumstände, die das Wohlbefinden der Menschen beeinflussen. Entsprechend beinhaltet die gesundheitsrelevante Umwelt alle chemisch-physikalischen, sozialen und persönlichen Faktoren, die auf den Gesundheitszustand eines Menschen einwirken.

Die *enge Version* des Umweltbegriffs stellt in erster Linie auf die Beschaffenheit von Boden, Wasser, Klima und Luft ab, wobei auch das Lärmniveau eine Rolle spielen kann. Das auf dem engen Begriff aufbauende Umweltkonzept versucht, die Qualität dieser Umweltfaktoren mit Hilfe physikalischer Größen zu messen. Dabei können auch qualitative Elemente, wie z.B. die Schönheit und Vielschichtigkeit der Natur oder die Geschichtsträchtigkeit eines Ortes bzw. eines Stadtbildes, hinzutreten. Obgleich sich das weite Umweltkonzept auch im Rahmen der Gesundheitswissenschaften, vor allem bei der anthropologisch und psychosomatisch ausgerichteten Medizin als geeignetes Paradigma anbieten mag (vgl. Kirschner, 1994), liegt den folgenden Ausführungen der enge Umweltbegriff zugrunde.

3. Gesundheits- und Umweltziele

Das Zielspektrum, das Gesundheitsausgaben und die mit ihnen finanzierten Leistungen anvisieren, kommt zunächst in den sog. *medizinischen Behandlungszielen* zum Ausdruck (vgl. Schwartz, 1987, S. 19). Die Gesundheitsziele beinhalten im Sinne medizinischer Orientierung vor allem:

- die Verhinderung des vermeidbaren Todes bzw. nach Möglichkeit die Verlängerung des Lebens,
- die Verhütung, die Heilung und die Linderung von Krankheit und mit ihr verbundenen Funktionsverlusten und Befindlichkeitsstörungen,

- die Ausräumung von Befürchtungen und Ängsten durch eine gesicherte Erreichbarkeit von medizinischen Leistungen sowie
- die Wahrung der menschlichen Würde und Freiheit auch in Krankheit und im Sterben.

Diese Charakterisierung der Behandlungs- bzw. Gesundheitsziele deutet bereits an, daß sich das "Gut Gesundheit" einer direkten Beobachtung und eindimensionalen Messung entzieht und bestenfalls mit Hilfe partieller Indikatoren oder konstruierter Gesundheitsindizes näherungsweise abbilden läßt (vgl. Leu/Doppmann/Keller/Deutschmann, 1986, S. 160; Wille/Ried, 1995).

Sofern sich das Angebot an den Bedürfnissen der Bürger orientiert, kann sich eine Wohlfahrts- bzw. Zielanalyse bei Gütern, die der Marktmechanismus koordiniert, mit der Ebene der Inanspruchnahme begnügen, denn die Konsumenten äußern mit ihrer Nachfrage bzw. ihrer Zahlungsbereitschaft zugleich ihre individuelle Wertschätzung. Die Inanspruchnahme informiert aber bei den meisten Gesundheitsleistungen nur unzureichend über die betreffende Wertschätzung bzw. den individuellen Nutzen, denn die Patienten entrichten für die empfangenen Güter in weitgehend vollversicherten Gesundheitssystemen kein spezielles Entgelt. Sie sehen sich deshalb auch nicht gezwungen, für den Konsum ihre Zahlungsbereitschaft und damit ihre individuellen Präferenzen zu offenbaren. Ohne Kenntnis der individuellen Zahlungsbereitschaft vermag die Ebene der Inanspruchnahme keine gesicherten Hinweise über die Wohlfahrts- bzw. Zieleffekte zu liefern, die mit dem Konsum dieser Leistungen einhergehen. Der Verbrauch von Gesundheitsgütern garantiert per se noch keine Verwirklichung der angestrebten medizinischen Behandlungsziele, denn die betreffenden Leistungen können auch weitgehend wirkungslos bleiben oder sogar den Gesundheitszustand noch verschlechtern.

Da die Ebene der Ausbringung im Rahmen des Gesundheitswesens unter Wohlfahrtsaspekten nur eine begrenzte Aussagefähigkeit besitzt, besteht eine (Ausweich-)Möglichkeit darin, die Zieleffekte von Gesundheitsleistungen auf der Wirkungsebene zu bestimmen. Als Wirkungsziele ("impact objectives", "target variables", "final outputs") dienen dann sog. Outcome-Indikatoren der Mortalität, der Morbidität, der Lebenserwartung und der Lebensqualität dazu, die medizinischen Behandlungsziele in operationaler und prüfbarer Form abzubilden. Diese Konkretisierung setzt im Hinblick auf die erforderliche Validität der Outcome-Indikatoren voraus, daß ihre Wohlfahrtsrelevanz nicht in Frage steht. Das *Validitätskriterium* fordert, daß den Veränderungen der Outcome-Indikatoren auch gleichgerichtetete und gleichgewichtige Variationen des Gesundheitszustandes bzw. der individuellen Wohlfahrt entsprechen. Das Kriterium ist verletzt, wenn sich bei Variation eines Indikators das gesundheitliche Wohlbefinden nicht oder in die entgegengesetzte Richtung ändert oder die ausgewählten Indikatoren eine relevante, faktische Wohlfahrtsänderung nicht anzeigen (vgl. OECD, 1976, S. 25; Wille, 1980, S. 137).

Obgleich die gängigen Outcome-Indikatoren der Mortalität, der Morbidität und der Lebenserwartung für sich betrachtet durchaus dem Kriterium der Validität genügen, vermögen sie selbst bei einer Differenzierung nach Einkommensklassen, Branchen oder Regionen nicht das gesamte mit der Gesundheitsversorgung einhergehende Wohlfahrts- bzw. Zielspektrum zu erfassen. Die gesundheitlichen Wirkungsziele erstrecken sich nicht nur auf die Länge des Lebens oder die pathologische Abweichung realer Werte physiologischer Variablen von bestimmten Normwerten, sondern auch auf die *Lebensqualität* in dieser Zeit (vgl. Henderson/McGuire/Mooney, 1988, S. 21). Die übergreifende Losung lautet dabei: "Add Years to Life and Life to Years". Wie Tabelle 3 synoptisch aufzeigt, beinhaltet die Lebensqualität eine vielfältige Palette von Funktionsfähigkeiten, die alle das individuelle Wohlbefinden beeinflussen und von der Gesundheitsversorgung abhängen können. Innerhalb der physischen Funktionsfähigkeit besteht z.B. die Möglichkeit, den Grad der Mobilität, der Selbstpflege, d.h. die Eigenständigkeit beim Essen und Trinken sowie bei der Körperpflege, und der Haushaltsaktivitäten mit Hilfe spezieller Indikatoren zu messen. Der "Quality-Adjusted Life Years"-Ansatz versucht sogar, die Lebensqualität auf individueller Ebene in einem aggregierten Gesundheitsindex zusammenzufassen (vgl. u.a. Torrance/Feeny, 1989; Mehrez/Gafni, 1989; Wagstaff, 1991).

Dimensionen	Beispiele
Allgemeines Wohlbefinden	Allgemeiner Gesundheitszustand, Wahrnehmungsvermögen, Allgemeines Zufriedenheitsniveau
Physische Funktionsfähigkeit	Mobilität, Selbstpflege, Fähigkeit zur Ausübung alltäglicher Aktivitäten, Schmerz, physische Symptome
Psychische Funktionsfähigkeit	Depression, Zorn, Hilflosigkeit, Zukunftserwartung
Kognitive Funktionsfähigkeit	Erinnerungsvermögen, Aufnahmefähigkeit, Urteilsvermögen
Soziale Funktionsfähigkeit	Teilnahme an sozialen Aktivitäten, sexuelle Funktionsfähigkeit, Familienbeziehungen, Freizeitaktivitäten

Tab. 3: Dimensionen der Lebensqualität (zusammengestellt nach Luce/Elixhauser, 1990, S. 109)

Unter Einbeziehung der Lebensqualität decken die Gesundheitsziele auch einen großen Teil der *Umweltziele* ab. Die Beschaffenheit von Boden, Wasser, Klima und Luft sowie das Lärmniveau interessieren in normativer Hinsicht nicht um ihrer selbst willen, sondern wegen ihrer Bezüge zur menschlichen Gesundheit bzw. zum menschlichen Wohlbefinden. Dabei lenkt der Umweltaspekt den Blick allerdings verstärkt auf intertemporale Abhängigkeiten, denn die heutigen Umweltschutzmaßnahmen wirken sich auch und teilweise sogar primär auf die Lebensbedingungen und damit die Wohlfahrt künftiger Generationen aus. Dabei steht aber auch in intertemporaler Hinsicht die individuelle Wohlfahrt der Menschen und hier insbesondere ihre Gesundheit im Mittelpunkt der Umweltziele. Unter diesen Aspekt lassen sich auch die meisten Entwicklungen im Tier- und Pflanzenbereich subsumieren, denn diese gehen in der Regel mit unmittelbaren oder mittelbaren Effekten auf die menschliche Gesundheit einher. Unabhängig von irgendwelchen Verbindungen zur menschlichen Gesundheit beinhalten die Umweltziele rein optische Aspekte der Vielfalt und der Erscheinungsform von Fauna, Flora und Landschaft sowie bestimmte Orte und Regionen, die kulturelle Werte verkörpern.

4. Die Beziehungen zwischen Umweltschutz und Gesundheitszustand

Neben dem hohen Stellenwert, den die deutsche Bevölkerung dem Gesundheitswesen und dem Schutz der Umwelt in Umfragen bemißt, sowie den vielfältigen Überschneidungen von Gesundheits- und Umweltzielen besitzen diese beiden wohlfahrtsrelevanten Lebensbereiche noch einige weitere u. E. interessante Gemeinsamkeiten. Zunächst streben die Gesundheits- und die Umweltpolitik primär *allokative Zielsetzungen* an, denn es geht in erster Linie um eine Verbesserung des Gesundheitszustandes und des Umweltkapitals. Verteilungspolitische Analysen können hinzutreten, sofern die betreffenden Gesundheits- und Umweltindikatoren eine aussagefähige Disaggregation nach Einkommensklassen, Bevölkerungsgruppen, Branchen oder Regionen erlauben. Dagegen spielen konjunkturpolitische Aspekte nur eine vergleichsweise untergeordnete Rolle, was nicht ausschließt, daß Investitionen im Gesundheitswesen und im Umweltsektor die gesamtwirtschaftliche Nachfrage stärken und damit beschäftigungswirksam zur Konjunkturbelebung beitragen können. Gleichwohl eignen sich die Gesundheitsausgaben insofern nur beschränkt zur konjunkturpolitischen Steuerung, als der Bedarf an medizinischen Behandlungsleistungen nicht antizyklisch zur Wirtschaftsentwicklung variiert, sondern weitgehend konjunkturunabhängig besteht. Ähnlich verhält es sich beim Umweltschutz, dessen Dringlichkeit im konjunkturellen Aufschwung eher zunimmt, während die konjunkturpolitische Steuerung ein entgegengesetztes Ausgabenverhalten erfordert.

Zudem vermag sowohl im Rahmen des Gesundheitswesens als auch des Umweltschutzes die bloße *Erreichbarkeit von Leistungen* im Sinne eines Optionskonsums den Charakter von Wirkungszielen anzunehmen. Die Bürger erblicken dann als potentielle Nutzer bereits in den verbesserten Zugangsmöglichkeiten zu bestimmten Leistungen eine Erhöhung ihrer Lebensqualität bzw. Wohlfahrt. Sofern sie die verbesserte Erreichbarkeit wahrnehmen und die betreffenden Leistungen sehr schätzen, konsumieren sie "das Wissen um die jederzeitige Nutzungsmöglichkeit" (Leipert, 1978, S. 103) wie ein Endprodukt. Die OECD (1976, S. 19) sieht in der Erreichbarkeit bzw. Nutzungsmöglichkeit "an element of well-being in itself" und hält sie sogar für "as important as actual use". Im Gesundheitswesen stellen die ständige Verfügbarkeit von Krankenhausbetten auf Intensivstationen, die Entfernung bis zum nächsten Arzt bzw. Krankenhaus sowie der Zeitbedarf eines möglichen Eingreifens von Unfall- und Rettungsdiensten solche Options-

bzw. Sicherheitsleistungen dar. In ähnlicher Weise äußern im Bereich des Umweltschutzes viele Menschen unabhängig von jeder effektiven Inanspruchnahme starke Präferenzen für die Erhaltung bestimmter Naturgebiete und seltener Tierarten (vgl. Pomerehne/Römer, 1992, S. 194f.). Im Extremfall kann sich die Wertschätzung nicht einmal auf die potentielle Nutzung, sondern lediglich auf das Wissen um die Existenzerhaltung bedrohter Phänomene und Arten erstrecken.

Wie bereits oben unter 1. erwähnt, bildet die Umwelt eine Einflußgröße des Gesundheitszustandes, denn dieser hängt nicht nur von der medizinischen Behandlung, sondern auch von mehreren Determinanten aus anderen Lebensbereichen ab. Zu diesen transsektoralen Einflüssen, die auf den Gesundheitszustand einwirken, gehören neben der Umwelt u.a. die Wohn- und Arbeitsverhältnisse, die Verkehrsbedingungen, das individuelle Gesundheits- und Ernährungsverhalten sowie zumindest mittelbar auch die Erziehung. Wie Abbildung 1 veranschaulicht, bestimmen diese prädisponierenden Variablen, die sozio-ökonomische Faktoren und persönliche Charakteristika umfassen, zusammen mit den angebotsseitigen, medizinischen Determinanten den Gesundheitszustand. Letzterer erklärt dann neben den prädisponierenden und den Zugangsvariablen auch die Nachfrage nach Gesundheitsleistungen. Die Outcome-Indikatoren dienen schließlich dazu, den Gesundheitszustand, der sich einer unmittelbaren eindimensionalen Messung entzieht, möglichst valide abzubilden. Dieses äußerst komplexe Ursache-Wirkungsgeflecht, das die Gesundheitsproduktion kennzeichnet, macht es in der Realität vielfach unmöglich, jene Effekte eindeutig zu separieren und zu quantifizieren, die von einer isolierten Einflußgröße auf den Gesundheitszustand ausgehen. Gleichwohl lassen sich vor allem indikationsspezifisch bestimmte Hypothesen über die jeweilige Bedeutung der diversen Determinanten des Gesundheitszustandes formulieren. So führt z.B. die ENQUETE-KOMMISSION Demographischer Wandel (1994, S. 263) die augenfälligen Differenzen, die zwischen den neuen und den alten Bundesländern bei bestimmten Krankheiten, wie Kreislauf- oder Durchblutungsstörungen, Leber- oder Gallenbeschwerden bestanden, neben anderen Faktoren auch auf die stärkere Umweltbelastung in der ehemaligen DDR zurück.

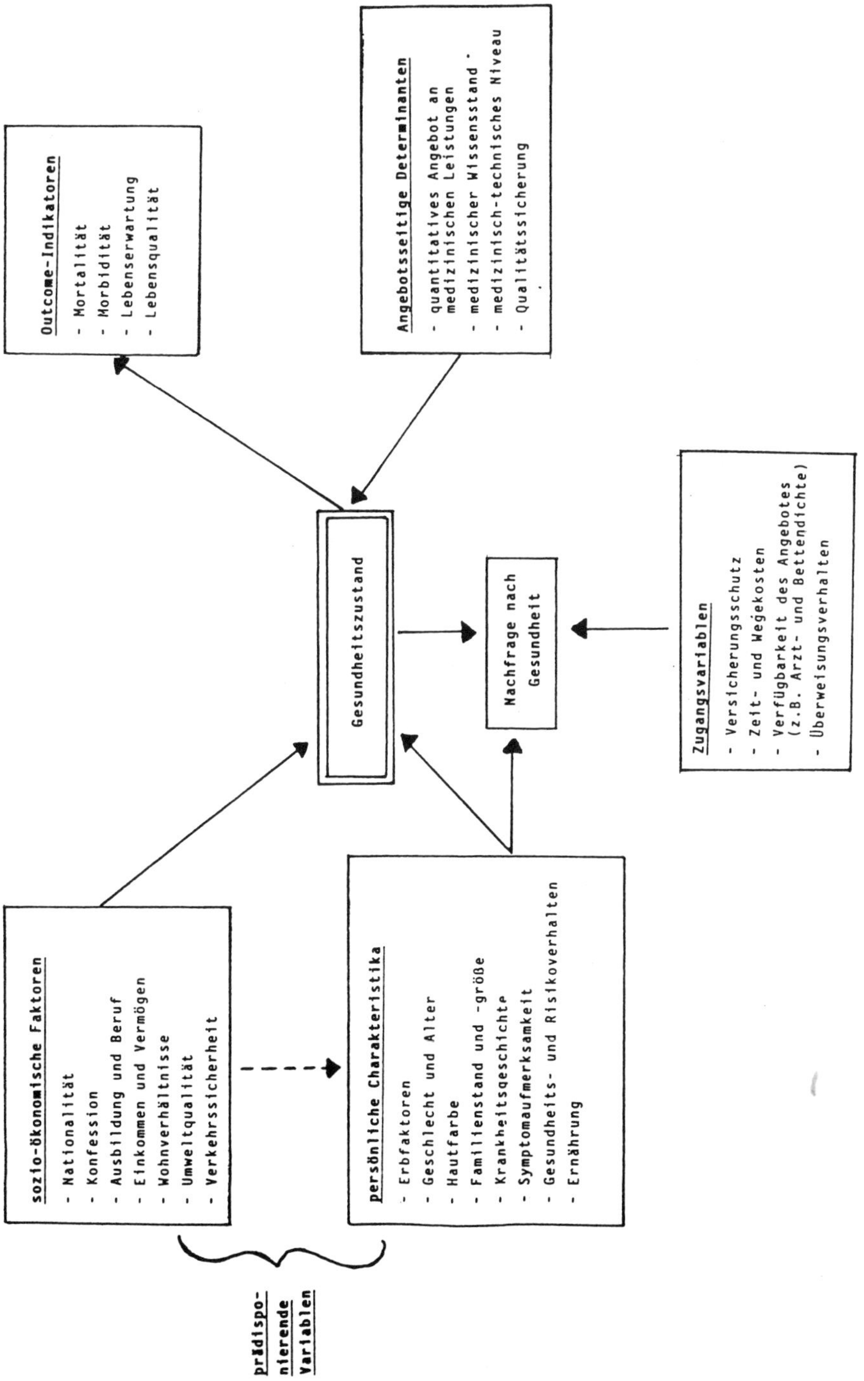

Abb. 1: Bestimmungsfaktoren und Messung des Gesundheitszustandes (vgl. Wille/Ried, 1995)

5. Der Einfluß der Umweltbedingungen auf die Gesundheit

Wie zuvor schon am Beispiel der Gesundheit bzw. des Gesundheitszustands erklärt, bezeichnet auch der Begriff der Umwelt bzw. der Umweltqualität einen komplexen, mehrdimensionalen Sachverhalt, der sich einer unmittelbaren Beobachtung entzieht. Demnach stellt auch die Umwelt eine latente Variable dar, die man mit Hilfe geeigneter Indikatoren, den sogenannten Umweltbedingungen, möglichst genau zu beschreiben versucht. Zu diesen Umweltbedingungen gehören etwa die Luftqualität (unter Umständen aufgeschlüsselt nach einzelnen Schadstoffanteilen), die Wasserqualität oder auch die individuellen Wohnverhältnisse.

Die konkreten Auswirkungen einer Veränderung der Umweltbedingungen auf die individuelle Gesundheit werden in der Literatur unterschiedlich modelliert. Im Kern jedoch beruhen diese Darstellungen auf der folgenden Überlegung, die sich auch anhand von Abbildung 1 veranschaulichen läßt. Eine Variation der Umweltbedingungen beeinflußt einerseits unmittelbar den Gesundheitszustand des Individuums, wie Abbildung 1 durch den Pfeil von der Gruppe sozio-ökonomischer Faktoren auf den Gesundheitszustand ausdrückt. Man bezeichnet diese Wirkung als den *direkten Effekt* der Umwelt auf die Gesundheit. Andererseits besitzt das Individuum die Möglichkeit, auf die veränderten Umweltbedingungen mit einer Anpassung seines Lebensstils, etwa seines Gesundheits- und Risikoverhaltens, zu reagieren. Auch dabei kommt es im Ergebnis zu einem Einfluß der Umwelt auf die Gesundheit, der nun aber über die zwischengeschaltete Änderung des individuellen Verhaltens erfolgt und daher einen *indirekten Effekt* repräsentiert. Abbildung 1 zeigt diesen Effekt durch den gestrichelten Pfeil zwischen den beiden Gruppen prädisponierender Variable und dem durchgezogenen Pfeil von den "persönlichen Charakteristika" auf den Gesundheitszustand.

Die tatsächlich eintretende Auswirkung der Umwelt auf die individuelle Gesundheit, die dem *totalen* Effekt entspricht, ergibt sich demnach als Resultat beider Veränderungen, d.h. als einfache Summe des direkten und des indirekten Effekts. Mit anderen Worten: der beobachtete Zusammenhang zwischen Umweltbedingungen einerseits und Gesundheitszustand andererseits isoliert nicht den Einfluß der Umwelt, sondern spiegelt auch den - in der Regel zumindest teilweise kompensierend wirkenden - Effekt individueller Anpassungsreaktionen wider.

In einer 1987 veröffentlichten Arbeit untersuchten Harrington und Portney den Einfluß der Umwelt auf die Gesundheit anhand eines statischen Modells der individuellen Nutzenmaximierung (vgl. Harrington/Portney, 1987). Die Autoren berücksichtigten dabei lediglich den Morbiditätsaspekt, indem sie als einzigen Gesundheitsindikator die Krankheitszeit pro Periode betrachteten, die sich als Resultat der Umweltbedingungen und des eigenen Gesundheitsverhaltens ergibt. Während der direkte Effekt aus naheliegenden Gründen als positiv vorausgesetzt wurde - Verbesserungen (Verschlechterungen) der Umweltbedingungen führen eine Verbesserung (Beeinträchtigung) der Gesundheit herbei -, ließ sich die Richtung des indirekten Effekts ohne weitere Voraussetzungen nicht eindeutig angeben. Die Autoren erachteten es allerdings für plausibel, daß das Individuum einer Veränderung der Umweltqualität über eine Anpassung des eigenen Verhaltens entgegenzuwirken versucht und unterstellten damit einen negativen indirekten Effekt (vgl. ebenda, S. 107). Unter dieser Voraussetzung bleibt der totale Effekt der Umwelt auf die Gesundheit im Vorzeichen unbestimmt. Allerdings legen wiederum Plausibilitätsüberlegungen ein überwiegend positives Vorzeichen für diesen Gesamteffekt nahe, da andernfalls diejenigen Individuen die beste Gesundheit aufweisen würden, die der größten Umweltverschmutzung ausgesetzt wären.

Eine vom Untersuchungsziel her ähnlich gelagerte Arbeit von Berger et al., die ebenfalls einen statischen Ansatz benutzte, berücksichtigte neben dem Morbiditäts- noch den Mortalitätsaspekt, um den individuellen Gesundheitszustand zu beschreiben (vgl. Berger/Blomquist/Kenkel/Tolley, 1986). In dieser Hinsicht geht ihr Modell über dasjenige von Harrington und Portney hinaus, allerdings verwenden die Autoren für die übrigen Komponenten des Nutzenmaximierungsproblems wesentlich stärkere Restriktionen. Trotz des veränderten Modellrahmens ergaben sich im Hinblick auf den Einfluß der Umwelt auf die Gesundheit qualitativ dieselben Resultate. Obwohl beide Effekte ohne weitere Voraussetzungen in theoretischer Hinsicht unbestimmt sind, schätzten die Autoren ein negatives Vorzeichen für den indirekten und ein positives Vorzeichen für den Gesamteffekt als außerordentlich plausibel ein (vgl. ebenda, S. 974ff.). Unter dieser Voraussetzung liegt insgesamt ein positiver Zusammenhang zwischen Umweltqualität und Gesundheitszustand vor, da die Anpassungsreaktion des Individuums auf die veränderten Umweltbedingungen den direkten Effekt lediglich abmildert, also nur teilweise zu kompensieren vermag.

Die bisher referierten Arbeiten identifizierten die Gesundheit eines Individuums mit seinem augenblicklichen Gesundheitszustand. Der moderne, auf der Humankapitaltheorie fußende Ansatz geht stattdessen davon aus, daß die Gesundheit einen Kapitalstock darstellt, der in jeder Periode Leistungen abgibt, etwa in Gestalt eines bestimmten Gesundheitszustands (vgl. Mushkin, 1962, Grossman, 1972, Muurinen, 1982). Dieser Sichtweise zufolge, die sich in der gesundheitsökonomischen Literatur weitgehend durchgesetzt hat, stellt die individuelle Gesundheit eine Bestandsgröße, der augenblickliche Gesundheitszustand jedoch eine Stromgröße dar. Während einerseits das Gesundheitskapital in jeder Periode der Abnutzung - etwa aufgrund des natürlichen Alterungsprozesses - unterliegt, besteht andererseits für das Individuum die Möglichkeit, diesen Kapitalstock mit Hilfe von Investitionen - etwa über die Inanspruchnahme medizinischer Leistungen oder durch eine "gesündere" Lebensweise - zu erhöhen.

Die Pionierarbeit auf diesem Gebiet geht auf Grossman zurück, der als Erster diese Vorstellungen im Rahmen eines dynamischen Modells der intertemporalen Nutzenmaximierung formalisiert hat, das allerdings lediglich den Morbiditätsaspekt berücksichtigte (vgl. Grossman, 1972). Im Kontext dieses Modells bietet es sich an, den Einfluß der Umweltbedingungen über die Abschreibungsrate auf das Gesundheitskapital zu erfassen (vgl. Cropper, 1981). Eine Verbesserung (Verschlechterung) der Umweltbedingungen verringert (erhöht) demzufolge die periodenbezogene Abnutzung der Gesundheit. In der am häufigsten verwendeten Variante des Grossman-Modells, dem reinen Investitionsmodell, ergeben sich folgende Resultate bezüglich des Einflusses der Umwelt auf die individuelle Gesundheit: Ähnlich wie bei den zuvor angesprochenen Arbeiten bleibt das

Vorzeichen des Einflusses einer dauerhaften Veränderung der Umweltbedingungen auf die Eigenanstrengungen des Individuums, d.h. auf seine Investitionen in die Gesundheit, unbestimmt. Allerdings fällt der Effekt auf die Gesundheit eindeutig aus, da das Modell einen grundsätzlich positiven Zusammenhang zwischen Umweltqualität und Gesundheitskapital liefert.

6. Ausgewählte empirische Ergebnisse

Die vorliegenden empirischen Untersuchungen des Zusammenhangs zwischen Umweltqualität und Gesundheitszustand lassen sich anhand ihrer jeweils verwendeten Datenbasis in zwei Kategorien einordnen. In die erste Kategorie fallen Arbeiten, die ausschließlich auf aggregierten Daten beruhen, während sich die Analysen in der zweiten Kategorie - zumindest überwiegend - auf Individualdaten stützen. Aggregierte Daten weisen grundsätzlich den Vorzug einer besseren Verfügbarkeit auf, da sie in der Regel keiner gesonderten Erhebung bedürfen. Im Gegensatz dazu bieten Individualdaten den Vorteil, sich besser zur Überprüfung theoretischer Überlegungen zu eignen, bei denen fast ausschließlich das Individuum im Blickpunkt des Interesses steht.

Auf der Ebene aggregierter Daten stammt eine der ersten Untersuchungen aus dem Jahr 1969 (vgl. Auster/Leveson/Sarachek, 1969). Als zu erklärende Variable verwendeten die Autoren bezüglich Altersstruktur und Geschlecht standardisierte Mortalitätsraten für die Bundesstaaten der USA. Unter den Bestimmungsfaktoren dieses aggregierten Gesundheitsindikators rangierten neben einer Vielzahl anderer Faktoren auch zwei, die den Einfluß von Umweltfaktoren abbilden können. Es handelte sich dabei um einen Indikator für den Grad der Verstädterung, der den in Großstädten lebenden Anteil der Bevölkerung eines Bundesstaats angibt, und um einen Indikator für den Grad der Industrialisierung, der den entsprechenden Anteil der Beschäftigten in der Industrie mißt (vgl. ebenda, S. 415). Bei den verschiedenen Schätzungen, die die Autoren unter anderem zur Verringerung von Multikollinearitätsproblemen durchführten, ergaben sich im Hinblick auf diese beiden Umweltvariablen ziemlich einheitliche Resultate. Während sich für den Grad der Verstädterung praktisch kein meßbarer Einfluß nachweisen ließ, übte der Grad der Industrialisierung einen positiven Einfluß auf die Mortalität aus, dessen statistische Signifikanz allerdings wegen fehlender Information über die Verteilung der Parameterschätzungen in kleinen Stichproben ungeklärt blieb.

Obwohl die Untersuchung von Auster et al. gerade auch in methodischer Hinsicht sehr sorgfältig angelegt ist, beinhaltet sie doch im Hinblick auf die Gültigkeit ihrer Ergebnisse einige problematische Aspekte. So beschreiben zwar Mortalitätsraten eine wichtige Komponente des Gesundheitszustands einer Bevölkerung, vermögen aber bei weitem nicht das Spektrum möglicher Gesundheitseffekte abzudecken, da sie keinerlei Information über die Morbidität enthalten (vgl. dazu näher Wille/Ried, 1995). Die lediglich teilweise Erfassung des Gesundheitszustands kann zu verzerrten und inkonsistenten Parameterschätzungen führen, wenn dieser Anteil mit den Ausprägungen der erklärenden Variablen korreliert (vgl. Auster/Leveson/Sarachek, S. 420). Ferner bereinigten die Autoren zwar diejenigen Variablen, die die Inanspruchnahme medizinischer Leistungen beschreiben sollen, von ihrem Endogenitätsfehler. Da sie darüber hinaus aber noch weitere Variablen wie z.B. den durchschnittlichen Alkoholkonsum, die kaum als exogen vorgegeben angesehen werden können, unbereinigt verwendeten, ergibt sich ein weiterer Grund, verzerrte und inkonsistente Parameterwerte zu vermuten.

Die Verzerrung und die Inkonsistenz sind statistische Eigenschaften von Schätzungen, die im allgemeinen unerwünscht sind. Eine Verzerrung, oftmals auch "bias" genannt, impliziert, daß - im mathematischen Sinne - nicht zu erwarten ist, bei der Schätzung den wahren Parameterwert bzw. Koeffizienten zu erhalten. Inkonsistente Schätzungen liegen dann vor, wenn es auch bei einer immer weiteren Ausdehnung des Stichprobenumfangs nicht gelingen kann, den tatsächlich gültigen Parameterwert mit Wahrscheinlichkeit Eins zu ermitteln.

Eine neuere Arbeit von Lopez et al., die ebenfalls auf aggregierten Daten aufbaut, versucht die Schwankungen der auf Magen-Darm-Krebserkrankungen bezogenen Mortalitätsrate bei über 45jährigen in verschiedenen Gemeinden des mexikanischen Bundesstaates Nuevo Léon zu erklären (vgl. Lopez/Phillips/Silos, 1992). Neben anderen erklärenden Variablen berücksichtigten die Autoren den Anteil der Haushalte mit fließendem Wasser sowie den Anteil der Haushalte mit Abwasserentsorgung zur Charakterisierung der Umweltbedingungen. Beide Variablen wurden in transformierter Form verwendet und von ihrem Endogenitätsfehler bereinigt. In der Schätzgleichung für die zu erklärende Mortalitätsrate ergab sich für beide Variablen ein negativer Koeffizient, d.h. ceteris paribus reduziert sowohl die Verfügbarkeit von fließendem Wasser als auch der Anschluß an die Kanalisation das Risiko eines Todes aufgrund von Magen-Darmkrebs (vgl. ebenda, S. 344).

Wenn auch die Koeffizienten der Umweltvariablen das plausiblerweise zu erwartende Vorzeichen besitzen, erscheint die Vorgehensweise von Lopez et al. nicht unproblematisch. Die zuvor geäußerte Kritik an der ausschließlichen Verwendung von Mortalitätsraten trifft auch auf die von den Autoren untersuchte spezifische - d.h. auf Magen-Darm-Krebserkrankungen bezogene - Sterberate zu. Ferner dürfte zwischen den beiden Variablen, die die Umweltbedingungen charakterisieren, ein enger Zusammenhang bestehen, der für die Schätzung das Problem der Multikollinearität aufwirft. Dieses Problem könnte auch bei einigen anderen Regressoren bestehen, was im Ergebnis die Präzision der Parameterschätzungen unter Umständen erheblich beeinträchtigen würde. Weiterhin berücksichtigten Lopez et al. keinerlei Variablen für die Inanspruchnahme medizinischer Leistungen, obwohl die medizinische Versorgung mit einiger Sicherheit einen Einfluß auf die zu erklärende Variable ausübt. Aus diesem Grund dürften die zuvor angesprochenen Parameterschätzungen ebenfalls verzerrt und inkonsistent sein.

Der Versuch, Zusammenhänge zwischen Variablen auf aggregierter Ebene herzustellen, erscheint auch noch aus einem anderen Grund problembehaftet. So dürften die Beziehungen zwischen den in die Analyse eingehenden Durchschnittswerten davon abhängen, wie diese Größen in der betrachteten Grundgesamtheit verteilt sind, ohne daß nach diesem letzten Aspekt differenziert werden könnte (sog. Aggregationsproblem). Nicht zuletzt aus diesem Grund gilt das Interesse heute stärker Untersuchungen, die vorwiegend mit Individualdaten arbeiten.

Im Zentrum einer 1983 von Ostro veröffentlichten Arbeit steht die Erklärung von zwei Indikatoren der individuellen Morbidität (vgl. Ostro, 1983). Es handelt sich dabei um den Verlust von Arbeitstagen und um die Anzahl der Tage mit eingeschränkter Aktivität, gemessen jeweils durch die Angaben der Individuen für die letzten zwei Wochen vor dem Befragungszeitpunkt. Die grundlegende Datenquelle bildete eine jährlich durchgeführte Haushaltsbefragung in den USA, die neben diesen beiden Indikatoren auch Informationen über den sozio-ökonomischen Status der Teilnehmer, ihre Inanspruchnahme medizinischer Leistungen und ihren Zigarettenkonsum enthält. Ostro spielte diesen reinen Individualdaten noch weitere Daten zu, unter anderem über die Witterungsbedingungen und das Ausmaß der Luftverschmutzung, die nicht individuell, sondern nach geographischen Regionen ermittelt wurden (vgl. ebenda, S. 373). Unter diesen quasi auf mittlerem Aggregationsniveau befindlichen Daten beschreiben die beiden Indikatoren "Konzentration aller Schwebstoffe" und "Konzentration aller Schwefelverbindungen" die Luft- und damit zugleich die Umweltqualität. Während Ostro die beiden zu erklärenden Variablen auch mit Hilfe von multiplen Regressionsanalysen untersuchte, erscheint sein Ansatz, den gesundheitsbedingten Verlust von Arbeitstagen mit Hilfe eines zweistufigen Verfahrens zu schätzen, besonders vielversprechend. In dieser auf männliche erwerbstätige Nichtraucher im Alter zwischen 18 und 65 Jahren beschränkten Untersuchung wurde zunächst die Wahrscheinlichkeit geschätzt, überhaupt eine Arbeitsabsenz erlebt zu haben. In einem zweiten Schritt erfolgte dann die Schätzung der Dauer dieser Arbeitsabsenz für diejenigen Individuen, die mindestens einen Arbeitstag verloren hatten. Im Hinblick auf den Einfluß der beiden Indikatoren der Luftqualität ergaben sich folgende Resultate: Die Konzentration aller Schwebstoffe erhöhte statistisch signifikant die Wahrscheinlichkeit einer Arbeitsabsenz, ohne jedoch deren Dauer zu beeinflussen. Im Gegensatz dazu übte die Konzentration der Schwefelverbindungen keine Wirkung auf die beiden zu erklärenden Variablen aus.

Ein wesentlicher Kritikpunkt an der Vorgehensweise von Ostro bezieht sich auf die Bestimmungsgründe der von ihm vornehmlich analysierten Variable, der Anzahl verlorener Arbeitstage. Er räumte selbst ein, daß weitere Informationen über den individuellen Lebensstil, beispielsweise die Ernährung oder die sportliche Aktivität, wünschenswert gewesen wären, um zu einer besseren Erklärung zu gelangen (vgl. Ostro, S. 374). Außerdem stellt die Anzahl verlorener Arbeitstage auch für Beschäftigte keinen besonders validen Indikator der Morbidität dar, da Arbeitsabsenzen teilweise auch auf außergesundheitliche Faktoren - etwa die Ausgestaltung der sozialen Sicherung oder die konjunkturelle Lage - zurückgehen können (vgl. Leu/Doppmann/Keller/Deutschmann, 1986, S. 161). Insgesamt fehlen in dem Ansatz von Ostro wichtige Determinanten der zu erklärenden Variablen, was auch der äußerst niedrige Wert des Bestimmtheitsmaßes anzeigt. Die Parameterschätzungen beispielsweise für den Einfluß der Indikatoren der Luftqualität dürften insofern verzerrt und inkonsistent sein.

In einer von den Datenquellen und dem Untersuchungsziel her ähnlich angelegten Arbeit versuchten Mullahy und Portney, die Anzahl der Tage mit uneingeschränkter Aktivität zu erklären, insoweit diese auf Atemwegserkrankungen zurückzuführen sind (vgl. Mullahy/Portney, 1990). Ihr Hauptanliegen bestand darin, den Einfluß der individuellen Rauchgewohnheiten einerseits und der Luftqualität andererseits auf diesen spezifischen Morbiditätsindikator möglichst genau abzubilden. Als Indikatoren der Luftqualität wurden die Konzentration der Schwefelverbindungen und ein aus den Ozonmessungen des Befragungszeitraumes gebildeter Durchschnittswert herangezogen (vgl. ebenda, S. 197). Wie bei Ostro verlief die Analyse in zwei Schritten, indem zunächst die Wahrscheinlichkeit, mindestens einen Tag mit eingeschränkter Aktivität zu erleben, erklärt wurde. Für diejenigen Individuen, für die dieses Ereignis zutraf, untersuchten Mullahy und Portney anschließend die Dauer der Funktionsbeeinträchtigung. Da die Autoren die individuellen Angaben über den Tabakkonsum von ihrem Endogenitätsfehler bereinigten, brauchten sie sich - im Gegensatz zu Ostro - nicht auf eine Stichprobe von Nichtrauchern zu beschränken. Wie schon bei Ostro ergaben sich im Hinblick auf die beiden Umweltvariablen unterschiedliche Ergebnisse. Die Ozonbelastung besaß eine positive Wirkung sowohl auf die Wahrscheinlichkeit einer Funktionsbeeinträchtigung als auch auf deren Dauer, wobei allerdings nur letztere statistisch signifikant war. Hingegen übte die Konzentration der Schwefelverbindungen keinen statistisch gesicherten Einfluß auf die zu erklärenden Variablen aus.

Die von Ostro bzw. Mullahy und Portney verwendeten Werte für die Indikatoren der Luftqualität sind jeweils an feststehenden Meßstationen einheitlich für eine gesamte geographische Region erhoben worden. Insofern war nur für Individuen, die in unmittelbarer Nähe dieser Meßstationen wohnen, eine einigermaßen zutreffende Beschreibung der Luftqualität zu erwarten. Für alle übrigen Teilnehmer an der Haushaltsbefragung dürften die Indikatoren der Luftqualität dagegen mit einem Meßfehler behaftet sein. Die Problematik unscharf erfaßter Regressoren taucht in beiden Studien noch bei weiteren erklärenden Variablen auf (vgl. Atkinson/Crocker, 1992, S. 13f.). Auch aus diesem Grund ist zu vermuten, daß die Parameterschätzungen - beispielsweise den Einfluß der Umweltbedingungen betreffend - in den beiden genannten Studien verzerrt und inkonsistent sind, wobei sich die Richtung dieses Fehlers nur unter sehr restriktiven Voraussetzungen angeben läßt (vgl. Atkinson/Crocker, 1992, Klepper/Kamlet/Frank, 1993).

Diese Schwierigkeiten versucht eine neue Arbeit zu vermeiden, die das im vorangegangenen Abschnitt skizzierte Grossman-Modell zur Schätzung des Einflusses der Umweltbedingungen auf Gesundheitskapital und Inanspruchnahme medizinischer Leistungen in der Bundesrepublik Deutschland einsetzt (vgl. Erbsland/Ried/Ulrich, 1995). Die Autoren modellieren sowohl die individuelle Gesundheit als auch die Umweltqualität in diesem Zusammenhang als latente Variable, die Indikatoren in der Regel nur unvollständig, d.h. mit Meßfehlern behaftet, beschreiben. Die Gesundheit wurde durch Indikatoren des individuellen Gesundheitszustands abgebildet, wobei die Autoren auf die vier Indikatoren (1) Gesundheitszufriedenheit, (2) Leiden an chronischen Krankheiten, (3) gesundheitliche Behinderung sowie (4) die Dauer der Arbeitsunfähigkeit zurückgriffen. Die beiden Indikatoren Grad der Luftverschmutzung und Ausmaß der Lärmbelästigung dienten dazu, die Beeinträchtigung der Umweltqualität zu erfassen.

Die Datenbasis der empirischen Analyse bildete die dritte Welle des Sozio-ökonomischen Panels. Neben Standardfragen, die in jeder Welle wiederkehren, enthält diese Welle (1986) zusätzlich Fragen, die von den Teilnehmern deren subjektive Einschätzung der zuvor angesprochenen Umweltbedingungen zu ermitteln suchen. Im Hinblick auf die Inanspruchnahme medizinischer Leistungen erlauben es die Informationen des

Panels, zwischen den drei Variablen (1) Anzahl der Besuche beim Hausarzt, (2) Anzahl der Besuche beim Facharzt und (3) der Zahl der Krankenhaustage zu unterscheiden. Im Einklang mit dem theoretischen Modell beschränkte sich die Untersuchung auf diejenigen Individuen, die einer Beschäftigung nachgingen und eine positive Inanspruchnahme bei mindestens einer der drei Nachfragevariablen aufwiesen.

erklärende Variablen	abhängige Variablen			
	Gesundheit	Hausarzt-besuche	Facharzt-besuche	Krankenhaus-tage
Gesundheit		-0,256 (-10,35)	-0,298 (-11,65)	-0,264 (-8,38)
Beeinträchtigung der Umweltqualität	-0,091 (-3,57)	-0,0001 (-0,01)	-0,002 (-0,08)	-0,057 (-2,82)
Einkommen	0,059 (2,27)	-0,071 (-3,55)	0,049 (2,41)	-0,015 (-0,73)
Geschlecht	-0,019 (-0,81)	-0,082 (-4,24)	0,138 (6,93)	-0,035 (-1,78)
Alter	-0,296 (-13,29)	0,051 (2,70)	-0,088 (-4,84)	-0,047 (-2,30)
Ausländer	0,021 (0,93)	0,058 (2,98)	-0,066 (-3,39)	0,039 (1,85)
Bildungs-abschluß	0,073 (3,23)	-0,032 (-1,70)	0,034 (1,82)	0,003 (0,15)
sportliche Aktivität	0,108 (5,35)	-0,028 (-1,61)	0,074 (4,30)	0,003 (0,14)
privat versichert	0,016 (0,86)	-0,034 (-2,07)	0,027 (1,64)	
Gemeinde-größenklasse	-0,041 (-2,13)	-0,152 (-8,77)	0,143 (8,44)	-0,023 (-1,32)
Erreichbarkeit des Hausarztes	-0,067 (-3,39)	-0,013 (-0,79)		
R^2	0,138	0,124	0,128	0,068

Tab. 4: Direkte Effekte auf die Gesundheit und die Inanspruchnahme medizinischer Leistungen (t-Werte in Klammern, basierend auf robusten Standardfehlern; übersetzt und leicht modifiziert übernommen aus Erbsland/Ried/Ulrich, 1995)

Die empirischen Ergebnisse bestätigten im wesentlichen die aus der theoretischen Analyse des Grossman-Modells zu erwartenden Zusammenhänge. Die Beeinträchtigung der Umweltqualität übte den vermuteten negativen Einfluß auf die individuelle Gesundheit aus, wobei der entsprechende Koeffizient auch statistisch signifikant war. Es handelt sich dabei um einen direkten Effekt im Sinne der im vorangegangenen Abschnitt eingeführten Terminologie. Wie Tabelle 4 veranschaulicht, sind in der von den Autoren untersuchten Variante des Grossman-Modells sogar sämtliche Parametereinflüsse auf die Gesundheit als direkte Effekte einzustufen, da in der Schätzgleichung für die Gesundheit keine andere endogene Variable auftaucht.

Bezüglich des Einflusses der Umweltbedingungen auf die Inanspruchnahme medizinischer Leistungen sind zwei Effekte voneinander zu trennen. Zunächst kommt es zu einem *direkten Effekt*, der die Wirkung der Umweltbedingungen bei konstanter Gesundheit beschreibt. Weiterhin entsteht ein *indirekter Effekt* aufgrund des Einflusses, den die Beeinträchtigung der Umweltqualität auf die individuelle Gesundheit ausübt, die ihrerseits eine Determinante der Inanspruchnahme medizinischer Leistungen bildet. Für den direkten Effekt lieferte die Schätzung im Gegensatz zu den theoretischen Überlegungen ein negatives Vorzeichen, das allerdings für die Besuche beim Allgemeinarzt bzw. beim Facharzt jeweils keine statistische Signifikanz besaß. Das „falsche“ Vorzeichen in der Gleichung für die Krankenhaustage mag darauf zurückzuführen sein, daß die diesbezügliche Nachfrage weitgehend durch Ärzte festgelegt wird und damit nicht dem im Modell von Grossman postulierten Entscheidungsprozeß folgt.

Tabelle 5 informiert über die indirekten und die totalen Effekte der exogenen Parameter auf die Inanspruchnahme medizinischer Leistungen. Dabei ergibt sich der totale Effekt als einfache Summe aus direktem und indirektem Effekt. Bei sämtlichen Variablen der Inanspruchnahme lag ein positiver und statistisch signifikanter Einfluß der Beeinträchtigung der Umweltqualität vor. Eine stärkere Beeinträchtigung senkt zunächst den gewünschten Bestand an Gesundheitskapital, um im Anschluß daran über den negativen Zusammenhang zwischen Gesundheitskapital und den Variablen der Inanspruchnahme eine höhere Nachfrage nach medizinischen Leistungen zu erzeugen. Mit Ausnahme der Zahl der Krankenhaustage ergaben sich jeweils positive totale Effekte der Beeinträchtigung der Umweltqualität auf die Inanspruchnahme von Gesundheitsleistungen, die allerdings statistisch nicht signifikant sind.

erklärende Variablen	Inanspruchnahme medizinischer Leistungen					
	Hausarztbesuche		Facharztbesuche		Krankenhaustage	
	indirekter Effekt	Gesamt-effekt	indirekter Effekt	Gesamt-effekt	indirekter Effekt	Gesamt-effekt
Beeinträchtigung der Umweltqualität	0,023 (3,41)	0,023 (1,10)	0,027 (3,47)	0,025 (1,14)	0,024 (3,36)	-0,033 (-1,37)
Einkommen	-0,015 (-2,24)	-0,086 (-4,18)	-0,018 (-2,29)	0,031 (1,53)	-0,016 (-2,23)	-0,030 (-1,53)
Geschlecht	0,005 (0,80)	-0,078 (-3,90)	0,006 (0,81)	0,143 (7,09)	0,005 (0,81)	-0,030 (-1,52)
Alter	0,076 (7,83)	0,127 (7,18)	0,088 (9,29)	0,0005 (0,08)	0,078 (7,22)	0,032 (1,63)
Ausländer	-0,005 (- 0,93)	0,053 (2,66)	-0,006 (-0,93)	-0,072 (-3,61)	-0,005 (-0,93)	0,033 (1,55)
Bildungs-abschluß	-0,019 (-3,09)	-0,051 (-2,61)	-0,022 (-3,14)	0,012 (0,64)	-0,019 (-3,02)	-0,017 (-0,87)
sportliche Aktivität	-0,028 (-4,84)	-0,056 (-3,16)	-0,032 (-4,98)	0,042 (2,39)	-0,028 (-4,57)	-0,026 (-1,41)
privat versichert	-0,004 (- 0,85)	-0,039 (-2,26)	-0,005 (-0,85)	0,022 (1,31)	-0,004 (-0,85)	-0,004 (-0,85)
Gemeinde-größenklasse	0,011 (2,10)	-0,141 (-7,94)	0,012 (2,07)	0,155 (8,96)	0,011 (2,07)	-0,017 (-0,67)
Erreichbarkeit des Hausarztes	0,017 (3,24)	0,004 (0,23)	0,02 (3,25)	0,02 (3,25)	0,018 (3,21)	0,018 (3,21)

Tab. 5: Indirekte und totale Effekte auf die Inanspruchnahme medizinischer Leistungen (t-Werte in Klammern, basierend auf robusten Standardfehlern; übersetzt und leicht modifiziert übernommen aus Erbsland/Ried/Ulrich, 1995)

7. Umweltschutz, steigende Lebenserwartung und Gesundheitsausgaben

Der Befund, daß von Maßnahmen zum Schutz der Umwelt positive Effekte auf den Gesundheitszustand ausgehen, begründet in einer Welt knapper Ressourcen noch nicht die Dringlichkeit bzw. gesamtwirtschaftliche Vorteilhaftigkeit spezieller Umweltschutzprojekte. Die Entscheidung über ihre Durchführung hängt vielmehr vom Kosten-Nutzen-Verhältnis der jeweiligen Vorhaben ab. Präventionsmaßnahmen besitzen insofern tendenziell gute Realisierungschancen, wenn

- die zu vermeidenden Gesundheitsstörungen mit medizinischer Relevanz eine große Bevölkerungszahl betreffen,
- die prophylaktischen Maßnahmen der Erkrankung zuverlässig vorbeugen und
- die Prophylaxe selbst kein unvertretbares Risiko in sich birgt (ähnlich Sachverständigenrat für die Konzertierte Aktion im Gesundheitswesen, 1994, S. 119).

Viele Umweltschutzprojekte dürften wie auch andere präventive Vorhaben den o.a. Bedingungen im Prinzip genügen und ein positives Kosten-Nutzen-Verhältnis aufweisen. Ihre bisherige relative Vernachlässigung mag u.a. darauf beruhen, daß sich präventive Maßnahmen im Hinblick auf den medizinischen Handlungsbedarf nicht so offensichtlich und zwingend aufdrängen wie kurative und rehabilitative. Bei Präventionsmaßnahmen handelt es sich vielmehr um Projekte, deren Kosten heute und für jedermann sichtbar anfallen, deren Nutzen aber, häufig noch unspezifiziert und mit einem gewissen Risikofaktor behaftet, in relativ ferner Zukunft liegen. Solche Maßnahmen laufen bei Selektionsprozessen üblicherweise, d.h. sowohl im budgetpolitischen Willensbildungsprozeß als auch im Rahmen anderer Allokationsmechanismen, Gefahr gegenüber Projekten, die mit eindeutigen Outcomes unmittelbar wirken, über Gebühr schlecht abzuschneiden.

Eine Intensivierung des Umweltschutzes führt vor allem in Kombination mit anderen Maßnahmen im Bereich der Verhältnis- und Verhaltensprävention tendenziell zu einer Verbesserung des Gesundheitszustandes und in diesem Kontext auch zu einer steigenden Lebenserwartung. Wie Abbildung 2 veranschaulicht, nahm, bezogen auf das frühere Bundesgebiet, die Lebenserwartung der Frauen bei Geburt innerhalb der letzten drei Jahrzehnte von gut 72 Jahren (1960/62) auf ca. 79 Jahre (1988/90) zu. Für eine 60jährige Frau stieg die Lebenserwartung im gleichen Zeitraum noch um fast vier Jahre auf 82 Jahre. Die achte koordinierte Bevölkerungsvorausberechnung des Statistischen Bundesamtes unterstellt für das Jahr 2000 eine entsprechende Lebenserwartung bei Geburt von über 81 Jahren (vgl. Sommer, 1994, S. 497).

An den Ausbau von Gesundheitsförderung und primärer Prävention knüpfen sich zuweilen Hoffnungen auf eine Eingrenzung der Gesundheitsausgaben und damit auf einen Beitrag zur finanziellen Stabilisierung der gesetzlichen Krankenversicherung. Bei dynamischer Betrachtung führen Präventionsmaßnahmen jedoch primär zu Steigerungen

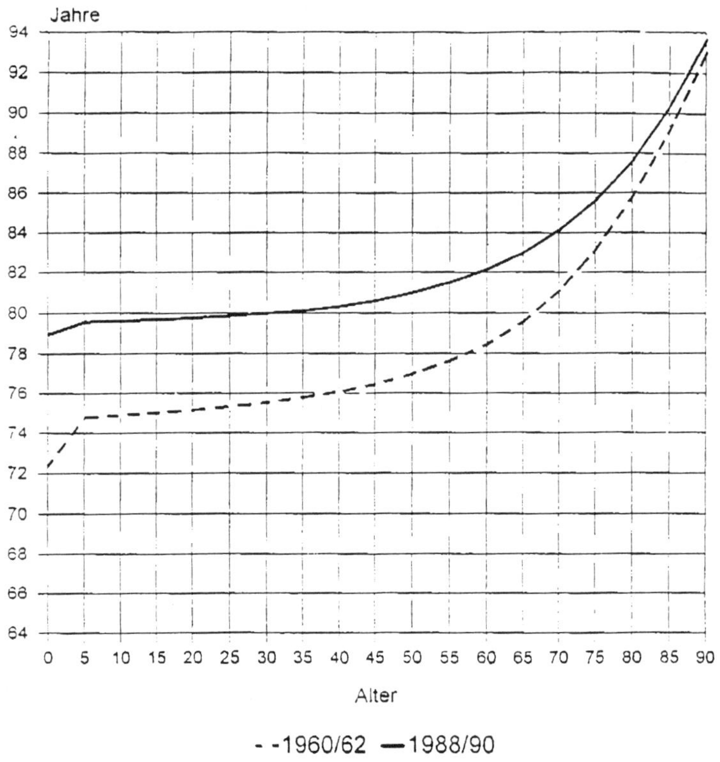

Abb. 2: Die Lebenserwartung von Frauen in Abhängigkeit vom Alter im früheren Bundesgebiet (zusammengestellt nach Statistisches Bundesamt, 1987, S. 76, und 1993, S. 82)

der gesundheitlichen Outcomes und weniger zu relevanten Ausgabensenkungen. Den Ausgabeneinsparungen, die eine erfolgreiche Vermeidung von Krankheiten in speziellen Indikationsgebieten bewirken, stehen infolge der dadurch erreichten Lebensverlängerung in späteren Jahren zusätzliche Aufwendungen gegenüber.

Die durch präventive Erfolge steigende Lebenserwartung schafft nicht nur die Notwendigkeit, die schon bestehenden Krankheiten weiter zu behandeln, sondern erhöht auch - und zwar mit zunehmendem Alter in steigendem Maße - die Eintrittswahrscheinlichkeit weiterer Krankheiten. Präventionserfolge mindern so einerseits die Nachfrage nach medizinischer Behandlung, induzieren aber gleichzeitig neue bzw. zusätzliche Gesundheitsleistungen. Aus heutiger Sicht erscheint es a priori offen, ob künftig der ausgabensenkende oder der ausgabensteigende Effekt allfälliger Präventionsbemühungen überwiegt. Insofern stehen auch bei den Effekten, die vom Umweltschutz auf das Gesundheitswesen bzw. den Gesundheitszustand ausgehen, die medizinischen Outcomes und weniger die Input- bzw. Ausgabenseite im Vordergrund des gesundheitspolitischen Interesses.

Literaturverzeichnis:

ATKINSON, S.E./CROCKER, T.D. (1992): Econometric Health Production Functions: Relative Bias from Omitted Variables and Measurement Error, in: Journal of Environmental Economics and Management, Vol. 22, S. 12-24.

AUSTER, R./LEVESON, I./SARACHEK, D. (1969): The Production of Health, an Exploratory Study, in: Journal of Human Resources, Vol. 4, S. 411-436.

BERGER, M.C./BLOMQUIST, G./KENKEL, D./TOLLEY, G.S. (1986): Valuing Changes in Health Risk: A Comparison of Alternative Measures, in: Southern Economic Journal, Vol. 53, S. 967-984.

CROPPER, M.L. (1981): Measuring the Benefits from Reduced Morbidity, in: American Economic Review, Vol. 71, S. 235-240.

ENQUETEKOMMISSION DEMOGRAPHISCHER WANDEL (1994): Herausforderungen unserer älter werdenden Gesellschaft an den einzelnen und die Politik. Zwischenbericht, Bundestagsdrucksache 12/7876, Bonn, den 14.06.1994.

ERBSLAND, M./RIED, W./ULRICH, V. (1995): Health, Health Care, and the Environment. Econometric Evidence from German Micro Data, erscheint in: Health Economics, Vol. 4.

GROSSMAN, M. (1972): The Demand for Health: a theoretical and empirical investigation. Occasional Paper 119. National Bureau for Economic Research, New York und London.

HARRINGTON, W./PORTNEY, P.R. (1987): Valuing the Benefits of Health and Safety Regulation, in: Journal of Urban Economics, Vol. 22, S. 101-112.

HENDERSON, J./MCGUIRE, A./MOONEY, G. (1988): The Economics of Health Care. An Introductory Text, London et al.

KIRSCHNER, C. (1994): Paradigmenwechsel in der Medizin. Vom "Defizitmodell" der kurativen Medizin zum "Kompetenzmodell" der Gesundheitsförderung, in: Heilbad und Kurort, 9-10/1994, S. 270-280.

KLEPPER, S./KAMLET, M.S./FRANK, R.G. (1993): Regressor Diagnostics for the Errors-in-Variables Model - An Application to the Health Effects of Pollution, in: Journal of Environmental Economics and Management, Vol. 24, S. 190-211.

LEIPERT, C. (1978): Gesellschaftliche Berichterstattung. Eine Einführung in Theorie und Praxis sozialer Indikatoren, Berlin et al.

LEU, R.E./DOPPMANN, R./KELLER, T./DEUTSCHMANN, R. (1986): Die quantitative Erfassung von Gesundheitszustand und Lebensqualität, illustriert am Beispiel von Psoriaskranken, in: Horisberger, B. und Eimeren, W. van (Hrsg.): Die Kosten-Nutzen-Analyse. Methodik und Anwendung am Beispiel von Medikamenten, Berlin et al., S. 153-248.

LOPEZ, E./PHILLIPS, L./SILOS, M. (1992): Deaths from gastro-intestinal cancer in Mexico: probable cause for water sampling, in: Zweifel, P., Frech, H.E. III (Hrsg.), Health Economics Worldwide, Dordrecht u.a.O., S. 331-347.

LUCE, B.R./ELIXHAUSER, A. (1990): Standards for Socioeconomic Evaluation of Health Care Products and Services, Berlin et al.

MEHREZ, A./GAFNI, A. (1989): Quality-Adjusted Life Years, Utility Theory, and Healthy-Years Equivalents, in: Medical Decision Making, Vol. 9, No. 2, S. 142-149.

MULLAHY, J./PORTNEY, P.R. (1990): Air Pollution, Cigarette Smoking, and the Production of Respiratory Health, in: Journal of Health Economics, Vol. 9, S. 193-205.

MUSHKIN, S.J. (1962): Health as an Investment, in: Journal of Political Economy, Vol. 70, S. S129-S157.

MUURINEN, J.-M. (1982): Demand for Health. A generalized Grossman model, in: Journal of Health Economics, Vol. 1, S. 5-28.

OECD (1976): Measuring Social Well-Being. A Progress Report on the Development of Social Indicators, Paris.

OECD (1993): OECD Health Data 1960-1991, Paris.

OSTRO, B. (1983): The Effects of Air Pollution on Work Loss and Morbidity, in: Journal of Environmental Economics and Management, Vol. 10, S. 371-382.

PFLANZ, M. (1971): Epidemiologie und Präventivmedizin, in: Deutsches Ärzteblatt, Heft 7 vom 13.02.1971, S. 467-474.

POMMEREHNE, W.W./RÖMER, A.U. (1992): Ansätze zur Erfassung der Präferenzen für öffentliche Güter, in: Jahrbuch für Sozialwissenschaft, Bd. 43, S. 171-210.

Rosenbrock, R. ET AL. (1995): Prävention und Gesundheitsförderung, in: Deutsche Forschungsgemeinschaft (Hrsg.): Gesundheitssystemforschung in Deutschland. Denkschrift, Weinheim.

SCHICKE, R. (1977): Präventiv-Medizin: Kosten und Nutzen, Bonn.

SACHVERSTÄNDIGENRAT FÜR DIE KONZERTIERTE AKTION IM GESUNDHEITSWESEN (1994): Gesundheitsversorgung und Krankenversicherung 2000. Eigenverantwortung, Subsidiarität und Solidarität bei sich ändernden Rahmenbedingungen. Sachstandsbericht 1994, Baden-Baden.

SCHWARTZ, F.W. (1987): Optionen für medizinische Orientierungsdaten und Gesundheitsziele, in: Gesellschaft für Versicherungswissenschaft und -gestaltung (Hrsg.): Weiterentwicklung des Gesundheitswesens - Medizinische, ökonomische und politische Orientierung, Bergisch-Gladbach, S. 18-31.

SOMMER, B. (1994): Entwicklung der Bevölkerung bis 2040. Ergebnisse der achten koordinierten Bevölkerungsvorausberechnung, in: Wirtschaft und Statistik, 7/1994, S. 497-503 und S. 438*-440*.

STATISTISCHES BUNDESAMT (1987): Statistisches Jahrbuch 1987 für die Bundesrepublik Deutschland, Stuttgart und Mainz.

STATISTISCHES BUNDESAMT (1993): Statistisches Jahrbuch für die Bundesrepublik Deutschland, Wiesbaden.

STATISTISCHES BUNDESAMT, (HRSG.) (1994a): Datenreport 1994. Zahlen und Fakten über die Bundesrepublik Deutschland, Bonn.

STATISTISCHES BUNDESAMT (1994b): Ausgaben für Gesundheit 1970 bis 1992, Fachserie 12, Reihe S. 2, Stuttgart.

TORRANCE, G.W./FEENY, P. (1989): Utilities and Quality-Adjusted Life Years, in: International Journal of Technology Assessment in Health Care, Vol. 5, S. 559-575.

WAGSTAFF, A. (1991): QUALs and the Equity-Efficiency Trade-off, in: Journal of Health Economics, Vol. 10, No. 1, S. 21-91.

WELTGESUNDHEITS-ORGANISATION (1946): Die Satzung der Weltgesundheits-Organisation (Constitution of the World Health Organization), in: Dokumente, hrsg. von der Forschungsstelle für Völkerrecht und ausländisches öffentliches Recht der Universität Hamburg, Heft VI, Frankfurt, Berlin 1952, S. 14-28.

WILLE, E. (1980): Soziale Indikatoen als Ansatzpunkte wirtschaftspolitischer Zielbildung und Kontrolle-Verbesserung oder Verschleierung politischer Entscheidungsgrundlagen?, in: ORDO, Bd. 31, S. 127-151.

WILLE, E. (1989): Zur Rolle von Orientierungsdaten im Gesundheitswesen, in: Vogel, R. (Hrsg): Die Bedeutung der Planungs- und Orientierungsdaten im Gesundheitswesen, Stuttgart, New York, S. 7-31.

WILLE, E./RIED, W. (1995): Indikatoren als Instrumente einer gesamtwirtschaftlichen Steuerung von Gesundheitsausgaben-Möglichkeiten und Gefahren, Manuskript, erscheint in: Theurl, E. (Hrsg.): Tödliche Grenzen- Rationierung im Gesundheitswesen, Meran.

Berufserziehung im Spannungsfeld von Ökonomie und Ökologie

Von Prof. Dr. Jürgen Zabeck

Inhaltsübersicht

1. Problemaufriß

2. Ökonomie und Ökologie in berufspädagogischer Sicht

   2.1 Ökonomie und Berufserziehung
   2.2 Ökologie und Berufserziehung

3. Zur rationalen didaktischen Bewältigung des potentiellen Zielkonflikts zwischen Ökonomie und Ökologie

4. Die Vermittlung beruflich-ökonomischer und beruflich-ökologischer Kompetenz als didaktische Aufgegebenheit

   4.1 Zur Vermittlung beruflich-ökonomischer Kompetenz
   4.2 Zur Vermittlung beruflich-ökologischer Kompetenz

Literatur

1. Problemaufriß

Das Thema der diesjährigen Ringvorlesung "Ökologie als Herausforderung für die Marktwirtschaft" wirft - systematisch verstanden - eine *ordnungspolitische Frage* auf. Was ist mit dieser Kategorisierung gemeint? Der im wesentlichen von dem Freiburger Nationalökonomen Walter Eucken geprägte Begriff "Ordnungspolitik" bezeichnet in seiner *formalen* Fassung das sich auf staatliche Macht stützende Bemühen, für die wirtschaftlichen Aktivitäten innerhalb eines Landes eine ganzheitliche Rahmenordnung verläßlich vorzugeben. *Inhaltlich* ging es Eucken darum, die Bedingungen so zu setzen, daß die Marktkräfte sich möglichst frei würden entfalten können, gleichzeitig jedoch das Prinzip der sozialen Verantwortung im Sinne der mittelalterlichen "Ordo-Idee" Geltung behielte (siehe Nutzinger, 1993, Sp. 784-794; Schlecht, 1988, S. 7-23).

Die von Eucken aufgeworfene zentrale ethische Frage, wie der modernen industrialisierten Wirtschaft eine funktionsfähige und zugleich menschenwürdige Ordnung gegeben werden könne, bewegt bis zum heutigen Tage hin die wirtschaftspolitische Reflexion. Seit der "Entzauberung" des klassisch-liberalen Laissez-faire-Prinzips versteht sich "Marktwirtschaft" als Inbegriff von Austauschprozessen auf der Basis bestimmter staatlich gesetzter konstituierender und flankierender Reglements (siehe Woll, 1991, S. 7 ff.).

Die ordnungspolitische Reglementierung der Marktwirtschaft in Verpflichtung auf die Prinzipien der individuellen Freiheit und der gesellschaftlichen Solidarität ist, wenn es um ihre Konkretisierung geht, ein permanentes Streitthema. Dabei wird im allgemeinen die Sorge artikuliert, partielle Eingriffe in die von Marktkräften erzeugten Konstellationen würden unerwünschte Nebenwirkungen zur Folge haben, die zu immer weiteren Reglementierungen Anlaß geben könnten, wobei letztlich auch die ökonomische Effizienz auf der Strecke bliebe (Radnitzky, 1991, S. 47-75). Diese Sorge hat sich verschärft, seitdem in der Öffentlichkeit mit zunehmender Deutlichkeit die Forderung erhoben wird, zu den *sozialpolitisch* motivierten Reglements müßten solche hinzutreten, die aus *ökologischer Verantwortung* unabdingbar erscheinen. Die Marktwirtschaft sieht sich gegenwärtig mit dem sie als Ganzes in Frage stellenden Vorwurf konfrontiert, für sie sei die Annahme der Unbegrenztheit menschlicher Bedürfnisse konstitutiv, wodurch sie dahin tendiere, den massenhaften Verbrauch von Umwelt und Naturressourcen zu fördern, zumal wenn diese wegen fehlender oder zu niedriger Preise als leicht verfügbar erscheinen (unter Bezug auf die diesbezügliche Rolle der Neoklassischen Nationalökonomie S. Pfriem, 1989, S. 114 ff; auch Schnabel-Henke, 1995, Abschn. III.2.2).

Das Thema der diesjährigen Ringvorlesung nimmt die in dieser Perspektive stehende radikale "Systemkritik" nicht auf, sondern nährt mit der Wendung "Herausforderung für die Marktwirtschaft" die Erwartung, die Marktwirtschaft könne als solche weiter existieren, wenn die Ordnungspolitik künftig ohne Wenn und Aber ökologischen Erfordernissen Rechnung trage. Indem ich mich auf diese Sicht der Dinge als Berufs- und Wirtschaftspädagoge einlasse, verlasse ich zugleich den makroökonomischen Kontext, innerhalb dessen ordnungspolitische Fragen gemeinhin behandelt werden. Der Pädagoge interessiert sich für die Selbstwerdung des Individuums innerhalb seiner - von ökonomischen Gegebenheiten bestimmten - "Individuallage" (Pestalozzi). Er hebt ab auf das immer in Vorgefundenes eingebundene Verhalten, Handeln und Entscheiden des Menschen, wobei er sich nicht mit bloßen Deskriptionen begnügt, sondern den einzelnen mit der Forderung konfrontiert, die Idee seiner Persönlichkeit zu fassen und sie sich zur sittlichen Verpflichtung zu machen, also das Leben eigenverantwortlich in Ausrichtung an ethischen Normen zu führen.

Zur selbständigen Lebensführung bedarf es im allgemeinen der Integration in das Beschäftigungswesen: Um als Glied der Gesellschaft selbständig handeln zu können, muß der Mensch befähigt sein, sein Versorgungsproblem durch eigene Leistung zu bewältigen. Seit Ablösung der archaischen häuslichen Arbeits*ver*teilung von der produktiveren gesellschaftlichen Arbeitsteilung (Bücher, 1893, S. 70-101) sieht sich der Mensch mit einer beruflich strukturierten Arbeitswelt konfrontiert, wenn er ins Leben tritt. Zur Sicherung der ökonomischen Basis seiner Existenz bedarf es der Bereitschaft, eine Berufsrolle zu übernehmen und der Fähigkeit, den Anforderungen eines bestimmten überindividuellen "Musters von Arbeitskraft" (U. Beck u.a., 1980, S. 20) sachlich und menschlich zu genügen. Berufserziehung meint nicht nur Vorbereitung auf das Leben in der beruflich organisierten Leistungsgesellschaft schlechthin, sondern auch immer eine ganz *spezifische Qualifizierung*, die diejenigen Kenntnisse, Fertigkeiten und Verhaltensweisen vermittelt, die geeignet sind, mehr oder minder komplexen *spezialisierten* Leistungsanforderungen zu genügen.

Die im Zuge des Prozesses der Arbeitsteilung entstandenen Berufe konfrontieren den Menschen mit Restriktionen, denen oft die Gefahr innewohnt, daß sich der einzelne der in ihm angelegten Entfaltungsmöglichkeiten - wie Karl Marx sagt (Landshut, 1953, S. XXXII ff.) - "entfremdet". Die Berufs- und Wirtschaftspädagogik richtet ihr Augenmerk auf diese Gefahr, die eine Verschärfung überall dort erfährt, wo Betriebe tayloristisch oder bürokratisch organisiert sind, wo eine horizontale und eine vertikale Reduktion der mit Arbeitsplätzen verbundenen Funktionen vorgenommen wurde. Dabei verfällt sie nicht in Resignation, vielmehr sieht sie sich vor der Herausforderung, die Chancen der Ermöglichung individueller Selbstrealisation auszuloten, die das in Deutschland eingeführte Qualifizierungsmuster "Beruf" bietet. Dieses Qualifizierungsmuster übergreift jede in Funktionen und Verrichtungen ausdifferenzierte betriebliche Arbeitsorganisation und bietet deshalb die Chance, Lehrlinge und Auszubildende so in die Arbeitswelt einzuführen, daß sie sich der Ganzheitlichkeit des Betriebes bewußt werden und überdies hinsichtlich arbeitsorganisatorischer Vorgaben zu beurteilen vermögen, welche Handlungsspielräume im konkreten Leistungsvollzug vorhanden sind. Nur wenn die Qualifizierung für den Komplex spezialisierter Tätigkeiten, der den Beruf ausmacht, nicht auf ein schematisches Funktionieren hin angelegt ist, sondern die Befähigung zum kritischen Urteil in Sach- und Wertfragen mitumschließt, läßt sich der Prozeß der Eingliederung in das Beschäftigungswesen *pädagogisch* legitimieren.

Für die Berufs- und Wirtschaftspädagogik ist der Mensch das zur sittlichen Entscheidung aufgerufene Wesen. Damit verbindet sich die Zurückweisung sowohl einer ökonomischen als auch einer ökologischen Okkupation von Erziehungszielen. Jede Bindung an das Leitbild des homo oeconomicus oder das des homo ökologicus würde die Idee des Pädagogischen verfehlen!

Berufserziehung hat sowohl auf die ökonomische Bedingtheit menschlicher Existenz abzuheben als auch darauf, daß alles Versorgungshandeln ökologisch verantwortet werden muß. Die Problematik dieses Sowohl-als-auch bedarf scheinbar keiner aufwendigen Begründung, hat sich die Öffentlichkeit doch auf den Topos festgelegt, zwischen Ökonomie und Ökologie bestehe ein Gegensatz (Weizsäcker, 1993, Sp. 780 f.). Was es hiermit auf sich hat, soll im folgenden Abschnitt geklärt werden. Anschließend befasse ich mich mit der Frage, ob bzw. wie es möglich ist, den potentiellen Zielkonflikt zwischen ökonomischen und ökologischen Intentionen mit Blick auf eine in sich bündige Didaktik der Berufserziehung rational zu bewältigen. Der Schlußabschnitt behandelt die didaktische Aufgegebenheit, dem in der Berufsausbildung Stehenden beruflich-ökonomische und beruflich-ökologische Kompetenz zu vermitteln.

2. Ökonomie und Ökologie in berufspädagogischer Sicht

Die Begriffe Ökonomie und Ökologie bezeichnen existentielle Befindlichkeiten und Aufgegebenheiten des Menschen. Hinsichtlich des Begriffs Ökonomie erfahren wir das um so deutlicher, je weiter wir historisch zurückgreifen; hinsichtlich des Begriffs Ökologie ist es geradezu umgekehrt: Die Antizipation der Zukunft vertieft recht eigentlich unsere Einsicht. Beide Begriffe enthalten - wie zu zeigen sein wird - eine pädagogische Aufforderung.

2.1 Ökonomie und Berufserziehung

Ökonomie steht ursprünglich für nichts anderes als für das ethisch legitimierte Bemühen um die Lösung des dem Menschen nun einmal aufgegebenen Versorgungsproblems (Brunner, 1956, S. 33 ff.; Zabeck, 1994, S. 472 ff.). Substanz dessen, was Ökonomie heißt, ist die Produktion, der Austausch und der Konsum von Gütern und Dienstleistungen. Wie dies früher geschah, gegenwärtig geschieht und welche Alternativen aus unterschiedlichen Perspektiven als sinnvoll anzusehen sind, ist Gegenstand von historischempirischer Forschung sowie systematisch-pragmatischer Reflexion (Kloft, 1992, S. 1 ff.). Das wissenschaftliche Interesse an Ökonomie verbindet sich nicht von vornherein mit der Setzung eines bestimmten Prinzips, das beanspruchen dürfte, Beurteilungskriterium für historisch vorliegende Praxis zu sein und künftiges wirtschaftliches Handeln zu normieren. Wäre - entgegen dieser Auffassung - das sog. "ökonomische Prinzip" Inbegriff und Kriterium allen Wirtschaftens, ließe sich Ökonomie nur als Hypostasierung fassen (Hartmann, 1955, S. 125 ff.).

Eine solche "Idealisierung" geschieht merkwürdigerweise in der herrschenden Wirtschaftswissenschaft. Unter den Autoren von Lehrbüchern besteht ein breiter Konsens: Wirtschaft ist für sie Inbegriff des vernünftigen Umgangs mit dem Phänomen der Knappheit von Gütern und Dienstleistungen. Nur wer seine der Bedürfnisbefriedigung dienenden Handlungen am "ökonomischen Prinzip" orientiert, seine Ziele also mit sparsamem Mitteleinsatz zu erreichen sucht bzw. im Verwertungszusammenhang nach Ertragsmaximierung strebt, löse den Ökonomie-Begriff ein. Ein solches Verhalten sei in der Natur des Menschen angelegt, ja es betreffe eigentlich alle Lebensbereiche - so der Nobelpreisträger Gary S. Becker in seinem Buch "Der ökonomische Ansatz zur Erklärung menschlichen Verhaltens" (1982).

Die herrschende Wirtschaftswissenschaft setzt den Menschen als ein zweckrational reagierendes Wesen, dessen Verhaltensdetermination auf dem zwanghaften Trieb basiert, ökonomische Signale nutzenmaximierend zu verarbeiten. Von hierher hätte Berufserziehung die Aufgabe, das im Menschen vermeintlich angelegte egoistische Handlungsschema mit Blick auf sich wandelnde mehr oder minder komplexe Rahmenbedingungen zu flexibilisieren und zu trainieren. Zum Beispiel würden ökologisch motivierte Reglements in diesem Zusammenhang keinen spezifischen Wert besitzen, der um seiner *Inhaltlichkeit* willen realisiert werden müßte. - Was bedeutet das für die Berufserziehung? Sie hätte ein didaktisch-methodisches Arrangement zu entwickeln, das geeignet erscheint, diejenigen Kenntnisse und Verhaltensweisen zu vermitteln, die einer professionellen Handhabung des Nutzenkalküls im Kontext betrieblicher Leistungserstellung dienlich sind. Es ginge also um die Perfektionierung des - so die pseudo-anthropologische Setzung - bereits als homo oeconomicus geborenen Menschen.

Darauf kann sich eine in der Tradition der deutschen Pädagogik stehende Berufserziehung nicht einlassen. Und sie braucht das auch nicht, da die anthropologische Grundannahme falsch ist und überdies das zugrunde gelegte Ökonomie-Verständnis das Eigentliche des Ökonomischen verfehlt. Der heute in der westlichen Welt vorherrschende szientistische Ökonomie-Begriff entstand erst im ausgehenden 18. Jahrhundert, als in der Folge sozialer, politischer und technischer Veränderungsprozesse eine nie gekannte Expansion und Anonymisierung von Warenproduktion und Warenverkehr einsetzte. Die Erfahrung eines nicht moralisch beherrschbaren, komplexen Austauschzusammenhangs von gewaltiger, unabgrenzbarer Dimension führte zu einer neuen sozialen Problemlage. Aus ihr heraus wird die Entstehung einer Wirtschaftswissenschaft verständlich, die -

dem Vorbild der Naturwissenschaft folgend - nach den Gesetzen fragt, die das Geschehen in einem unübersichtlich gewordenen Wirklichkeitsbereich möglicherweise bestimmen (Freyer, 1921, S. 9 ff.; 99 ff.; Hüther, 1988, S. 153 ff.; Zabeck, 1991, S. 540 ff.). Im Zuge der damals einsetzenden Auflösung der traditionellen Praktischen Philosophie, in der alle ökonomisch relevanten Probleme jeweils so behandelt worden waren, als seien sie unmittelbar mit einem konkreten Handeln im ganzheitlichen Kontext von Polis, Oikos und Individualinteresse miteinander verkoppelt, veränderte sich der Inhalt des Ökonomie-Begriffs: Seine Anbindung an die Versorgungsfunktion entfiel. Der Tauschverkehr, der zuvor insoweit ethisch legitimierbar war, als er - unter dem Vorzeichen der ausgleichenden Gerechtigkeit stehend - die Versorgung ergänzte, indem der Überfluß und der Mangel an Unterschiedlichem gegenseitig zum Ausgleich gelangten (Aristoteles, 1989, 1256b-1259b), erhielt nun als Mittel des Gelderwerbs einen neuen Sinn. In den Mittelpunkt des Interesses rückte die Preisbildung auf den Markt. Man setzte damit auf eine Institution, die gegenseitige Verantwortung der Verkaufenden und Kaufenden füreinander systematisch ausschließt (Koslowski, 1979, S. 62 ff.).

Maßgebliche Vertreter der Wirtschaftsethik fordern heute ein Zurück zur alten Praktischen Philosophie, sie fordern die Wiedereinbindung der Bemühungen um eine Lösung des Versorgungsproblems in das Ganzheitsverständnis menschlicher Existenz (s. Ulrich, 1986; Koslowski, 1988). Damit schlagen sie gewissermaßen eine auf dem Pfeiler "Philosophische Anthropologie" ruhende Brücke zwischen Ökonomie auf der einen und Bildung - dem Inbegriff jeglicher von der Humanitätsidee her legitimierten Erziehung - auf der anderen Seite. Ökonomie und Bildung erweisen sich als miteinander verkoppelt: Der Mensch ist - weil von Versorgung abhängig - zur Ökonomie anthropologisch bestimmt, und Bildung ist eine mit der Existenz des Menschen gesetzte anthropologische Aufgegebenheit. Zwischen Ökonomie und Bildung besteht eine grundsätzlich positive Beziehung, die unter der Rahmenbedingung einer *beruflichen* Organisation gesellschaftlicher Arbeit zusätzlich auf ein höheres Niveau gehoben wird. Im Lichte der Philosophischen Anthropologie erweist sich Ökonomie als eine unübergehbare Herausforderung an den Menschen mit seinen individuellen Dispositionen und Potentialen.

2.2 Ökologie und Berufserziehung

Der Begriff "Ökologie" geht bekanntlich auf den Zoologen Ernst Haeckel zurück, der mit ihm 1866 die "Beziehungen des Organismus zur umgebenden Außenwelt" erfaßte (s. Martens, 1989, S. 30 ff.). Erst seit den sechziger Jahren unseres Jahrhunderts löste sich der Ökologie-Begriff aus seinem naturwissenschaftlichen Kontext heraus. Zunehmend rückten die Auswirkungen menschlichen Handelns auf die natürliche Umwelt ins Zentrum des Interesses. In einer in den siebziger Jahren einsetzenden präskriptiven Wendung wurde Ökologie weithin zu einer normativen Kategorie, die für sich reklamierte, die Prinzipien des Umgangs des Menschen mit "*der*" Natur fixieren zu dürfen (s.

Heid, 1992, S. 113-138). In diesem Zusammenhang wurde der - schon angesprochene - "Gegensatz" von Ökonomie und Ökologie konstatiert. Am deutlichsten ist er im Konzept eines radikalen Ökologismus ausgeprägt, dessen Leitvorstellung das Postulat enthält, die ältere Generation müsse der nachwachsenden all das an natürlichen Ressourcen hinterlassen, was sie selbst vorgefunden habe. Alle Versorgung des Organismus Mensch dürfe die Kreislaufprozesse des Natur-Ganzen nicht durchbrechen (Tischler, 1984, Sp. 1073).

Der radikale Ökologismus läuft auf eine Hierarchisierung des Verhältnisses von Ökologie und Ökonomie heraus. Würde man sie akzeptieren, so käme dies einer Entmündigung des einzelnen hinsichtlich der Beantwortung ökologisch bedeutsamer Versorgungsfragen gleich. Der Mensch wäre nämlich nicht länger in die Verantwortung gestellt, die (1) Sorge für die Erhaltung seines Selbst mit (2) der für das ökologische und ökonomische Wohl des Gemeinwesens und (3) der für die Freiheit des konkreten Mitmenschen per *Entscheidung* zu integrieren. Das Individuum würde vielmehr zum Prädikat innerhalb des ökologischen Modelldeterminismus. Wer sich zum radikalen Ökologmismus bekennt, verkennt die anthropologische Mehrdimensionalität menschlicher Existenz!

Nach meinem Verständnis zielt die Einbeziehung von Ökologie in die Berufserziehung darauf, das Bewußtsein dafür zu schärfen, daß alle Leistungserstellung von Verbrauchsprozessen begleitet wird und daß diese Verbrauchsprozesse einer spezifischen Legitimation bedürfen. Hierzu gehört der Nachweis, daß die Verbräuche nach Art und Umfang erforderlich sind, und das Bemühen, ökologisch überlegene Alternativen ausfindig zu machen. Prinzipiell geht es unter ökologischem Aspekt aber nicht nur um Fragen des Mitteleinsatzes und hierbei um die Problematisierung des Prinzips, die Kostengünstigkeit sei das für Handlungen allein entscheidende Legitimationsargument. Zur Aufgabe der Berufserziehung gehört es auch, das Bewußtsein dafür zu schärfen, daß die für den Markt bestimmten Produkte des Unternehmens zuvor auf den ökologischen Prüfstand gehören. Dabei mag sich in vielen Fällen ein ethischer Zielkonflikt abzeichnen, der nach einer Entscheidung verlangt, die weder von den Berufserziehern noch von den Auszubildenden unter Inkaufnahme aller Konsequenzen getroffen werden kann. Insofern muß sich die Berufserziehung darauf beschränken, ökologisches Bewußtsein in die Verhaltens- und Handlungsdispositionen des einzelnen gewissermaßen zu "implantieren". Sie muß aber auch beispielhaft aufzeigen, was es bedeutet, potentielle Zielkonflikte zwischen Ökonomie und Ökologie rational zu bewältigen.

3. Zur rationalen didaktischen Bewältigung des potentiellen Zielkonflikts zwischen Ökonomie und Ökologie

Als Didaktik bezeichnen wir die Erforschung der Voraussetzungen für das Gelingen von Lehr-Lern-Prozessen sowie die pragmatische Umsetzung gewonnener oder überkommener Erkenntnisse in erfolgversprechende Lehr-Lern-Arrangements bzw. Strategien. Bevor im didaktischen Gestaltungszusammenhang Lehrinhalte und Lehrverfahren fixiert werden, bedarf es der Verständigung über die angestrebten Lehrziele. In unserem Zusammenhang besteht die pädagogische Intention zunächst einmal darin, den in der Berufsausbildung Stehenden das Spannungsfeld von Ökonomie und Ökologie zu erschließen und ihnen in ihm angelegte Zielkonflikte begreiflich zu machen. Des weiteren muß ein Arrangement gefunden werden, das antizipierend den Umgang mit einschlägigen Zielkonflikten exemplarisch ermöglicht. Dazu bedarf es sachlicher Voraussetzungen und der Bindung an ethische Werte. Der sachliche und der ethische Anspruch durchdringen sich gegenseitig. Beide beziehen sich sowohl auf das Versorgungs- als auch auf das Umweltproblem. Diese wiederum sind eng miteinander verzahnt. Schon die bloße Darstellung der komplexen "Gemengelage" von Ökonomie und Ökologie bereitet größte Schwierigkeiten. So kommt es, daß sowohl diejenigen, die aufweisen wollen, wie ökonomische Sachanforderungen unter Rückgriff auf ökologische Kategorien modifiziert werden müssen, als auch jene, die ein ökologisches Kategoriengerüst auf ökonomische Sachverhalte beziehen, immer wieder im Kreuzfeuer der Kritik erkennen müssen, wie schwer es ist, die Flanken ihrer Position argumentativ abzusichern.

Hinsichtlich der Lösung ökonomisch-ökologischer berufserzieherischer Zielkonflikte erweist sich das von Hermann Krings entwickelte Stufenkonzept ethischer Begründungen und Entscheidungen als hilfreich (Krings, 1978a, S. 217-224). Krings nimmt die Perspektive des in Sachzusammenhängen zum Handeln aufgeforderten Individuums auf und gibt präzise an, welchen ethischen Ansprüchen Handlungsbegründungen genügen müssen. Dabei werden drei einander hierarchisch zugeordnete Begründungsebenen unterschieden:

- Praktisch-politische Begründungen,
- politisch-ethische Begründungen und
- ethisch-transzendentale Begründungen.

Übertragen wir das Kringssche Konzept auf die Berufserziehung!

- *Praktisch-politische Begründungen* betreffen das Handeln des Menschen in verfaßten Ordnungen und Institutionen. Sie sind angezeigt, wenn das in den Lebensvollzug des Alltags eingebettete Tun unter den Aspekten der Nützlichkeit und Effizienz in Frage steht. Die Akte unseres Versorgungshandelns bedürfen von hierher einer Legitimation. Da wir für unsere *eigene Existenz* verantwortlich sind (siehe Spaemann, 1989, S. 15 ff.), haben praktisch-politische Begründungen per se eine ethische Dimension. Unsere Verantwortung drückt sich unter anderem darin aus, daß wir die an den Haushalt gebundenen und die auf den Markt bezogenen Versorgungshandlungen (im weitesten Sinne) so organisieren müssen, daß sie zweckmäßig und vernünftig sind. Die per Berufserziehung vermittelten funktionsbezogenen Kenntnisse, Fähigkeiten und Fertigkeiten sind eine Voraussetzung dafür, daß dies im Rahmen der Leistungseinheit Betrieb zu gelingen vermag.

- *Politisch-ethische Begründungen* beziehen sich auf gesellschaftliche Grundregeln, auf soziale Sinn-Normen und auf Rechte. Sie heben ab auf die Grundstruktur des Gemeinwesens und auf die "Spielregeln", die für die in ihm existierenden Institutionen gelten. Auf dieser Ebene werden allgemeine Verbindlichkeiten konstituiert, die für alles gelten, was auf der unteren Ebene geschieht. Was aus der Partialperspektive des konkreten Akteurs im Interesse kurzfristiger oder längerfristiger Versorgung nützlich zu sein scheint, ist nicht immer mit dem zu vereinbaren, was dem Gemeinwohl dient. Der Mensch steht unter dem ethischen Gebot, seine Versorgungshandlungen auf ihre Staats- und Sozialverträglichkeit hin zu prüfen. Handlungsentwürfe, die im "Filter" der politisch-ethischen Stufe hängenbleiben, dürften nicht zur Ausführung gelangen. - Die mit dieser Setzung postulierte "Verträglichkeitsprüfung" hat immer auch eine *ökologische* Dimension. Sie wird z.B. akut, wenn kodifizierte Normen des Umweltrechts befolgt werden müssen. Sollte der Umweltschutz - wie geplant - eine Verankerung im Grundgesetz erfahren, hätte das eine Ausweitung des ökologischen Reglements zur Folge. Schon jetzt gilt, daß der angesprochene "Filter" nicht nur aus dem besteht, was explizit "verboten" ist, sondern immer auch das zu erfassen hat, was unter das Verdikt der im öffentlichen Umweltbewußtsein verankerten Normen fällt. Hier existiert ein weites Konfliktfeld, in dem sich konkrete ökonomische und ökologische Interessen artikulieren. Die Sorge um das Gelingen von Versorgung ist nicht ausschließlich "praktisch-politischer" Natur, sie läßt sich zugleich auch der hier gekennzeichneten nächsthöheren Stufe zuordnen. Wenn das Überleben des einzelnen und das des sozialen Verbandes nur um den Preis der Naturschädigung möglich erscheint, dürfte die Priorität des ethisch-ökonomischen Argument kaum umstritten sein. Dilemmata sind vor allem dann zu erwarten, wenn es nicht - wie etwa in der Sahel-Zone - bei Natureingriffen um das bloße Überleben geht, sondern wenn Fragen der Lebensqualität deutlich oberhalb des Existenzminimums zur Diskussion stehen und wenn die Betroffenheit von umweltrelevanten Entscheidungen etwa hinsichtlich Gesundheit, Arbeitsplatzsicherung, Mobilität, Wohnqualität usw. eine weite Streuung aufweist (zur Problemlage unter anderem Heid, 1992, S. 113-138; Kahlert, 1991, S. 97-122).

- Auf der dritten Stufe stehen die *ethisch-transzendentalen Begründungen*, die zugleich kritische Beurteilungsinstanz für das vorgelagerte Begründungsniveau sind. Hier wird die Frage nach der "Regel aller Regelsetzung" aufgeworfen und - so Krings - unter Bezug auf die Kantsche Freiheitsidee beantwortet, nach der die menschliche "Autonomie" darin besteht, daß sich die Vernunft nach freiem Willen "selbst das Gesetz gibt, sich selbst Gesetz ist" (Krings, 1978b, S. 15). In der ethisch-transzendental legitimierten Sachentscheidung manifestiert sich die Anerkennung der sittlichen Identität derjenigen, die von ihr betroffen sind. Sie wirkt als ein Regulativ, ein Korrektiv oder auch als Sperre mit Bezug auf Intentionen, die den Begründungskriterien der beiden ersten Stufen genügen. Handlungen sind nur dann endgültig legitimiert, wenn sie die freie Selbstbestimmung des einzelnen und des jeweils anderen ermöglichen, und zwar unter der Voraussetzung der Sicherung und Schonung der natürlichen Umwelt und unter Berücksichtigung der Freiheitsrechte künftiger Generationen (Jonas, 1979). Der im Hintergrund ethisch-transzendentaler Entscheidungen stehende kategorische Imperativ könnte wegen der ihm eigenen Formalisierung des ethischen Prinzips leicht die Illusion nähren, die Handlungsorientierung für die konkrete Alltagspraxis sei in zureichendem Maße eindeutig. Dabei würde übersehen, daß die Bindung an den kategorischen Imperativ nur dann ohne Risiko wäre, wenn man auf Reziprozität vertrauen könnte. Das ist jedoch im nationalen und erst recht im internationalen Zusammenleben nicht der Fall. Der Handelnde muß sich also nach wie vor so gut es geht aller Risiken versichern und "Entscheidungen" treffen, d.h., er muß "einen Mangel an rationalen Bestimmungsgründen des Handelns mittels Vernunft" überspringen (Lübbe, 1971, S. 16 ff.).

Krings trifft die Feststellung, im Handlungszusammenhang trete in Konfliktfällen ein ethischer "Frageüberhang" in Erscheinung, d.h., es würden Normenprobleme aufgeworfen, die nach Klärung auf höherer Stufe verlangen. Die jeweils höhere Ebene sei "Frageüberhangsauffangstation" für die jeweils niedrigere. Diese Kennzeichnung enthält einen Impuls für die Didaktik der Berufserziehung, der dazu dienen kann, normative Reflexionen im Spannungsfeld von Ökonomie und Ökologie auszulösen und zu strukturieren.

4. Die Vermittlung beruflich-ökonomischer und beruflich-ökologischer Kompetenz als didaktische Aufgegebenheit

Die Befähigung zu Entscheidungen, die sowohl von ökonomischer als auch von ökologischer Verantwortung getragen werden, wird nicht über die Vermittlung des Normenkatalogs einer einschlägigen materialen Wertethik erreicht. Die Didaktik der Berufserziehung wäre auf einem Holzwege, wenn sie mit Blick auf die Sicherung von Versorgung und auf den Schutz der Umwelt ein System von Ge- und Verboten lehr- und lerngerecht entwickeln würde. Jeder in diese Richtung zielende Versuch müßte schon im Vorfeld an der Nichteinlösbarkeit von Akzeptanzerfordernissen scheitern. Außerdem wäre er kaum praktisch zu handhaben, weil er sich in eine unübersehbar große Zahl konkreter Handlungssituationen ausdifferenzieren müßte und überdies nicht geeignet wäre, ganz neu aufbrechende Problemstellungen zu bewältigen. Es bleibt deshalb nur die Möglichkeit, an die in der Berufserziehung stehende nachwachsende Generation das heranzutragen, was für ihre *eigene und eigenverantwortliche Bewältigung* konkreter Problemstellungen im Spannungsbereich von Ökonomie und Ökologie erforderlich ist. Sowohl das Versorgungshandeln als auch der verantwortliche Umgang mit der Umwelt setzt dreierlei voraus, nämlich (1) fachspezifisches Wissen, (2) eine auf das Handlungsziel gerichtete positive Einstellung und (3) moralische Reflexionsfähigkeit, was ethische Urteilsfähigkeit und die Fähigkeit zur ethischen Entscheidung mit einbezieht (K. Beck, 1989, S. 585 ff.). Diese drei Komponenten stehen sowohl mit Blick auf ökonomisch als auch auf ökologisch relevante Handlungen in einer Wechselbeziehung zueinander. Zur graphischen Veranschaulichung könnten wir sie in die Figur des Dreiecks umsetzen.

4.1 Zur Vermittlung beruflich-ökonomischer Kompetenz

Beruflich-ökonomische Kompetenz läßt sich (unter Ausklammerung psychomotorischer Elemente) als die geistig-sittliche Verfassung des Menschen beschreiben, die es ihm ermöglicht, unter beruflich-situativen Leistungsansprüchen das Ziel der optimalen kostengünstigen Versorgung zu verfolgen und es in seinen Handlungsvollzügen im Bewußtsein sozialer und ökologischer Verantwortung zu relativieren. Diese Beriffsbestimmung (siehe Zabeck, 1991, S. 554 ff.) wäre mißverstanden, wenn sie den Anschein erweckte, wir verfügten über ein einigermaßen vollständiges psychisches Modell der Verhaltenssteuerung. Nach dem gegenwärtigen Stand unserer Erkenntnis erscheint es jedoch möglich, "die wichtigsten internen Schaltstellen zu benennen", in die die Berufserziehung in Verfolgung ihrer Intentionen einzugreifen hätte (K. Beck, 1990, S. 43 ff.).

- Wer beruflich-ökonomische Handlungen auszuführen hat oder gar einschlägige Entscheidungen treffen muß, ist auf *ökonomisches Wissen und Denken* angewiesen. Dazu gehört, daß er die dem Versorgungsproblem und seiner Lösung zuzuordnenden Phänomene zu benennen und zu beurteilen vermag sowie die in diesem Zusammenhang relevanten Methoden und Techniken zu handhaben weiß. Dabei sind mehr oder minder komplexe Zusammenhänge zu erschließen und im Leistungsvollzug zu berücksichtigen. Mit Blick hierauf stellt sich die didaktische Aufgabe einer systematischen und einer handlungsorientierten Stoffvermittlung. Wer auf der Basis von Wissen und Können die Fähigkeit zur Verfügung über berufliche Realität ausbildet, muß sich bewußt sein, daß alles Berufliche in berufsübergreifende Abhängigkeiten eingebettet ist. Wissen und Denken dürfen deshalb nicht an den engen Grenzen dessen, was zur bloßen Funktionsausübung erforderlich ist, haltmachen. Die Ergänzungsbedürftigkeit des "Rein-Ökonomischen" impliziert zugleich seine Relativierung.

- An zweiter Stelle ist die *ökonomische Einstellung* zu nennen. Sie organisiert - getragen von Motivation und Interesse - das auf Versorgungsakte gerichtete innere Streben. Innerhalb einer beruflich organisierten Gesellschaft stellt sich für den Menschen die Aufgabe, sich in das Gemeinschaftswerk der Arbeitsteilung einzufügen, sich in Selbstbeschränkung berufliche Pflichten aufzuerlegen. Es bedarf der Bereitschaft, sich innerhalb der Rahmenbedingungen der Berufsgesellschaft anzunehmen. Dieser affektive Akt bedarf der Unterstützung. Indem Wirtschaft "interessant" wird, erhält die Beziehung zu ihr eine "affektive Tönung". Erste empirische Untersuchungen scheinen zu belegen, daß die Elaboration der kognitiven Komponente in einer positiven Korrelation zur Entfaltung und Verstärkung der Einstellungskomponente steht, also Wissensvermittlung nicht nur im Kognitiven zu kategorisieren ist (K. Beck, 1989, S. 587 f.).

- Ein entfaltetes *beruflich-ökonomisches Wertbewußtsein* repräsentiert die Ge- und Verbote, die das tatsächliche Entscheidungs- und Handlungsgeschehen zu kanalisieren haben. Wie bereits ausgeführt, kann es mit Blick auf diese Kompetenz-Komponente nicht darum gehen, einen geschlossenen Normenkatalog zu entwickeln und zu vermitteln. Die Aufgabe besteht darin, im Kontext von ökonomischer Wissensvermittlung und Handlungsertüchtigung ethische "Frageüberhänge" (Krings) aufzuspüren und aufzuarbeiten. Daß dabei das ökonomische Argument zwangsläufig eine Relativierung erfährt, muß nicht nochmals erläutert werden.

4.2 Zur Vermittlung beruflich-ökologischer Kompetenz

Über die didaktische Zielformel, auf die hin Umwelterziehung zu gestalten ist, gibt es bislang keinen Konsens. Wir finden u.a. hierfür die Begriffe "Umweltbewußtsein" (KMK, 1980), "Umweltbildung" und "Umweltkompetenz" (siehe Drees/Pätzold, 1995, S. 525 ff.; Pätzold/Drees, 1994, S. 237 ff.). Mit dem Begriff "Umweltbewußtsein" erhalten die Voraussetzungen für die Bewältigung der uns aufgegebenen ökologischen Problemlage eine unangemessen verkürzte kognitivistische Fassung. Unter den Begriffen "Umweltbildung" und "Umweltkompetenz" erscheint es demgegenüber möglich, die drei verhaltens- und handlungskonstituierenden Komponenten ohne Abstriche ins Spiel zu bringen. In der vorliegenden pädagogisch-psychologischen Umweltdiskussion wurden diese Komponenten erst undeutlich herausgestellt (siehe Pätzold/Drees, 1995). Da wir bislang nur Anhaltspunkte dafür haben, daß alle drei Komponenten bedeutsam sind, sollte man der Versuchung widerstehen, ihnen von vornherein einen bestimmten hierarchisch fixierten Stellenwert zuzuweisen.

Da zur Komponente "ethische Reflexionsfähigkeit" schon an anderer Stelle alles Erforderliche gesagt wurde, beschränke ich mich hier auf die Komponenten Wissen/Denken und Einstellung:

- Soweit Ökologie in Lehrplänen und Lehrbüchern im Kontext von Berufserziehung thematisiert wird, findet sich eine starke Gewichtung der *kognitiven Komponente.* Kritiker bemängeln, daß sie in der Regel "additiv" in die Curricula eingeblendet wird (Pätzold/Drees, 1995; Drees/Pätzold, 1995, S. 534). Ob im Hintergrund dieser didaktischen Artikulation die Vorstellung steht, man könne unbesorgt das Funktionieren eines ethischen Rationalismus unterstellen - was der Mensch wisse, werde er auch beachten - oder ob größere didaktische Umstrukturierungen vermieden werden sollen, läßt sich für den Außenstehenden schwer beurteilen. Es sei jedoch vor der Annahme gewarnt, die Wissenskomponente einer ökologisch verantworteten Berufserziehung sei ohne Schwierigkeiten zu handhaben. Die Verkoppelung des Ökonomischen mit dem Ökologischen erhöht zunächst einmal die Komplexität der didaktischen Aufgabe. Viel entscheidender ist jedoch, daß die beruflich relevanten Einzeltatbestände unter ökologischer Perspektive in Vernetzungszusammenhängen stehen, die nur ausschnitthaft im Ausbildungszusammenhang vermittelt werden können (K. Beck, 1993, S. 50 ff.). Man stelle sich konkret den Auszubildenden in einem Möbeleinzelhandelsgeschäft vor, den Auszubildenden im Außenhandelsbetrieb oder den Lehrling im Fleischerhandwerk. Das, was ihnen im Ausbildungszusammenhang aufgetragen wird, ist vielfältig eingebettet in eine vielschichtige ökologische Problematik. Jede ökologisch orientierte Korrektur herkömmlicher Praktiken hätte wiederum Nebenwirkungen, deren ökologische Relevanz nur schwer, in vielen Fällen aber vermutlich gar nicht abgeschätzt werden kann. Trotzdem meine ich, daß zur Resignation kein Anlaß besteht. Überall gibt es im überschaubaren Nahbereich ökologisch relevante Handlungsfelder, in denen unter Übernahme tradierter Verhaltensmuster heute noch ökologisch verantwortungslos agiert wird, weil u.a. die Notwendigkeit einer Relativierung des Nutzenkalküls wegen des Fehlens von Einsicht in ökologische Zusammenhänge keine Thematisierung erfährt. Hier gilt es aufzuklären und Kategorien für eine die ökologische Dimension berücksichtigende Realitätswahrnehmung zu vermitteln. Ohne eine Ausweitung der umweltbedeutsamen Wissensbestände kann keine umweltbedeutsame Verhaltensänderung erreicht werden (K. Beck, 1993, S. 53). Keineswegs sollte man Dieter Urban (1986, S. 364) folgen, der aus der Feststellung, "eine rein informationsbestimmte Einstellungsdimension (sei) im Konzept von Umweltbewußtsein empirisch nicht relevant", den Schluß zieht, es sei "nicht opportun", "eine möglicherweise vorhandene Wissensbasis definitorisch zu den Bestandteilen von Umweltbewußtsein hinzuzurechnen".

- Das Bemühen der Berufserziehung um den Abbau von Wissensdefiziten gewährleistet noch nicht, daß auch tatsächlich im Sinne neu gewonnener ökologischer Einsichten gehandelt wird. Es ist der Berufserziehung aufgegeben, auf die Ausbildung einer *positiven Umwelt-Einstellung* hinzuwirken. Wesentliche Impulse sind hierbei von der Entfaltung inhaltlicher Interessen (Krapp, 1992, S. 297-329) zu erwarten. Gestützt auf "wissende Teilhabe"und getragen von "emotionaler Beteiligung" - beide sind im Konstrukt "Interesse" präsent -,vermag sich die Bereitschaft auszubilden, für die Bewältigung von Umweltproblemen einzutreten. Aus der Betriebspraxis erfahren wir, daß in ökologisch fortschrittlichen Unternehmen nicht nur auf eine intrinsische ökologische Motivation gesetzt wird, sondern daß darüber hinaus ökologisch relevante Anregungen und Vorschläge prämiert werden (Stock, 1994, S. 662 ff.).

Literaturverzeichnis

ARISTOTELES (1989): Politik (übers. und hrsg. von Franz F. Schwarz), Stuttgart, 1256b-1259b.

BECK, K. (1989): "Ökonomische Bildung" - Zur Anatomie eines wirtschaftspädagogischen Begriffs, Zeitschrift für Berufs- und Wirtschaftspädagogik (85), S. 579-596.

BECK, K. (1990): Umwelterziehung als zentrales Problem der Berufsbildung in den 90er Jahren, in: IHK Nürnberg (Hrsg.), Berufliche Bildung in den 90er Jahren, S. 41-54.

BECK, K. (1993): "Der Geist ist willig, aber das Fleisch ist schwach" - Konzeptualisierungs- und Realisierungsprobleme einer wirkungsvollen Umwelterziehung, Mitteilungen der Technischen Universität Braunschweig, Jg. XXVIII, H. 1, S. 50-58.

BECK, U. u.a. (1980): Soziologie der Arbeit und der Berufe, Reinbek b. Hamburg.

BECKER, G.S. (1982): Der ökonomische Ansatz zur Erklärung menschlichen Verhaltens, Tübingen.

BRUNNER, O. (1956): Das "Ganze Haus" und die alteuropäische "Ökonomik", in: Brunner, O., Neue Wege der Sozialgeschichte, Göttingen, S. 33-61.

BÜCHER, K. (1893): Arbeitsteilung und soziale Klassenbildung, in: Seidel, B./Jenkner, S., Klassenbildung und Sozialschichtung, Darmstadt, 1968, S. 70-101.

DREES, G./PÄTZOLD, G. (1995): Beruf, Bildung und Umweltkompetenz - Auf dem Weg zu einem Modell lernortkooperativer beruflicher Umweltbildung, in: Pätzold, G./Walden, G. (Hrsg.), Lernorte im Dualen System der Berufsbildung, Berlin, S. 525-548.

FREYER, H. (1921): Die Bewertung der Wirtschaft im philosophischen Denken des 19. Jahrhunderts, Leipzig.

HARTMANN, N. (1955): Die Erkenntnis im Lichte der Ontologie (1949), in: Hartmann, N., Kleine Schriften, Bd. 1, Berlin.

HEID, H. (1992): Ökologie als Bildungsfrage?, Zeitschrift für Pädagogik (38), S. 113-138.

HÜTHER, M. (1988): Die "sattelzeitgerechte" Entstehung der Nationalökonomie, in: Jahrbuch für Nationalökonomie und Statistik, Bd. 205/2, S. 150-162.

JONAS, H. (1979): Das Prinzip Verantwortung, Frankfurt/M.

KAHLERT, J. (1991): Die mißverstandene Krise - Theoriedefizite in der umweltpädagogischen Kommunikation, Zeitschrift für Pädagogik (37), S. 97-122.

KLOFT, H. (1992): Die Wirtschaft der griechisch-römischen Welt, Darmstadt.

KMK (1980): Ständige Konferenz der Kultusminister der Länder der Bundesrepublik Deutschland, Beschluß "Umwelt und Unterricht" v. 17.10.1980.

KOSLOWSKI, P. (1979): Haus und Geld, Philosophisches Jahrbuch (86), S. 60-83.

KOSLOWSKI, P. (1988): Prinzipien der Ethischen Ökonomie, Tübingen.

KRAPP, A. (1992): Das Interessenkonstrukt, in: Krapp, A./Prenzel, M. (Hrsg.), Interesse, Lernen, Leistung, Münster, S. 297-329.

KRINGS, H. (1978a): Statement in: Oelmüller, W. (Hrsg.), Normenbegründung - Normendurchsetzung, Paderborn, S. 217-224.

KRINGS, H. (1978b): Der Preis der Freiheit, in: Paus, A., Werte, Rechte, Normen, Graz u.a.

LANDSHUT, S. (1953): Einleitung zu Landshut, S. (Hrsg.), Karl Marx, Die Frühschriften, Stuttgart, S. IX-LX.

LÜBBE, H. (1971): Theorie der Entscheidung, Freiburg.

MARTENS, G. (1989): Umwelterziehung, Paderborn u.a.

NUTZINGER, H.G. (1993): Ordnungspolitik, in: Enderle, G. u.a. (Hrsg.), Lexikon der Wirtschaftsethik, Freiburg u.a., Sp. 784-794.

PÄTZOLD, G./DREES, G. (1994): Umweltbildung und die immanente Dialektik institutionalisierten Lehrens und Lernens, in: Fischer, A./Hartmann, G., In Bewegung - Dimensionen der Veränderung von Aus- und Weiterbildung, Bielefeld, S. 237-254.

PÄTZOLD, G./DREES, G. (1995): Grundlagen des Modellversuchs: "Entwicklung und Erprobung ganzheitlicher Lernansätze in der Umweltbildung in Kooperation zwischen Berufsschule und Betrieb, in: Kaiser, F.-J. (Hrsg.), Theoretische Grundannahmen, Probleme und Perspektiven wirtschaftsberuflicher Umweltbildung, Bad Heilbrunn/Obb. (im Erscheinen).

PFRIEM, R. (1989): Das Ökologieproblem als Gegenstand einer möglichen Unternehmensethik, in: Seifert, E.K./Pfriem, R. (Hrsg.), Wirtschaftsethik und ökologische Wirtschaftsforschung, Bern/Stuttgart, S. 111-128.

RADNITZKY, G. (1991): Marktwirtschaft: frei oder sozial?, in: Radnitzky, G./Bouillon, H. (Hrsg.), Ordnungstheorie und Ordnungspolitik, Berlin u.a., S. 47-75.

SCHLECHT, O. (1988): Der ethische Gehalt der sozialen Marktwirtschaft, in: Ludwig-Erhard-Stiftung (Hrsg.), Die Ethik der Sozialen Marktwirtschaft, Stuttgart/New York, S. 5-23.

SCHNABEL-HENKE, H. (1995): Wirtschaftsethik an kaufmännischen Schulen, Baltmannsweiler (im Erscheinen).

SPAEMANN, R. (1989): Glück und Wohlwollen - Versuch über Ethik, Stuttgart.

STOCK, N. (1994): Auszeichnungen fördern den Umweltschutz, Arbeitgeber (46), S. 662-666.

TISCHLER, W. (1984): Ökosystem, in: Ritter, J./Gründer, K. (Hrsg.), Historisches Wörterbuch der Philosophie, Bd. 6, Darmstadt, Sp. 1173.

ULRICH, P. (1986): Transformation der ökonomischen Vernunft, Bern/Stuttgart.

URBAN, D. (1986): Was ist Umweltbewußtsein? Exploration eines mehrdimensionalen Einstellungskonstrukts, Zeitschrift für Soziologie (15), S. 363-377.

WEIZSÄCKER, E.U.V. (1993): Ökologie, in: Enderle, G. u.a., Lexikon der Wirtschaftsethik, Freiburg u.a., Sp. 780-783.

WOLL, A. (1991): Ansatzpunkte der Wirtschaftspolitik in einer freiheitlichen Ordnung, in: Radnitzky, G./Bouillon, H. (Hrsg.), Ordnungstheorie und Ordnungspolitik, Berlin u.a., S. 1-12.

ZABECK, J. (1991): Ethische Dimensionen der "Wirtschaftserziehung", Zeitschrift für Berufs- und Wirtschaftspädagogik (87), S. 533-562.

ZABECK, J. (1994): Berufsbildung und Ökonomie, in: Bonz, B. u.a. (Hrsg.), Berufsbildung und Gewerbeförderung, Bielefeld, S. 469-486.